FINLANDÊS

VOCABULÁRIO

PORTUGUÊS BRASILEIRO

PORTUGUÊS FINLANDÊS

Para alargar o seu léxico e apurar as suas competências linguísticas

9000 palavras

Vocabulário Português Brasileiro-Finlandês - 9000 palavras

Por Andrey Taranov

Os vocabulários da T&P Books destinam-se a ajudar a aprender, a memorizar, e a rever palavras estrangeiras. O dicionário é dividido em temas, cobrindo todas as principais esferas de atividades quotidianas, negócios, ciência, cultura, etc.

O processo de aprendizagem, utilizando os dicionários baseados em temáticas da T&P Books dá-lhe as seguintes vantagens:

- Informação de origem corretamente agrupada predetermina o sucesso em fases subsequentes da memorização de palavras
- Disponibilização de palavras derivadas da mesma raiz, o que permite a memorização de unidades de texto (em vez de palavras separadas)
- Pequenas unidades de palavras facilitam o processo de estabelecimento de vínculos associativos necessários para a consolidação do vocabulário
- O nível de conhecimento da língua pode ser estimado pelo número de palavras aprendidas

T&P Books Publishing
www.tpbooks.com

ISBN: 978-1-78767-302-1

Este livro também está disponível em formato E-book.
Por favor visite www.tpbooks.com ou as principais livrarias on-line.

VOCABULÁRIO FINLANDÊS
palavras mais úteis

Os vocabulários da T&P Books destinam-se a ajudar a aprender, a memorizar, e a rever palavras estrangeiras. O vocabulário contém mais de 9000 palavras de uso comum organizadas tematicamente.

O vocabulário contém as palavras mais comummente usadas
Recomendado como adicional para qualquer curso de línguas
Satisfaz as necessidades dos iniciados e dos alunos avançados de línguas estrangeiras
Conveniente para o uso diário, sessões de revisão e atividades de auto-teste
Permite avaliar o seu vocabulário

Características especias do vocabulário

- As palavras estão organizadas de acordo com o seu significado, e não por ordem alfabética
- As palavras são apresentadas em três colunas para facilitar os processos de revisão e auto-teste
- As palavras compostas são divididas em pequenos blocos para facilitar o processo de aprendizagem
- O vocabulário oferece uma transcrição simples e adequada de cada palavra estrangeira

O vocabulário contém 256 tópicos incluindo:

Conceitos básicos, Números, Cores, Meses, Estações do ano, Unidades de medida, Roupas & Acessórios, Alimentos & Nutrição, Restaurante, Membros da Família, Parentes, Caráter, Sentimentos, Emoções, Doenças, Cidade, Passeios, Compras, Dinheiro, Casa, Lar, Escritório, Trabalho no Escritório, Importação & Exportação, Marketing, Pesquisa de Emprego, Esportes, Educação, Computador, Internet, Ferramentas, Natureza, Países, Nacionalidades e muito mais ...

TABELA DE CONTEÚDOS

GUIA DE PRONUNCIAÇÃO

Alfabeto fonético T&P	Exemplo Finlandês	Exemplo Português
[·]	**juomalasi** [juoma·lasi]	ponto mediano
[:]	**aalto** [ɑ:lto]	som de longa duração
[ɑ]	**hakata** [hɑkɑtɑ]	chamar
[e]	**ensi** [ensi]	metal
[i]	**musiikki** [musi:kki]	sinônimo
[o]	**filosofi** [filosofi]	lobo
[u]	**peruna** [perunɑ]	bonita
[ø]	**keittiö** [kejttiø]	orgulhoso
[æ]	**määrä** [mæ:ræ]	semana
[y]	**Bryssel** [bryssel]	questionar

Consoantes

[b]	**banaani** [bɑnɑ:ni]	barril
[d]	**odottaa** [odottɑ:]	dentista
[ʤ]	**Kambodža** [kɑmboʤɑ]	adjetivo
[f]	**farkut** [fɑrkut]	safári
[g]	**jooga** [jo:gɑ]	gosto
[j]	**suojatie** [suojɑtæ]	Vietnã
[h]	**ohra** [ohrɑ]	[h] aspirada
[ɦ]	**jauhot** [jɑuɦot]	[h] suave
[k]	**nokkia** [nokkiɑ]	aquilo
[l]	**leveä** [leʋeæ]	libra
[m]	**moottori** [mo:ttori]	magnólia
[n]	**nainen** [nɑjnen]	natureza
[ŋ]	**ankkuri** [ɑŋkkuri]	alcançar
[p]	**pelko** [pelko]	presente
[r]	**raketti** [rɑkettl]	riscar
[s]	**sarastus** [sɑrɑstus]	sanita
[t]	**tattari** [tɑttɑri]	tulipa
[ʋ]	**luvata** [luʋɑtɑ]	fava
[ʃ]	**šakki** [ʃɑkki]	mês
[ʧ]	**Chile** [ʧile]	Tchau!
[z]	**kazakki** [kɑzɑkki]	sésamo

ABREVIATURAS usadas no vocabulário

Abreviaturas do Português

adj	- adjetivo
adv	- advérbio
anim.	- animado
conj.	- conjunção
desp.	- esporte
etc.	- Etcetera
ex.	- por exemplo
f	- nome feminino
f pl	- feminino plural
fem.	- feminino
inanim.	- inanimado
m	- nome masculino
m pl	- masculino plural
m, f	- masculino, feminino
masc.	- masculino
mat.	- matemática
mil.	- militar
pl	- plural
prep.	- preposição
pron.	- pronome
sb.	- sobre
sing.	- singular
v aux	- verbo auxiliar
vi	- verbo intransitivo
vi, vt	- verbo intransitivo, transitivo
vr	- verbo reflexivo
vt	- verbo transitivo

CONCEITOS BÁSICOS

Conceitos básicos. Parte 1

1. Pronomes

eu	**minä**	[minæ]
você	**sinä**	[sinæ]
ele	**hän**	[hæn]
ela	**hän**	[hæn]
ele, ela (neutro)	**se**	[se]
nós	**me**	[me]
vocês	**te**	[te]
eles, elas	**he**	[he]

2. Cumprimentos. Saudações. Despedidas

Oi!	**Hei!**	[hej]
Olá!	**Hei!**	[hej]
Bom dia!	**Hyvää huomenta!**	[hyʋæ: huomentɑ]
Boa tarde!	**Hyvää päivää!**	[hyʋæ: pæjʋæ:]
Boa noite!	**Hyvää iltaa!**	[hyʋæ: iltɑ:]
cumprimentar (vt)	**tervehtiä**	[terʋehtiæ]
Oi!	**Moi!**	[moj]
saudação (f)	**tervehdys**	[terʋehdys]
saudar (vt)	**tervehtiä**	[terʋehtiæ]
Tudo bem?	**Mitä kuuluu?**	[mitæ ku:lu:]
E aí, novidades?	**Mitä on uutta?**	[mitæ on u:ttɑ]
Tchau! Até logo!	**Näkemiin!**	[nækemi:n]
Até breve!	**Pikaisiin näkemiin!**	[pikɑjsi:n nækemi:n]
Adeus!	**Hyvästi!**	[hyʋæsti]
despedir-se (dizer adeus)	**hyvästellä**	[hyʋæstellæ]
Até mais!	**Hei hei!**	[hej hej]
Obrigado! -a!	**Kiitos!**	[ki:tos]
Muito obrigado! -a!	**Paljon kiitoksia!**	[pɑljon ki:toksiɑ]
De nada	**Ole hyvä**	[ole hyʋæ]
Não tem de quê	**Ei kestä kiittää**	[ej kestæ ki:ttæ:]
Não foi nada!	**Ei kestä**	[ej kestæ]
Desculpa! -pe!	**Anteeksi!**	[ɑnte:ksi]
desculpar (vt)	**antaa anteeksi**	[ɑntɑ: ɑnte:ksi]
desculpar-se (vr)	**pyytää anteeksi**	[py:tæ: ɑnte:ksi]

Me desculpe	**Pyydän anteeksi**	[py:dæn ante:ksi]
Desculpe!	**Anteeksi!**	[ante:ksi]
perdoar (vt)	**antaa anteeksi**	[anta: ante:ksi]
por favor	**ole hyvä**	[ole hyʋæ]
Não se esqueça!	**Älkää unohtako!**	[ælkæ: unohtako]
Com certeza!	**Tietysti!**	[tietysti]
Claro que não!	**Eipä tietenkään!**	[ejpæ tieteŋkæ:n]
Está bem! De acordo!	**Olen samaa mieltä!**	[olen sama: mieltæ]
Chega!	**Riittää!**	[ri:ttæ:]

3. Como se dirigir a alguém

senhor	**Herra**	[herra]
senhora	**Rouva**	[rouʋa]
senhorita	**Neiti**	[nejti]
jovem	**Nuori mies**	[nuorimies]
menino	**Poika**	[pojka]
menina	**Tyttö**	[tyttø]

4. Números cardinais. Parte 1

zero	**nolla**	[nolla]
um	**yksi**	[yksi]
dois	**kaksi**	[kaksi]
três	**kolme**	[kolme]
quatro	**neljä**	[neljæ]
cinco	**viisi**	[ʋi:si]
seis	**kuusi**	[ku:si]
sete	**seitsemän**	[sejtsemæn]
oito	**kahdeksan**	[kahdeksan]
nove	**yhdeksän**	[yhdeksæn]
dez	**kymmenen**	[kymmenen]
onze	**yksitoista**	[yksi·tojsta]
doze	**kaksitoista**	[kaksi·tojsta]
treze	**kolmetoista**	[kolme·tojsta]
catorze	**neljätoista**	[neljæ·tojsta]
quinze	**viisitoista**	[ʋi:si·tojsta]
dezesseis	**kuusitoista**	[ku:si·tojsta]
dezessete	**seitsemäntoista**	[sejtsemæn·tojsta]
dezoito	**kahdeksantoista**	[kahdeksan·tojsta]
dezenove	**yhdeksäntoista**	[yhdeksæn·tojsta]
vinte	**kaksikymmentä**	[kaksi·kymmentæ]
vinte e um	**kaksikymmentäyksi**	[kaksi·kymmentæ·yksi]
vinte e dois	**kaksikymmentäkaksi**	[kaksi·kymmentæ·kaksi]
vinte e três	**kaksikymmentäkolme**	[kaksi·kymmentæ·kolme]
trinta	**kolmekymmentä**	[kolme·kymmentæ]
trinta e um	**kolmekymmentäyksi**	[kolme·kymmentæ·yksi]

trinta e dois	**kolmekymmentäkaksi**	[kolme·kymmentæ·kɑksi]
trinta e três	**kolmekymmentäkolme**	[kolme·kymmentæ·kolme]
quarenta	**neljäkymmentä**	[neljæ·kymmentæ]
quarenta e um	**neljäkymmentäyksi**	[neljæ·kymmentæ·yksi]
quarenta e dois	**neljäkymmentäkaksi**	[neljæ·kymmentæ·kɑksi]
quarenta e três	**neljäkymmentäkolme**	[neljæ·kymmentæ·kolme]
cinquenta	**viisikymmentä**	[ʋi:si·kymmentæ]
cinquenta e um	**viisikymmentäyksi**	[ʋi:si·kymmentæ·yksi]
cinquenta e dois	**viisikymmentäkaksi**	[ʋi:si·kymmentæ·kɑksi]
cinquenta e três	**viisikymmentäkolme**	[ʋi:si·kymmentæ·kolme]
sessenta	**kuusikymmentä**	[ku:si·kymmentæ]
sessenta e um	**kuusikymmentäyksi**	[ku:si·kymmentæ·yksi]
sessenta e dois	**kuusikymmentäkaksi**	[ku:si·kymmentæ·kɑksi]
sessenta e três	**kuusikymmentäkolme**	[ku:si·kymmentæ·kolme]
setenta	**seitsemänkymmentä**	[sejtsemæn·kymmentæ]
setenta e um	**seitsemänkymmentäyksi**	[sejtsemæn·kymmentæ·yksi]
setenta e dois	**seitsemänkymmentä-kaksi**	[sejtsemæn·kymmentæ-kɑksi]
setenta e três	**seitsemänkymmentäkolme**	[sejtsemæn·kymmentæ kolme]
oitenta	**kahdeksankymmentä**	[kɑhdeksɑn·kymmentæ]
oitenta e um	**kahdeksankymmentäyksi**	[kɑhdeksɑn·kymmentæ·yksi]
oitenta e dois	**kahdeksankymmentä-kaksi**	[kɑhdeksɑn·kymmentæ kɑksi]
oitenta e três	**kahdeksankymmentä-kolme**	[kɑhdeksɑn·kymmentæ kolme]
noventa	**yhdeksänkymmentä**	[yhdeksæn·kymmentæ]
noventa e um	**yhdeksänkymmentäyksi**	[yhdeksæn·kymmentæ·yksi]
noventa e dois	**yhdeksänkymmentäkaksi**	[yhdeksæn·kymmentæ·kɑksi]
noventa e três	**yhdeksänkymmentäkolme**	[yhdeksæn·kymmentæ kolme]

5. Números cardinais. Parte 2

cem	**sata**	[sɑtɑ]
duzentos	**kaksisataa**	[kɑksi·sɑtɑ:]
trezentos	**kolmesataa**	[kolme·sɑtɑ:]
quatrocentos	**neljäsataa**	[neljæ·sɑtɑ:]
quinhentos	**viisisataa**	[ʋi:si·sɑtɑ:]
seiscentos	**kuusisataa**	[ku:si·sɑtɑ:]
setecentos	**seitsemänsataa**	[sejtsemæn·sɑtɑ:]
oitocentos	**kahdeksansataa**	[kɑhdeksɑn·sɑtɑ:]
novecentos	**yhdeksänsataa**	[yhdeksæn·sɑtɑ:]
mil	**tuhat**	[tuɦɑt]
dois mil	**kaksituhatta**	[kɑksi·tuɦɑttɑ]
três mil	**kolmetuhatta**	[kolme·tuɦɑttɑ]

dez mil	**kymmenentuhatta**	[kymmenen·tuɦatta]
cem mil	**satatuhatta**	[sata·tuɦatta]
um milhão	**miljoona**	[miljo:na]
um bilhão	**miljardi**	[miljardi]

6. Números ordinais

primeiro (adj)	**ensimmäinen**	[ensimmæjnen]
segundo (adj)	**toinen**	[tojnen]
terceiro (adj)	**kolmas**	[kolmas]
quarto (adj)	**neljäs**	[neljæs]
quinto (adj)	**viides**	[ʋi:des]
sexto (adj)	**kuudes**	[ku:des]
sétimo (adj)	**seitsemäs**	[sejtsemæs]
oitavo (adj)	**kahdeksas**	[kahdeksas]
nono (adj)	**yhdeksäs**	[yhdeksæs]
décimo (adj)	**kymmenes**	[kymmenes]

7. Números. Frações

fração (f)	**murtoluku**	[murto·luku]
um meio	**puolet**	[puolet]
um terço	**kolmasosa**	[kolmasosa]
um quarto	**neljäsosa**	[neljæsosa]
um oitavo	**kahdeksasosa**	[kahdeksasosa]
um décimo	**kymmenesosa**	[kymmenesosa]
dois terços	**kaksi kolmasosaa**	[kaksi kolmasosa:]
três quartos	**kolme neljäsosaa**	[kolme neljæsosa:]

8. Números. Operações básicas

subtração (f)	**vähennyslasku**	[ʋæɦennys·lasku]
subtrair (vi, vt)	**vähentää**	[ʋæɦentæ:]
divisão (f)	**jako**	[jako]
dividir (vt)	**jakaa**	[jaka:]
adição (f)	**yhteenlasku**	[yhte:n·lasku]
somar (vt)	**laskea yhteen**	[laskea yhte:n]
adicionar (vt)	**lisätä**	[lisætæ]
multiplicação (f)	**kertolasku**	[kerto·lasku]
multiplicar (vt)	**kertoa**	[kertoa]

9. Números. Diversos

algarismo, dígito (m)	**numero**	[numero]
número (m)	**luku**	[luku]

numeral (m)	**lukusana**	[luku·sana]
menos (m)	**miinus**	[mi:nus]
mais (m)	**plusmerkki**	[plus·merkki]
fórmula (f)	**kaava**	[ka:ʋa]
cálculo (m)	**laskenta**	[laskenta]
contar (vt)	**laskea**	[laskea]
calcular (vt)	**laskea**	[laskea]
comparar (vt)	**verrata**	[ʋerrata]
Quanto?	**Kuinka paljon?**	[kujŋka paljon]
Quantos? -as?	**Kuinka monta?**	[kuiŋka monta]
soma (f)	**summa**	[summa]
resultado (m)	**tulos**	[tulos]
resto (m)	**jäännös**	[jæ:nnøs]
alguns, algumas ...	**muutama**	[mu:tama]
pouco (~ tempo)	**vähän**	[ʋæɦæn]
poucos, poucas	**vähän**	[ʋæɦæn]
um pouco de ...	**vähän**	[ʋæɦæn]
resto (m)	**loput**	[loput]
um e meio	**puolitoista**	[puoli·tojsta]
dúzia (f)	**tusina**	[tusina]
ao meio	**kahtia**	[kahtia]
em partes iguais	**tasan**	[tasan]
metade (f)	**puoli**	[puoli]
vez (f)	**kerta**	[kerta]

10. Os verbos mais importantes. Parte 1

abrir (vt)	**avata**	[aʋata]
acabar, terminar (vt)	**lopettaa**	[lopetta:]
aconselhar (vt)	**neuvoa**	[neuʋoa]
adivinhar (vt)	**arvata**	[arʋata]
advertir (vt)	**varoittaa**	[ʋarojtta:]
ajudar (vt)	**auttaa**	[autta:]
almoçar (vi)	**syödä lounasta**	[syødæ lounasta]
alugar (~ um apartamento)	**vuokrata**	[ʋuokrata]
amar (pessoa)	**rakastaa**	[rakasta:]
ameaçar (vt)	**uhata**	[uɦata]
anotar (escrever)	**kirjoittaa muistiin**	[kirjoitta: mujsti:n]
apressar-se (vr)	**pitää kiirettä**	[pitæ: ki:rettæ]
arrepender-se (vr)	**katua**	[katua]
assinar (vt)	**allekirjoittaa**	[allekirjoitta:]
brincar (vi)	**vitsailla**	[ʋitsajlla]
brincar, jogar (vi, vt)	**leikkiä**	[lejkkiæ]
buscar (vt)	**etsiä**	[etsiæ]
caçar (vi)	**metsästää**	[metsæstæ:]
cair (vi)	**kaatua**	[ka:tua]

cavar (vt)	**kaivaa**	[kajuɑ:]
chamar (~ por socorro)	**kutsua**	[kutsuɑ]
chegar (vi)	**saapua**	[sɑ:puɑ]
chorar (vi)	**itkeä**	[itkeæ]
começar (vt)	**alkaa**	[ɑlkɑ:]
comparar (vt)	**verrata**	[ʋerrɑtɑ]
concordar (dizer "sim")	**suostua**	[suostuɑ]
confiar (vt)	**luottaa**	[luottɑ:]
confundir (equivocar-se)	**sekoittaa**	[sekojttɑ:]
conhecer (vt)	**tuntea**	[tunteɑ]
contar (fazer contas)	**laskea**	[lɑskeɑ]
contar com …	**luottaa**	[luottɑ:]
continuar (vt)	**jatkaa**	[jɑtkɑ:]
controlar (vt)	**tarkastaa**	[tɑrkɑstɑ:]
convidar (vt)	**kutsua**	[kutsuɑ]
correr (vi)	**juosta**	[juostɑ]
criar (vt)	**luoda**	[luodɑ]
custar (vt)	**maksaa**	[mɑksɑ:]

11. Os verbos mais importantes. Parte 2

dar (vt)	**antaa**	[ɑntɑ:]
dar uma dica	**vihjata**	[ʋihjɑtɑ]
decorar (enfeitar)	**koristaa**	[koristɑ:]
defender (vt)	**puolustaa**	[puolustɑ:]
deixar cair (vt)	**pudottaa**	[pudottɑ:]
descer (para baixo)	**laskeutua**	[lɑskeutuɑ]
desculpar (vt)	**antaa anteeksi**	[ɑntɑ: ɑnte:ksi]
desculpar-se (vr)	**pyytää anteeksi**	[py:tæ: ɑnte:ksi]
dirigir (~ uma empresa)	**johtaa**	[johtɑ:]
discutir (notícias, etc.)	**käsitellä**	[kæsitellæ]
disparar, atirar (vi)	**ampua**	[ɑmpuɑ]
dizer (vt)	**sanoa**	[sɑnoɑ]
duvidar (vt)	**epäillä**	[epæjllæ]
encontrar (achar)	**löytää**	[løytæ:]
enganar (vt)	**pettää**	[pettæ:]
entender (vt)	**ymmärtää**	[ymmærtæ:]
entrar (na sala, etc.)	**tulla sisään**	[tullɑ sisæ:n]
enviar (uma carta)	**lähettää**	[læɦettæ:]
errar (enganar-se)	**erehtyä**	[erehtyæ]
escolher (vt)	**valita**	[ʋɑlitɑ]
esconder (vt)	**piilotella**	[pi:lotellɑ]
escrever (vt)	**kirjoittaa**	[kirjoittɑ:]
esperar (aguardar)	**odottaa**	[odottɑ:]
esperar (ter esperança)	**toivoa**	[tojʋoɑ]
esquecer (vt)	**unohtaa**	[unohtɑ:]
estudar (vt)	**oppia**	[oppiɑ]

exigir (vt)	**vaatia**	[ʋɑ:tiɑ]
existir (vi)	**olla olemassa**	[ollɑ olemɑssɑ]
explicar (vt)	**selittää**	[selittæ:]
falar (vi)	**keskustella**	[keskustellɑ]
faltar (a la escuela, etc.)	**olla poissa**	[ollɑ pojssɑ]
fazer (vt)	**tehdä**	[tehdæ]
ficar em silêncio	**olla vaiti**	[ollɑ ʋɑjti]
gabar-se (vr)	**kerskua**	[kerskuɑ]
gostar (apreciar)	**pitää**	[pitæ:]
gritar (vi)	**huutaa**	[hu:tɑ:]
guardar (fotos, etc.)	**pitää, säilyttää**	[pitæ:], [sæjlyttæ:]
informar (vt)	**tiedottaa**	[tiedottɑ:]
insistir (vi)	**vaatia**	[ʋɑ:tiɑ]
insultar (vt)	**loukata**	[loukɑtɑ]
interessar-se (vr)	**kiinnostua**	[ki:nnostuɑ]
ir (a pé)	**mennä**	[mennæ]
ir nadar	**uida**	[ujdɑ]
jantar (vi)	**illastaa**	[illɑstɑ:]

12. Os verbos mais importantes. Parte 3

ler (vt)	**lukea**	[lukeɑ]
libertar, liberar (vt)	**vapauttaa**	[ʋɑpɑuttɑ:]
matar (vt)	**murhata**	[murhɑtɑ]
mencionar (vt)	**mainita**	[mɑjnitɑ]
mostrar (vt)	**näyttää**	[næyttæ:]
mudar (modificar)	**muuttaa**	[mu:ttɑ:]
nadar (vi)	**uida**	[ujdɑ]
negar-se a … (vr)	**kieltäytyä**	[kæltæytyæ]
objetar (vt)	**vastustaa**	[ʋɑstustɑ:]
observar (vt)	**tarkkailla**	[tɑrkkɑjllɑ]
ordenar (mil.)	**käskeä**	[kæskeæ]
ouvir (vt)	**kuulla**	[ku:llɑ]
pagar (vt)	**maksaa**	[mɑksɑ:]
parar (vi)	**pysähtyä**	[pysæhtyæ]
parar, cessar (vt)	**lakata**	[lɑkɑtɑ]
participar (vi)	**osallistua**	[osɑllistuɑ]
pedir (comida, etc.)	**tilata**	[tilɑtɑ]
pedir (um favor, etc.)	**pyytää**	[py:tæ:]
pegar (tomar)	**ottaa**	[ottɑ:]
pegar (uma bola)	**ottaa kiinni**	[ottɑ: ki:nni]
pensar (vi, vt)	**ajatella**	[ɑjɑtellɑ]
perceber (ver)	**huomata**	[huomɑtɑ]
perdoar (vt)	**antaa anteeksi**	[ɑntɑ: ɑnte:ksi]
perguntar (vt)	**kysyä**	[kysyæ]
permitir (vt)	**antaa lupa**	[ɑntɑ: lupɑ]
pertencer a … (vi)	**kuulua**	[ku:luɑ]

planejar (vt)	**suunnitella**	[su:nnitella]
poder (~ fazer algo)	**voida**	[ʋojda]
possuir (uma casa, etc.)	**omistaa**	[omista:]
preferir (vt)	**pitää enemmän**	[pitæ: enemmæn]
preparar (vt)	**laittaa**	[lajtta:]
prever (vt)	**odottaa**	[odotta:]
prometer (vt)	**luvata**	[luʋata]
pronunciar (vt)	**lausua**	[lausua]
propor (vt)	**ehdottaa**	[ehdotta:]
punir (castigar)	**rangaista**	[raŋajsta]
quebrar (vt)	**rikkoa**	[rikkoa]
queixar-se de ...	**valittaa**	[ʋalitta:]
querer (desejar)	**haluta**	[haluta]

13. Os verbos mais importantes. Parte 4

ralhar, repreender (vt)	**haukkua**	[haukkua]
recomendar (vt)	**suositella**	[suositella]
repetir (dizer outra vez)	**toistaa**	[tojsta:]
reservar (~ um quarto)	**varata**	[ʋarata]
responder (vt)	**vastata**	[ʋastata]
rezar, orar (vi)	**rukoilla**	[rukojlla]
rir (vi)	**nauraa**	[naura:]
roubar (vt)	**varastaa**	[ʋarasta:]
saber (vt)	**tietää**	[tietæ:]
sair (~ de casa)	**mennä, tulla ulos**	[mennæ], [tulla ulos]
salvar (resgatar)	**pelastaa**	[pelasta:]
seguir (~ alguém)	**seurata**	[seurata]
sentar-se (vr)	**istua, istuutua**	[istua], [istu:tua]
ser necessário	**tarvita**	[tarʋita]
ser, estar	**olla**	[olla]
significar (vt)	**tarkoittaa, merkitä**	[tarkojtta:], [merkitæ]
sorrir (vi)	**hymyillä**	[hymyjllæ]
subestimar (vt)	**aliarvioida**	[aliarʋiojda]
surpreender-se (vr)	**ihmetellä**	[ihmetellæ]
tentar (~ fazer)	**koettaa**	[koetta:]
ter (vt)	**omistaa**	[omista:]
ter fome	**minulla on nälkä**	[minulla on nælkæ]
ter medo	**pelätä**	[pelætæ]
ter sede	**minulla on jano**	[minulla on jano]
tocar (com as mãos)	**koskettaa**	[kosketta:]
tomar café da manhã	**syödä aamiaista**	[syødæ a:miajsta]
trabalhar (vi)	**työskennellä**	[tyøskennellæ]
traduzir (vt)	**kääntää**	[kæ:ntæ:]
unir (vt)	**yhdistää**	[yhdistæ:]
vender (vt)	**myydä**	[my:dæ]

ver (vt)	**nähdä**	[næhdæ]
virar (~ para a direita)	**kääntää**	[kæ:ntæ:]
voar (vi)	**lentää**	[lentæ:]

14. Cores

cor (f)	**väri**	[ʋæri]
tom (m)	**sävy, värisävy**	[sæʋy], [ʋæri·sæʋy]
tonalidade (m)	**värisävy**	[ʋæri·sæʋy]
arco-íris (m)	**sateenkaari**	[sɑte:n·kɑ:ri]
branco (adj)	**valkoinen**	[ʋɑlkojnen]
preto (adj)	**musta**	[mustɑ]
cinza (adj)	**harmaa**	[hɑrmɑ:]
verde (adj)	**vihreä**	[ʋihreæ]
amarelo (adj)	**keltainen**	[keltɑjnen]
vermelho (adj)	**punainen**	[punɑjnen]
azul (adj)	**sininen**	[sininen]
azul claro (adj)	**vaaleansininen**	[ʋɑ:leɑn·sininen]
rosa (adj)	**vaaleanpunainen**	[ʋɑ:leɑn·punɑjnen]
laranja (adj)	**oranssi**	[orɑnssi]
violeta (adj)	**violetti**	[ʋioletti]
marrom (adj)	**ruskea**	[ruskeɑ]
dourado (adj)	**kultainen**	[kultɑjnen]
prateado (adj)	**hopeinen**	[hopejnen]
bege (adj)	**beige**	[bejge]
creme (adj)	**kermanvärinen**	[kermɑn·ʋærinen]
turquesa (adj)	**turkoosi**	[turko:si]
vermelho cereja (adj)	**kirsikanpunainen**	[kirsikɑn·punɑjnen]
lilás (adj)	**sinipunainen**	[sini·punɑjnen]
carmim (adj)	**karmiininpunainen**	[kɑrmi:nen·punɑjnen]
claro (adj)	**vaalea**	[ʋɑ:leɑ]
escuro (adj)	**tumma**	[tummɑ]
vivo (adj)	**kirkas**	[kirkɑs]
de cor	**väri-**	[ʋæri]
a cores	**väri-**	[ʋæri]
preto e branco (adj)	**mustavalkoinen**	[mustɑ·ʋɑlkojnen]
unicolor (de uma só cor)	**yksivärinen**	[yksi·ʋærinen]
multicolor (adj)	**erivärinen**	[eriʋærinen]

15. Questões

Quem?	**Kuka?**	[kukɑ]
O que?	**Mikä?**	[mikæ]
Onde?	**Missä?**	[missæ]
Para onde?	**Mihin?**	[mihin]

De onde?	**Mistä?**	[mistæ]
Quando?	**Milloin?**	[millojn]
Para quê?	**Mitä varten?**	[mitæ ʋarten]
Por quê?	**Miksi?**	[miksi]
Para quê?	**Minkä vuoksi?**	[miŋkæ ʋuoksi]
Como?	**Miten?**	[miten]
Qual (~ é o problema?)	**Millainen?**	[millajnen]
Qual (~ deles?)	**Mikä?**	[mikæ]
A quem?	**Kenelle?**	[kenelle]
De quem?	**Kenestä?**	[kenestæ]
Do quê?	**Mistä?**	[mistæ]
Com quem?	**Kenen kanssa?**	[kenen kanssa]
Quantos? -as?	**Kuinka monta?**	[kuiŋka monta]
Quanto?	**Kuinka paljon?**	[kujŋka paljon]
De quem? (masc.)	**Kenen?**	[kenen]

16. Preposições

com (prep.)	**kanssa**	[kanssa]
sem (prep.)	**ilman**	[ilman]
a, para (exprime lugar)	**... ssa, ... ssä**	[ssa], [ssæ]
sobre (ex. falar ~)	**... sta, ... stä**	[sta], [stæ]
antes de ...	**ennen**	[ennen]
em frente de ...	**edessä**	[edessæ]
debaixo de ...	**alla**	[alla]
sobre (em cima de)	**yllä**	[yllæ]
em ..., sobre ...	**päällä**	[pæ:llæ]
de, do (sou ~ Rio de Janeiro)	**... sta, ... stä**	[sta], [stæ]
de (feito ~ pedra)	**... sta, ... stä**	[sta], [stæ]
em (~ 3 dias)	**päästä**	[pæ:stæ]
por cima de ...	**yli**	[yli]

17. Palavras funcionais. Advérbios. Parte 1

Onde?	**Missä?**	[missæ]
aqui	**täällä**	[tæ:llæ]
lá, ali	**siellä**	[siellæ]
em algum lugar	**jossain**	[jossajn]
em lugar nenhum	**ei missään**	[ej missæ:n]
perto de ...	**luona**	[luona]
perto da janela	**ikkunan vieressä**	[ikkunan ʋæressæ]
Para onde?	**Mihin?**	[mihin]
aqui	**tänne**	[tænne]
para lá	**tuonne**	[tuonne]

daqui	**täältä**	[tæ:ltæ]
de lá, dali	**sieltä**	[sieltæ]
perto	**lähellä**	[læɦellæ]
longe	**kaukana**	[kɑukɑnɑ]
perto de ...	**luona**	[luonɑ]
à mão, perto	**vieressä**	[ʋieressæ]
não fica longe	**lähelle**	[læɦelle]
esquerdo (adj)	**vasen**	[ʋɑsen]
à esquerda	**vasemmalla**	[ʋɑsemmɑllɑ]
para a esquerda	**vasemmalle**	[ʋɑsemmɑlle]
direito (adj)	**oikea**	[ojkeɑ]
à direita	**oikealla**	[ojkeɑllɑ]
para a direita	**oikealle**	[ojkeɑlle]
em frente	**edessä**	[edessæ]
da frente	**etumainen**	[etumɑjnen]
adiante (para a frente)	**eteenpäin**	[ete:npæjn]
atrás de ...	**takana**	[tɑkɑnɑ]
de trás	**takaa**	[tɑkɑ:]
para trás	**takaisin**	[tɑkɑjsin]
meio (m), metade (f)	**keskikohta**	[keski·kohtɑ]
no meio	**keskellä**	[keskellæ]
do lado	**sivulta**	[siʋultɑ]
em todo lugar	**kaikkialla**	[kɑjkkiɑllɑ]
por todos os lados	**ympärillä**	[ympærillæ]
de dentro	**sisäpuolelta**	[sisæ·puoleltɑ]
para algum lugar	**jonnekin**	[jonnekin]
diretamente	**suoraan**	[suorɑ:n]
de volta	**takaisin**	[tɑkɑjsin]
de algum lugar	**jostakin**	[jostɑkin]
de algum lugar	**jostakin**	[jostɑkin]
em primeiro lugar	**ensiksi**	[ensiksi]
em segundo lugar	**toiseksi**	[tojseksi]
em terceiro lugar	**kolmanneksi**	[kolmɑnneksi]
de repente	**äkkiä**	[ækkiæ]
no início	**alussa**	[ɑlussɑ]
pela primeira vez	**ensi kerran**	[ensi kerrɑn]
muito antes de ...	**kauan ennen kuin**	[kɑuɑn ennen kuin]
de novo	**uudestaan**	[u:destɑ:n]
para sempre	**pysyvästi**	[pysyʋæsti]
nunca	**ei koskaan**	[ej koskɑ:n]
de novo	**taas**	[tɑ:s]
agora	**nyt**	[nyt]
frequentemente	**usein**	[usejn]

então	**silloin**	[sillojn]
urgentemente	**kiireellisesti**	[ki:re:llisesti]
normalmente	**tavallisesti**	[taʋallisesti]
a propósito, ...	**muuten**	[mu:ten]
é possível	**ehkä**	[ehkæ]
provavelmente	**todennäköisesti**	[toden·nækøjsesti]
talvez	**ehkä**	[ehkæ]
além disso, ...	**sitä paitsi, ...**	[sitæ pajtsi]
por isso ...	**siksi**	[siksi]
apesar de ...	**huolimatta**	[huolimatta]
graças a ...	**avulla**	[aʋulla]
que (pron.)	**mikä**	[mikæ]
que (conj.)	**että**	[ettæ]
algo	**jokin**	[jokin]
alguma coisa	**jotakin**	[jotakin]
nada	**ei mitään**	[ej mitæ:n]
quem	**kuka**	[kuka]
alguém (~ que ...)	**joku**	[joku]
alguém (com ~)	**joku**	[joku]
ninguém	**ei kukaan**	[ej kuka:n]
para lugar nenhum	**ei mihinkään**	[ej mihiŋkæ:n]
de ninguém	**ei kenenkään**	[ej keneŋkæ:n]
de alguém	**jonkun**	[joŋkun]
tão	**niin**	[ni:n]
também (gostaria ~ de ...)	**myös**	[myøs]
também (~ eu)	**myös**	[myøs]

18. Palavras funcionais. Advérbios. Parte 2

Por quê?	**Miksi?**	[miksi]
por alguma razão	**jostain syystä**	[jostajn sy:stæ]
porque ...	**koska**	[koska]
por qualquer razão	**jonkin vuoksi**	[joŋkin ʋuoksi]
e (tu ~ eu)	**ja**	[ja]
ou (ser ~ não ser)	**tai**	[taj]
mas (porém)	**mutta**	[mutta]
para (~ a minha mãe)	**varten**	[ʋarten]
muito, demais	**liian**	[li:an]
só, somente	**vain**	[ʋajn]
exatamente	**tarkasti**	[tarkasti]
cerca de (~ 10 kg)	**noin**	[nojn]
aproximadamente	**likimäärin**	[likimæ:rin]
aproximado (adj)	**likimääräinen**	[likimæ:ræjnen]
quase	**melkein**	[melkejn]
resto (m)	**loput**	[loput]
cada (adj)	**joka**	[joka]

qualquer (adj)	**jokainen**	[jokajnen]
muito, muitos, muitas	**paljon**	[paljon]
muitas pessoas	**monet**	[monet]
todos	**kaikki**	[kajkki]
em troca de ...	**sen vastineeksi**	[sen ʋastine:ksi]
em troca	**sijaan**	[sija:n]
à mão	**käsin**	[kæsin]
pouco provável	**tuskin**	[tuskin]
provavelmente	**varmaan**	[ʋarma:n]
de propósito	**tahallaan**	[taɦalla:n]
por acidente	**sattumalta**	[sattumalta]
muito	**erittäin**	[erittæjn]
por exemplo	**esimerkiksi**	[esimerkiksi]
entre	**välillä**	[ʋælillæ]
entre (no meio de)	**keskuudessa**	[kesku:dessa]
tanto	**niin monta, niin paljon**	[ni:n monta], [ni:n paljon]
especialmente	**erikoisesti**	[erikojsesti]

Conceitos básicos. Parte 2

19. Opostos

rico (adj)	**rikas**	[rikɑs]
pobre (adj)	**köyhä**	[køyɦæ]
doente (adj)	**sairas**	[sɑjrɑs]
bem (adj)	**terve**	[terʋe]
grande (adj)	**iso**	[iso]
pequeno (adj)	**pieni**	[pæni]
rapidamente	**nopeasti**	[nopeɑsti]
lentamente	**hitaasti**	[hitɑ:sti]
rápido (adj)	**nopea**	[nopeɑ]
lento (adj)	**hidas**	[hidɑs]
alegre (adj)	**iloinen**	[ilojnen]
triste (adj)	**surullinen**	[surullinen]
juntos (ir ~)	**yhdessä**	[yhdessæ]
separadamente	**erikseen**	[erikse:n]
em voz alta (ler ~)	**ääneen**	[æ:ne:n]
para si (em silêncio)	**itsekseen**	[itsekse:n]
alto (adj)	**korkea**	[korkeɑ]
baixo (adj)	**matala**	[mɑtɑlɑ]
profundo (adj)	**syvä**	[syʋæ]
raso (adj)	**matala**	[mɑtɑlɑ]
sim	**kyllä**	[kyllæ]
não	**ei**	[ej]
distante (adj)	**kaukainen**	[kɑukɑjnen]
próximo (adj)	**läheinen**	[læɦejnen]
longe	**kaukana**	[kɑukɑnɑ]
à mão, perto	**vieressä**	[ʋieressæ]
longo (adj)	**pitkä**	[pitkæ]
curto (adj)	**lyhyt**	[lyɦyt]
bom (bondoso)	**hyvä**	[hyʋæ]
mal (adj)	**vihainen**	[ʋiɦɑjnen]
casado (adj)	**naimisissa**	[nɑjmisissɑ]

solteiro (adj)	**naimaton**	[nɑjmɑton]
proibir (vt)	**kieltää**	[kjeltæ:]
permitir (vt)	**antaa lupa**	[ɑntɑ: lupɑ]
fim (m)	**loppu**	[loppu]
início (m)	**alku**	[ɑlku]
esquerdo (adj)	**vasen**	[ʋɑsen]
direito (adj)	**oikea**	[ojkeɑ]
primeiro (adj)	**ensimmäinen**	[ensimmæjnen]
último (adj)	**viimeinen**	[ʋi:mejnen]
crime (m)	**rikos**	[rikos]
castigo (m)	**rangaistus**	[rɑŋɑjstus]
ordenar (vt)	**käskeä**	[kæskeæ]
obedecer (vt)	**alistua**	[ɑlistuɑ]
reto (adj)	**suora**	[suorɑ]
curvo (adj)	**käyrä**	[kæyræ]
paraíso (m)	**paratiisi**	[pɑrɑti:si]
inferno (m)	**helvetti**	[helʋetti]
nascer (vi)	**syntyä**	[syntyæ]
morrer (vi)	**kuolla**	[kuollɑ]
forte (adj)	**voimakas**	[ʋojmɑkɑs]
fraco, débil (adj)	**heikko**	[hejkko]
velho, idoso (adj)	**vanha**	[ʋɑnhɑ]
jovem (adj)	**nuori**	[nuori]
velho (adj)	**vanha**	[ʋɑnhɑ]
novo (adj)	**uusi**	[u:si]
duro (adj)	**kova**	[koʋɑ]
macio (adj)	**pehmeä**	[pehmeæ]
quente (adj)	**lämmin**	[læmmin]
frio (adj)	**kylmä**	[kylmæ]
gordo (adj)	**lihava**	[liɦɑʋɑ]
magro (adj)	**laiha**	[lɑjhɑ]
estreito (adj)	**kapea**	[kɑpeæ]
largo (adj)	**leveä**	[leʋeæ]
bom (adj)	**hyvä**	[hyʋæ]
mau (adj)	**huono**	[huono]
valente, corajoso (adj)	**rohkea**	[rohkeɑ]
covarde (adj)	**pelkurimainen**	[pelkurimɑjnen]

20. Dias da semana

segunda-feira (f)	**maanantai**	[ma:nantaj]
terça-feira (f)	**tiistai**	[ti:staj]
quarta-feira (f)	**keskiviikko**	[keskiυi:kko]
quinta-feira (f)	**torstai**	[torstaj]
sexta-feira (f)	**perjantai**	[perjantaj]
sábado (m)	**lauantai**	[lauantaj]
domingo (m)	**sunnuntai**	[sunnuntaj]
hoje	**tänään**	[tænæ:n]
amanhã	**huomenna**	[huomenna]
depois de amanhã	**ylihuomenna**	[ylihuomenna]
ontem	**eilen**	[ejlen]
anteontem	**toissa päivänä**	[tojssa pæjυænæ]
dia (m)	**päivä**	[pæjυæ]
dia (m) de trabalho	**työpäivä**	[tyø·pæjυæ]
feriado (m)	**juhlapäivä**	[juhla·pæjυæ]
dia (m) de folga	**vapaapäivä**	[υapa:pæjυæ]
fim (m) de semana	**viikonloppu**	[υi:kon·loppu]
o dia todo	**koko päivän**	[koko pæjυæn]
no dia seguinte	**ensi päivänä**	[ensi pæjυænæ]
há dois dias	**kaksi päivää sitten**	[kaksi pæjυæ: sitten]
na véspera	**aattona**	[a:ttona]
diário (adj)	**päivittäinen**	[pæjυittæjnen]
todos os dias	**joka päivä**	[joka pæjυæ]
semana (f)	**viikko**	[υi:kko]
na semana passada	**viime viikolla**	[υi:me υi:kolla]
semana que vem	**ensi viikolla**	[ensi υi:kolla]
semanal (adj)	**viikoittainen**	[υi:kojttajnen]
toda semana	**joka viikko**	[joka υi:kko]
duas vezes por semana	**kaksi kertaa viikossa**	[kaksi kerta: υi:kossa]
toda terça-feira	**joka tiistai**	[joka ti:staj]

21. Horas. Dia e noite

manhã (f)	**aamu**	[a:mu]
de manhã	**aamulla**	[a:mulla]
meio-dia (m)	**puolipäivä**	[puoli·pæjυæ]
à tarde	**iltapäivällä**	[ilta·pæjυællæ]
tardinha (f)	**ilta**	[ilta]
à tardinha	**illalla**	[illalla]
noite (f)	**yö**	[yø]
à noite	**yöllä**	[yøllæ]
meia-noite (f)	**puoliyö**	[puoli·yø]
segundo (m)	**sekunti**	[sekunti]
minuto (m)	**minuutti**	[minu:tti]
hora (f)	**tunti**	[tunti]

meia hora (f)	**puoli tuntia**	[puoli tuntia]
quarto (m) de hora	**vartti**	[ʋartti]
quinze minutos	**viisitoista minuuttia**	[ʋi:si·tojsta minu:ttia]
vinte e quatro horas	**vuorokausi**	[ʋuoro·kausi]
nascer (m) do sol	**auringonnousu**	[auriŋon·nousu]
amanhecer (m)	**sarastus**	[sarastus]
madrugada (f)	**varhainen aamu**	[ʋarhajnen a:mu]
pôr-do-sol (m)	**auringonlasku**	[auriŋon·lasku]
de madrugada	**aamulla aikaisin**	[a:mulla ajkajsin]
esta manhã	**tänä aamuna**	[tænæ a:muna]
amanhã de manhã	**ensi aamuna**	[ensi a:muna]
esta tarde	**tänä päivänä**	[tænæ pæjʋænæ]
à tarde	**iltapäivällä**	[ilta·pæjʋællæ]
amanhã à tarde	**huomisiltapäivällä**	[huomis·ilta·pæjʋællæ]
esta noite, hoje à noite	**tänä iltana**	[tænæ iltana]
amanhã à noite	**ensi iltana**	[ensi iltana]
às três horas em ponto	**tasan kolmelta**	[tasan kolmelta]
por volta das quatro	**noin neljältä**	[nojn neljæltæ]
às doze	**kahdentoista mennessä**	[kahdentojsta menessæ]
em vinte minutos	**kahdenkymmenen minuutin kuluttua**	[kahdeŋkymmenen minu:tin kuluttua]
em uma hora	**tunnin kuluttua**	[tunnin kuluttua]
a tempo	**ajoissa**	[ajoissa]
... um quarto para	**varttia vaille**	[ʋarttia ʋajlle]
dentro de uma hora	**tunnin kuluessa**	[tunnin kuluessa]
a cada quinze minutos	**viidentoista minuutin välein**	[ʋi:den·tojsta minu:tin ʋælejn]
as vinte e quatro horas	**ympäri vuorokauden**	[ympæri ʋuoro kauden]

22. Meses. Estações

janeiro (m)	**tammikuu**	[tammiku:]
fevereiro (m)	**helmikuu**	[helmiku:]
março (m)	**maaliskuu**	[ma:lisku:]
abril (m)	**huhtikuu**	[huhtiku:]
maio (m)	**toukokuu**	[toukoku:]
junho (m)	**kesäkuu**	[kesæku:]
julho (m)	**heinäkuu**	[hejnæku:]
agosto (m)	**elokuu**	[eloku:]
setembro (m)	**syyskuu**	[sy:sku:]
outubro (m)	**lokakuu**	[lokaku:]
novembro (m)	**marraskuu**	[marrasku:]
dezembro (m)	**joulukuu**	[jouluku:]
primavera (f)	**kevät**	[keʋæt]
na primavera	**keväällä**	[keʋæ:llæ]

primaveril (adj)	**keväinen**	[keʋæjnen]
verão (m)	**kesä**	[kesæ]
no verão	**kesällä**	[kesællæ]
de verão	**kesäinen**	[kesæjnen]
outono (m)	**syksy**	[syksy]
no outono	**syksyllä**	[syksyllæ]
outonal (adj)	**syksyinen**	[syksyjnen]
inverno (m)	**talvi**	[talʋi]
no inverno	**talvella**	[talʋella]
de inverno	**talvinen**	[talʋinen]
mês (m)	**kuukausi**	[ku:kausi]
este mês	**tässä kuussa**	[tæssæ ku:ssa]
mês que vem	**ensi kuussa**	[ensi ku:ssa]
no mês passado	**viime kuussa**	[ʋi:me ku:ssa]
um mês atrás	**kuukausi sitten**	[ku:kausi sitten]
em um mês	**kuukauden kuluttua**	[ku:kauden kuluttua]
em dois meses	**kahden kuukauden kuluttua**	[kahden ku:kauden kuluttua]
todo o mês	**koko kuukauden**	[koko ku:kauden]
um mês inteiro	**koko kuukauden**	[koko ku:kauden]
mensal (adj)	**kuukautinen**	[ku:kautinen]
mensalmente	**kuukausittain**	[ku:kausittajn]
todo mês	**joka kuukausi**	[joka ku:kausi]
duas vezes por mês	**kaksi kertaa kuukaudessa**	[kaksi kerta: ku:kaudessa]
ano (m)	**vuosi**	[ʋuosi]
este ano	**tänä vuonna**	[tænæ ʋuonna]
ano que vem	**ensi vuonna**	[ensi ʋuonna]
no ano passado	**viime vuonna**	[ʋi:me ʋuonna]
há um ano	**vuosi sitten**	[ʋuosi sitten]
em um ano	**vuoden kuluttua**	[ʋuoden kuluttua]
dentro de dois anos	**kahden vuoden kuluttua**	[kahden ʋuoden kuluttua]
todo o ano	**koko vuoden**	[koko ʋuoden]
um ano inteiro	**koko vuoden**	[koko ʋuoden]
cada ano	**joka vuosi**	[joka ʋuosi]
anual (adj)	**vuosittainen**	[ʋuosittajnen]
anualmente	**vuosittain**	[ʋuosittajn]
quatro vezes por ano	**neljä kertaa vuodessa**	[neljæ kerta: ʋuodessa]
data (~ de hoje)	**päivämäärä**	[pæjʋæ·mæ:ræ]
data (ex. ~ de nascimento)	**päivämäärä**	[pæjʋæ·mæ:ræ]
calendário (m)	**kalenteri**	[kalenteri]
meio ano	**puoli vuotta**	[puoli ʋuotta]
seis meses	**vuosipuolisko**	[ʋuosi·puolisko]
estação (f)	**vuodenaika**	[ʋuoden·ajka]
século (m)	**vuosisata**	[ʋuosi·sata]

23. Tempo. Diversos

tempo (m)	**aika**	[ɑjkɑ]
momento (m)	**tuokio**	[tuokio]
instante (m)	**hetki**	[hetki]
instantâneo (adj)	**hetkellinen**	[hetkellinen]
lapso (m) de tempo	**aikaväli**	[ɑjkɑ·ʋæli]
vida (f)	**elämä**	[elæmæ]
eternidade (f)	**ikuisuus**	[ikujsu:s]
época (f)	**epookki, aikakausi**	[epo:kki], [ɑjkɑ·kɑusi]
era (f)	**ajanjakso**	[ɑjɑn·jɑkso]
ciclo (m)	**jakso**	[jɑkso]
período (m)	**vaihe**	[ʋɑjhe]
prazo (m)	**määräaika**	[mæ:ræ·ɑjkɑ]
futuro (m)	**tulevaisuus**	[tuleʋɑjsu:s]
futuro (adj)	**ensi**	[ensi]
da próxima vez	**ensi kerralla**	[ensi kerrɑllɑ]
passado (m)	**menneisyys**	[mennejsy:s]
passado (adj)	**viime**	[ʋi:me]
na última vez	**viimeksi**	[ʋi:meksi]
mais tarde	**myöhemmin**	[myøhemmin]
depois de ...	**jälkeenpäin**	[jælke:npæjn]
atualmente	**nykyään**	[nykyæ:n]
agora	**nyt**	[nyt]
imediatamente	**heti**	[heti]
em breve	**kohta**	[kohtɑ]
de antemão	**ennakolta**	[ennɑkoltɑ]
há muito tempo	**kauan sitten**	[kɑuɑn sitten]
recentemente	**äskettäin**	[æskettæjn]
destino (m)	**kohtalo**	[kohtɑlo]
recordações (f pl)	**muisto**	[mujsto]
arquivo (m)	**arkisto**	[ɑrkisto]
durante ...	**aikana**	[ɑjkɑnɑ]
durante muito tempo	**kauan**	[kɑuɑn]
pouco tempo	**vähän aikaa**	[ʋæɦæn ɑjkɑ:]
cedo (levantar-se ~)	**varhain**	[ʋɑrhɑjn]
tarde (deitar-se ~)	**myöhään**	[myøhæ:n]
para sempre	**ainiaaksi**	[ɑjniɑ:ksi]
começar (vt)	**aloittaa**	[ɑlojttɑ:]
adiar (vt)	**siirtää**	[si:rtæ:]
ao mesmo tempo	**samanaikaisesti**	[sɑmɑn·ɑjkɑjsesti]
permanentemente	**alituisesti**	[ɑlitujsesti]
constante (~ ruído, etc.)	**jatkuva**	[jɑtkuʋɑ]
temporário (adj)	**väliaikainen**	[ʋæli·ɑjkɑjnen]
às vezes	**joskus**	[joskus]
raras vezes, raramente	**harvoin**	[hɑrʋojn]
frequentemente	**usein**	[usejn]

24. Linhas e formas

quadrado (m)	**neliö**	[neliø]
quadrado (adj)	**neliö-, neliömäinen**	[neliø], [neliømæjnen]
círculo (m)	**ympyrä**	[ympyræ]
redondo (adj)	**pyöreä**	[pyøreæ]
triângulo (m)	**kolmio**	[kolmio]
triangular (adj)	**kolmikulmainen**	[kolmi·kulmajnen]
oval (f)	**ovaali, soikio**	[oʋɑ:li], [sojkio]
oval (adj)	**soikea**	[sojkeɑ]
retângulo (m)	**suorakulmio**	[suorɑ·kulmio]
retangular (adj)	**suorakulmainen**	[suorɑkulmɑjnen]
pirâmide (f)	**pyramidi**	[pyrɑmidi]
losango (m)	**vinoneliö**	[ʋino·neliø]
trapézio (m)	**trapetsi**	[trɑpetsi]
cubo (m)	**kuutio**	[ku:tio]
prisma (m)	**prisma**	[prismɑ]
circunferência (f)	**kehä**	[kehæ]
esfera (f)	**pallo**	[pɑllo]
globo (m)	**pallo**	[pɑllo]
diâmetro (m)	**halkaisija**	[hɑlkɑjsijɑ]
raio (m)	**säde**	[sæde]
perímetro (m)	**ympärysmitta**	[ympærys·mittæ]
centro (m)	**keskus**	[keskus]
horizontal (adj)	**vaakasuora**	[ʋɑ:kɑ·suorɑ]
vertical (adj)	**pystysuora**	[pysty·suorɑ]
paralela (f)	**suuntainen suora**	[su:ntɑjnen suorɑ]
paralelo (adj)	**yhdensuuntainen**	[yhden·su:ntɑjnen]
linha (f)	**viiva**	[ʋi:ʋɑ]
traço (m)	**viiva, veto**	[ʋi:ʋɑ], [ʋeto]
reta (f)	**suora**	[suorɑ]
curva (f)	**käyrä**	[kæyræ]
fino (linha ~a)	**ohut**	[oɦut]
contorno (m)	**ääriviivat**	[æ:ri·ʋi:ʋɑt]
interseção (f)	**leikkauskohta**	[lejkkɑus·kohtɑ]
ângulo (m) reto	**suora kulma**	[suorɑ kulmɑ]
segmento (m)	**segmentti**	[segmentti]
setor (m)	**sektori**	[sektori]
lado (de um triângulo, etc.)	**sivu**	[siʋu]
ângulo (m)	**kulma**	[kulmɑ]

25. Unidades de medida

peso (m)	**paino**	[pɑjno]
comprimento (m)	**pituus**	[pitu:s]
largura (f)	**leveys**	[leʋeys]
altura (f)	**korkeus**	[korkeus]

profundidade (f)	**syvyys**	[syʋy:s]
volume (m)	**tilavuus**	[tilaʋu:s]
área (f)	**pinta-ala**	[pinta·ala]
grama (m)	**gramma**	[gramma]
miligrama (m)	**milligramma**	[milligramma]
quilograma (m)	**kilo**	[kilo]
tonelada (f)	**tonni**	[tonni]
libra (453,6 gramas)	**pauna, naula**	[pauna], [naula]
onça (f)	**unssi**	[unssi]
metro (m)	**metri**	[metri]
milímetro (m)	**millimetri**	[millimetri]
centímetro (m)	**senttimetri**	[senttimetri]
quilômetro (m)	**kilometri**	[kilometri]
milha (f)	**peninkulma**	[penin·kulma]
polegada (f)	**tuuma**	[tu:ma]
pé (304,74 mm)	**jalka**	[jalka]
jarda (914,383 mm)	**jaardi**	[ja:rdi]
metro (m) quadrado	**neliömetri**	[neliø·metri]
hectare (m)	**hehtaari**	[hehta:ri]
litro (m)	**litra**	[litra]
grau (m)	**aste**	[aste]
volt (m)	**voltti**	[ʋoltti]
ampère (m)	**ampeeri**	[ampe:ri]
cavalo (m) de potência	**hevosvoima**	[heʋos·ʋojma]
quantidade (f)	**määrä**	[mæ:ræ]
um pouco de ...	**vähän**	[ʋæɦæn]
metade (f)	**puoli**	[puoli]
dúzia (f)	**tusina**	[tusina]
peça (f)	**kappale**	[kappale]
tamanho (m), dimensão (f)	**koko**	[koko]
escala (f)	**mittakaava**	[mitta·ka:ʋa]
mínimo (adj)	**minimaalinen**	[minima:linen]
menor, mais pequeno	**pienin**	[pienin]
médio (adj)	**keskikokoinen**	[keskikokojnen]
máximo (adj)	**maksimaalinen**	[maksima:linen]
maior, mais grande	**suurin**	[su:rin]

26. Recipientes

pote (m) de vidro	**lasitölkki**	[lasi·tølkki]
lata (~ de cerveja)	**purkki**	[purkki]
balde (m)	**sanko**	[saŋko]
barril (m)	**tynnyri**	[tynnyri]
bacia (~ de plástico)	**pesuvati**	[pesu·ʋati]
tanque (m)	**säiliö**	[sæjliø]

cantil (m) de bolso	**kenttäpullo**	[kenttæ·pullo]
galão (m) de gasolina	**jerrykannu**	[jerry·kɑnnu]
cisterna (f)	**säiliö**	[sæjliø]
caneca (f)	**muki**	[muki]
xícara (f)	**kuppi**	[kuppi]
pires (m)	**teevati**	[te:ʋɑti]
copo (m)	**juomalasi**	[juomɑ·lɑsi]
taça (f) de vinho	**viinilasi**	[ʋi:ni·lɑsi]
panela (f)	**kasari, kattila**	[kɑsɑri], [kɑttilɑ]
garrafa (f)	**pullo**	[pullo]
gargalo (m)	**pullonkaula**	[pulloŋ·kɑulɑ]
jarra (f)	**karahvi**	[kɑrɑhʋi]
jarro (m)	**kannu**	[kɑnnu]
recipiente (m)	**astia**	[ɑstiɑ]
pote (m)	**ruukku**	[ru:kku]
vaso (m)	**vaasi, maljakko**	[ʋɑ:si], [mɑljɑkko]
frasco (~ de perfume)	**pullo**	[pullo]
frasquinho (m)	**pieni pullo**	[pjeni pullo]
tubo (m)	**tuubi**	[tu:bi]
saco (ex. ~ de açúcar)	**säkki**	[sækki]
sacola (~ plastica)	**säkki, pussi**	[sækki], [pussi]
maço (de cigarros, etc.)	**aski**	[ɑski]
caixa (~ de sapatos, etc.)	**laatikko**	[lɑ:tikko]
caixote (~ de madeira)	**laatikko**	[lɑ:tikko]
cesto (m)	**kori**	[kori]

27. Materiais

material (m)	**aine**	[ɑjne]
madeira (f)	**puu**	[pu:]
de madeira	**puinen**	[pujnen]
vidro (m)	**lasi**	[lɑsi]
de vidro	**lasi-, lasinen**	[lɑsi], [lɑsinen]
pedra (f)	**kivi**	[kiʋi]
de pedra	**kivi-, kivinen**	[kiʋi], [kiʋinen]
plástico (m)	**muovi**	[muoʋi]
plástico (adj)	**muovi-, muovinen**	[muoʋi], [muoʋinen]
borracha (f)	**kumi**	[kumi]
de borracha	**kumi-, kuminen**	[kumi], [kuminen]
tecido, pano (m)	**kangas**	[kɑŋɑs]
de tecido	**kankaasta**	[kɑŋkɑ:stɑ]
papel (m)	**paperi**	[pɑperi]
de papel	**paperi-, paperinen**	[pɑperi], [pɑperinen]

papelão (m)	**pahvi, kartonki**	[pahui], [kartoŋki]
de papelão	**pahvi-**	[pahui]
polietileno (m)	**polyetyleeni**	[polyetyle:ni]
celofane (m)	**sellofaani**	[sellofa:ni]
linóleo (m)	**linoleumi**	[linoleumi]
madeira (f) compensada	**vaneri**	[uaneri]
porcelana (f)	**posliini**	[posli:ni]
de porcelana	**posliininen**	[posli:ninen]
argila (f), barro (m)	**savi**	[saui]
de barro	**savi-**	[saui]
cerâmica (f)	**keramiikka**	[kerami:kka]
de cerâmica	**keraaminen**	[kera:minen]

28. Metais

metal (m)	**metalli**	[metalli]
metálico (adj)	**metallinen**	[metallinen]
liga (f)	**seos**	[seos]
ouro (m)	**kulta**	[kulta]
de ouro	**kultainen**	[kultajnen]
prata (f)	**hopea**	[hopea]
de prata	**hopeinen**	[hopejnen]
ferro (m)	**rauta**	[rauta]
de ferro	**rauta-, rautainen**	[rauta], [rautajnen]
aço (m)	**teräs**	[teræs]
de aço (adj)	**teräs-, teräksinen**	[teræs], [teræksinen]
cobre (m)	**kupari**	[kupari]
de cobre	**kupari-, kuparinen**	[kupari-], [kuparinen]
alumínio (m)	**alumiini**	[alumi:ni]
de alumínio	**alumiini-**	[alumi:ni]
bronze (m)	**pronssi**	[pronssi]
de bronze	**pronssi-, pronssinen**	[pronssi], [pronssinen]
latão (m)	**messinki**	[messiŋki]
níquel (m)	**nikkeli**	[nikkeli]
platina (f)	**platina**	[platina]
mercúrio (m)	**elohopea**	[elo·hopea]
estanho (m)	**tina**	[tina]
chumbo (m)	**lyijy**	[lyjy]
zinco (m)	**sinkki**	[siŋkki]

O SER HUMANO

O ser humano. O corpo

29. Humanos. Conceitos básicos

ser (m) humano	**ihminen**	[ihminen]
homem (m)	**mies**	[mies]
mulher (f)	**nainen**	[nɑjnen]
criança (f)	**lapsi**	[lɑpsi]
menina (f)	**tyttö**	[tyttø]
menino (m)	**poika**	[pojkɑ]
adolescente (m)	**teini-ikäinen**	[tejni·ikæjnen]
velho (m)	**vanhus**	[ʋɑnhus]
velha (f)	**eukko**	[eukko]

30. Anatomia humana

organismo (m)	**elimistö**	[elimistø]
coração (m)	**sydän**	[sydæn]
sangue (m)	**veri**	[ʋeri]
artéria (f)	**valtimo**	[ʋɑltimo]
veia (f)	**laskimo**	[lɑskimo]
cérebro (m)	**aivot**	[ɑjʋot]
nervo (m)	**hermo**	[hermo]
nervos (m pl)	**hermot**	[hermot]
vértebra (f)	**nikama**	[nikɑmɑ]
coluna (f) vertebral	**selkäranka**	[selkæ·rɑŋkɑ]
estômago (m)	**mahalaukku**	[mɑɦɑ·lɑukku]
intestinos (m pl)	**suolisto**	[suolisto]
intestino (m)	**suoli**	[suoli]
fígado (m)	**maksa**	[mɑksɑ]
rim (m)	**munuainen**	[munuɑjnen]
osso (m)	**luu**	[lu:]
esqueleto (m)	**luuranko**	[lu:rɑŋko]
costela (f)	**kylkiluu**	[kylki·lu:]
crânio (m)	**pääkallo**	[pæ:kɑllo]
músculo (m)	**lihas**	[liɦɑs]
bíceps (m)	**hauis**	[hɑujs]
tríceps (m)	**ojentaja**	[ojentɑjɑ]
tendão (m)	**jänne**	[jænne]
articulação (f)	**nivel**	[niʋel]

pulmões (m pl)	**keuhkot**	[keuhkot]
órgãos (m pl) genitais	**sukupuolielimet**	[sukupuoli·elimet]
pele (f)	**iho**	[iɦo]

31. Cabeça

cabeça (f)	**pää**	[pæ:]
rosto, cara (f)	**kasvot**	[kasʋot]
nariz (m)	**nenä**	[nenæ]
boca (f)	**suu**	[su:]
olho (m)	**silmä**	[silmæ]
olhos (m pl)	**silmät**	[silmæt]
pupila (f)	**silmäterä**	[silmæ·teræ]
sobrancelha (f)	**kulmakarva**	[kulma·karʋa]
cílio (f)	**ripsi**	[ripsi]
pálpebra (f)	**silmäluomi**	[silmæ·luomi]
língua (f)	**kieli**	[kieli]
dente (m)	**hammas**	[hammas]
lábios (m pl)	**huulet**	[hu:let]
maçãs (f pl) do rosto	**poskipäät**	[poski·pæ:t]
gengiva (f)	**ien**	[ien]
palato (m)	**kitalaki**	[kitalaki]
narinas (f pl)	**sieraimet**	[sierajmet]
queixo (m)	**leuka**	[leuka]
mandíbula (f)	**leukaluu**	[leuka·lu:]
bochecha (f)	**poski**	[poski]
testa (f)	**otsa**	[otsa]
têmpora (f)	**ohimo**	[oɦimo]
orelha (f)	**korva**	[korʋa]
costas (f pl) da cabeça	**niska**	[niska]
pescoço (m)	**kaula**	[kaula]
garganta (f)	**kurkku**	[kurkku]
cabelo (m)	**hiukset**	[hiukset]
penteado (m)	**kampaus**	[kampaus]
corte (m) de cabelo	**kampaus**	[kampaus]
peruca (f)	**tekotukka**	[teko·tukka]
bigode (m)	**viikset**	[ʋi:kset]
barba (f)	**parta**	[parta]
ter (~ barba, etc.)	**pitää**	[pitæ:]
trança (f)	**letti**	[letti]
suíças (f pl)	**poskiparta**	[poski·parta]
ruivo (adj)	**punatukkainen**	[puna·tukkajnen]
grisalho (adj)	**harmaa**	[harma:]
careca (adj)	**kalju**	[kalju]
calva (f)	**kaljuus**	[kalju:s]
rabo-de-cavalo (m)	**poninhäntä**	[ponin·hæntæ]
franja (f)	**otsatukka**	[otsa·tukka]

32. Corpo humano

mão (f)	**käsi**	[kæsi]
braço (m)	**käsivarsi**	[kæsi·ʋarssi]
dedo (m)	**sormi**	[sormi]
dedo (m) do pé	**varvas**	[ʋarʋas]
polegar (m)	**peukalo**	[peukalo]
dedo (m) mindinho	**pikkusormi**	[pikku·sormi]
unha (f)	**kynsi**	[kynsi]
punho (m)	**nyrkki**	[nyrkki]
palma (f)	**kämmen**	[kæmmen]
pulso (m)	**ranne**	[ranne]
antebraço (m)	**kyynärvarsi**	[ky:nær·ʋarsi]
cotovelo (m)	**kyynärpää**	[ky:nær·pæ:]
ombro (m)	**hartia**	[hartia]
perna (f)	**jalka**	[jalka]
pé (m)	**jalkaterä**	[jalka·teræ]
joelho (m)	**polvi**	[polʋi]
panturrilha (f)	**pohje**	[pohje]
quadril (m)	**reisi**	[rejsi]
calcanhar (m)	**kantapää**	[kantapæ:]
corpo (m)	**vartalo**	[ʋartalo]
barriga (f), ventre (m)	**maha**	[maɦa]
peito (m)	**rinta**	[rinta]
seio (m)	**rinnat**	[rinnat]
lado (m)	**kylki**	[kylki]
costas (dorso)	**selkä**	[selkæ]
região (f) lombar	**ristiselkä**	[risti·selkæ]
cintura (f)	**vyötärö**	[ʋyøtærø]
umbigo (m)	**napa**	[napa]
nádegas (f pl)	**pakarat**	[pakarat]
traseiro (m)	**takapuoli**	[taka·puoli]
sinal (m), pinta (f)	**luomi**	[luomi]
sinal (m) de nascença	**syntymämerkki**	[syntymæ·merkki]
tatuagem (f)	**tatuointi**	[tatuojnti]
cicatriz (f)	**arpi**	[arpi]

Vestuário & Acessórios

33. Roupa exterior. Casacos

roupa (f)	**vaatteet**	[ʋɑ:tte:t]
roupa (f) exterior	**päällysvaatteet**	[pæ:llys·ʋɑ:tte:t]
roupa (f) de inverno	**talvivaatteet**	[tɑlʋi·ʋɑ:tte:t]
sobretudo (m)	**takki**	[tɑkki]
casaco (m) de pele	**turkki**	[turkki]
jaqueta (f) de pele	**puoliturkki**	[puoli·turkki]
casaco (m) acolchoado	**untuvatakki**	[untuʋɑ·tɑkki]
casaco (m), jaqueta (f)	**takki**	[tɑkki]
impermeável (m)	**sadetakki**	[sɑde·tɑkki]
a prova d'água	**vedenpitävä**	[ʋeden·pitæʋæ]

34. Vestuário de homem & mulher

camisa (f)	**paita**	[pɑjtɑ]
calça (f)	**housut**	[housut]
jeans (m)	**farkut**	[fɑrkut]
paletó, terno (m)	**pikkutakki**	[pikku·tɑkki]
terno (m)	**puku**	[puku]
vestido (ex. ~ de noiva)	**leninki**	[leniŋki]
saia (f)	**hame**	[hɑme]
blusa (f)	**pusero**	[pusero]
casaco (m) de malha	**villapusero**	[ʋillɑ·pusero]
casaco, blazer (m)	**jakku**	[jɑkku]
camiseta (f)	**T-paita**	[te·pɑjtɑ]
short (m)	**shortsit, sortsit**	[sortsit]
training (m)	**urheilupuku**	[urhejlu·puku]
roupão (m) de banho	**kylpytakki**	[kylpy·tɑkki]
pijama (m)	**pyjama**	[pyjɑmɑ]
suéter (m)	**villapaita**	[ʋillɑ·pɑjtɑ]
pulôver (m)	**neulepusero**	[neule·pusero]
colete (m)	**liivi**	[li:ʋi]
fraque (m)	**frakki**	[frɑkki]
smoking (m)	**smokki**	[smokki]
uniforme (m)	**univormu**	[uniʋormu]
roupa (f) de trabalho	**työvaatteet**	[tyø·ʋɑ:tte:t]
macacão (m)	**haalari**	[hɑ:lɑri]
jaleco (m), bata (f)	**lääkärintakki**	[læ:kærin·tɑkki]

35. Vestuário. Roupa interior

roupa (f) íntima	**alusvaatteet**	[alus·ʋɑ:tte:t]
cueca boxer (f)	**bokserit**	[bokserit]
calcinha (f)	**pikkuhousut**	[pikku·housut]
camiseta (f)	**aluspaita**	[alus·pajta]
meias (f pl)	**sukat**	[sukat]
camisola (f)	**yöpuku**	[yøpuku]
sutiã (m)	**rintaliivit**	[rinta·li:ʋit]
meias longas (f pl)	**polvisukat**	[polʋi·sukat]
meias-calças (f pl)	**sukkahousut**	[sukka·housut]
meias (~ de nylon)	**sukat**	[sukat]
maiô (m)	**uimapuku**	[ujma·puku]

36. Adereços de cabeça

chapéu (m), touca (f)	**hattu**	[hattu]
chapéu (m) de feltro	**fedora-hattu**	[fedora·hattu]
boné (m) de beisebol	**lippalakki**	[lippa·lakki]
boina (~ italiana)	**lakki**	[lakki]
boina (ex. ~ basca)	**baskeri**	[baskeri]
capuz (m)	**huppu**	[huppu]
chapéu panamá (m)	**panamahattu**	[panama·hattu]
touca (f)	**pipo**	[pipo]
lenço (m)	**huivi**	[huiʋi]
chapéu (m) feminino	**naisten hattu**	[najsten hattu]
capacete (m) de proteção	**suojakypärä**	[suoja·kypæræ]
bibico (m)	**suikka**	[suikka]
capacete (m)	**kypärä**	[kypæræ]
chapéu-coco (m)	**knalli**	[knalli]
cartola (f)	**silinterihattu**	[silinteri·hattu]

37. Calçado

calçado (m)	**jalkineet**	[jalkine:t]
botinas (f pl), sapatos (m pl)	**varsikengät**	[ʋarsikeŋæt]
sapatos (de salto alto, etc.)	**naisten kengät**	[najsten keŋæt]
botas (f pl)	**saappaat**	[sa:ppa:t]
pantufas (f pl)	**tossut**	[tossut]
tênis (~ Nike, etc.)	**lenkkitossut**	[leŋkki·tossut]
tênis (~ Converse)	**lenkkarit**	[leŋkkarit]
sandálias (f pl)	**sandaalit**	[sanda:lit]
sapateiro (m)	**suutari**	[su:tari]
salto (m)	**korko**	[korko]

par (m)	**pari**	[pari]
cadarço (m)	**nauha**	[nauɦa]
amarrar os cadarços	**sitoa kengännauhat**	[sitoa keŋænnauɦat]
calçadeira (f)	**kenkälusikka**	[keŋkæ·lusikka]
graxa (f) para calçado	**kenkävoide**	[keŋkæ·ʋojde]

38. Têxtil. Tecidos

algodão (m)	**puuvilla**	[pu:ʋilla]
de algodão	**puuvilla-**	[pu:ʋilla]
linho (m)	**pellava**	[pellaʋa]
de linho	**pellava-**	[pellaʋa]
seda (f)	**silkki**	[silkki]
de seda	**silkki-, silkkinen**	[silkki], [silkkinen]
lã (f)	**villa**	[ʋilla]
de lã	**villa-, villainen**	[ʋilla], [ʋillajnen]
veludo (m)	**sametti**	[sametti]
camurça (f)	**säämiskä**	[sæ:miskæ]
veludo (m) cotelê	**vakosametti**	[ʋako·sametti]
nylon (m)	**nailon**	[najlon]
de nylon	**nailon-**	[najlon]
poliéster (m)	**polyesteri**	[polyesteri]
de poliéster	**polyesterinen**	[polyesterinen]
couro (m)	**nahka**	[nahka]
de couro	**nahkainen**	[nahkajnen]
pele (f)	**turkki, turkis**	[turkki], [turkis]
de pele	**turkis-**	[turkis]

39. Acessórios pessoais

luva (f)	**käsineet**	[kæsine:t]
mitenes (f pl)	**lapaset**	[lapaset]
cachecol (m)	**kaulaliina**	[kaula·li:na]
óculos (m pl)	**silmälasit**	[silmæ·lasit]
armação (f)	**kehys**	[keɦys]
guarda-chuva (m)	**sateenvarjo**	[sate:n·ʋarjo]
bengala (f)	**kävelykeppi**	[kæʋely·keppi]
escova (f) para o cabelo	**hiusharja**	[hius·harja]
leque (m)	**viuhka**	[ʋiuhka]
gravata (f)	**solmio**	[solmio]
gravata-borboleta (f)	**rusetti**	[rusetti]
suspensórios (m pl)	**henkselit**	[heŋkselit]
lenço (m)	**nenäliina**	[nenæ·li:na]
pente (m)	**kampa**	[kampa]
fivela (f) para cabelo	**hiussolki**	[hius·solki]

grampo (m)	**hiusneula**	[hius·neulɑ]
fivela (f)	**solki**	[solki]
cinto (m)	**vyö**	[ʋyø]
alça (f) de ombro	**hihna**	[hihnɑ]
bolsa (f)	**laukku**	[lɑukku]
bolsa (feminina)	**käsilaukku**	[kæsi·lɑukku]
mochila (f)	**reppu**	[reppu]

40. Vestuário. Diversos

moda (f)	**muoti**	[muoti]
na moda (adj)	**muodikas**	[muodikɑs]
estilista (m)	**mallisuunnittelija**	[mɑlli·su:nnittelijɑ]
colarinho (m)	**kaulus**	[kɑulus]
bolso (m)	**tasku**	[tɑsku]
de bolso	**tasku-**	[tɑsku]
manga (f)	**hiha**	[hiɦɑ]
ganchinho (m)	**raksi**	[rɑksi]
bragueta (f)	**halkio**	[hɑlkio]
zíper (m)	**vetoketju**	[ʋeto·ketju]
colchete (m)	**kiinnitin**	[ki:nnitin]
botão (m)	**nappi**	[nɑppi]
botoeira (casa de botão)	**napinläpi**	[nɑpin·læpi]
soltar-se (vr)	**irrota**	[irrotɑ]
costurar (vi)	**ommella**	[ommellɑ]
bordar (vt)	**kirjoa**	[kirjoɑ]
bordado (m)	**kirjonta**	[kirjontɑ]
agulha (f)	**neula**	[neulɑ]
fio, linha (f)	**lanka**	[lɑŋkɑ]
costura (f)	**sauma**	[sɑumɑ]
sujar-se (vr)	**tahraantua**	[tɑhrɑ:ntuɑ]
mancha (f)	**tahra**	[tɑhrɑ]
amarrotar-se (vr)	**rypistyä**	[rypistyæ]
rasgar (vt)	**repiä**	[repiæ]
traça (f)	**koi**	[koj]

41. Cuidados pessoais. Cosméticos

pasta (f) de dente	**hammastahna**	[hɑmmɑs·tɑhnɑ]
escova (f) de dente	**hammasharja**	[hɑmmɑs·hɑrjɑ]
escovar os dentes	**harjata hampaita**	[hɑrjɑtɑ hɑmpɑjtɑ]
gilete (f)	**partahöylä**	[pɑrtɑ·ɦøylæ]
creme (m) de barbear	**partavaahdoke**	[pɑrtɑ·ʋɑ:hdoke]
barbear-se (vr)	**ajaa parta**	[ɑjɑ: pɑrtɑ]
sabonete (m)	**saippua**	[sɑjppuɑ]

xampu (m)	**sampoo**	[sampo:]
tesoura (f)	**sakset**	[sakset]
lixa (f) de unhas	**kynsiviila**	[kynsi·ʋi:la]
corta-unhas (m)	**kynsileikkuri**	[kynsi·lejkkuri]
pinça (f)	**pinsetit**	[pinsetit]
cosméticos (m pl)	**meikki**	[mejkki]
máscara (f)	**kasvonaamio**	[kasʋo·na:mio]
manicure (f)	**manikyyri**	[maniky:ri]
fazer as unhas	**hoitaa kynsiä**	[hojta: kynsiæ]
pedicure (f)	**jalkahoito**	[jalka·hojto]
bolsa (f) de maquiagem	**meikkipussi**	[mejkki·pussi]
pó (de arroz)	**puuteri**	[pu:teri]
pó (m) compacto	**puuterirasia**	[pu:teri·rasia]
blush (m)	**poskipuna**	[poski·puna]
perfume (m)	**parfyymi**	[parfy:mi]
água-de-colônia (f)	**eau de toilette, hajuvesi**	[o·de·tualet], [haju·ʋesi]
loção (f)	**kasvovesi**	[kasʋo·ʋesi]
colônia (f)	**kölninvesi**	[kølnin·ʋesi]
sombra (f) de olhos	**luomiväri**	[luomi·ʋæri]
delineador (m)	**rajauskynä**	[rajaus·kynæ]
máscara (f), rímel (m)	**ripsiväri**	[ripsi·ʋæri]
batom (m)	**huulipuna**	[hu:li·puna]
esmalte (m)	**kynsilakka**	[kynsi·lakka]
laquê (m), spray fixador (m)	**hiuslakka**	[hius·lakka]
desodorante (m)	**deodorantti**	[deodorantti]
creme (m)	**voide**	[ʋojde]
creme (m) de rosto	**kasvovoide**	[kasʋo·ʋojde]
creme (m) de mãos	**käsivoide**	[kæsi·ʋojde]
creme (m) antirrugas	**ryppyvoide**	[ryppy·ʋojde]
creme (m) de dia	**päivävoide**	[pæjʋæ·ʋojde]
creme (m) de noite	**yövoide**	[yø·ʋojde]
de dia	**päivä-**	[pæjʋæ]
da noite	**yö-**	[yø]
absorvente (m) interno	**tamponi**	[tamponi]
papel (m) higiênico	**vessapaperi**	[ʋessa·paperi]
secador (m) de cabelo	**hiustenkuivaaja**	[hiusteŋ·kujʋa:ja]

42. Joalheria

joias (f pl)	**korut**	[korut]
precioso (adj)	**jalo-**	[jalo]
marca (f) de contraste	**tarkastusleimaus**	[tarkastus·lejmaus]
anel (m)	**sormus**	[sormus]
aliança (f)	**vihkisormus**	[ʋihki·sormus]
pulseira (f)	**rannerengas**	[ranne·reŋas]
brincos (m pl)	**korvakorut**	[korʋa·korut]

colar (m)	**kaulakoru**	[kaula·koru]
coroa (f)	**kruunu**	[kru:nu]
colar (m) de contas	**helmet**	[helmet]
diamante (m)	**timantti**	[timantti]
esmeralda (f)	**smaragdi**	[smaragdi]
rubi (m)	**rubiini**	[rubi:ni]
safira (f)	**safiiri**	[safi:ri]
pérola (f)	**helmet**	[helmet]
âmbar (m)	**meripihka**	[meri·pihka]

43. Relógios de pulso. Relógios

relógio (m) de pulso	**rannekello**	[ranne·kello]
mostrador (m)	**kellotaulu**	[kello·taulu]
ponteiro (m)	**osoitin**	[osojtin]
bracelete (em aço)	**metalliranneke**	[metalli·ranneke]
bracelete (em couro)	**ranneke**	[ranneke]
pilha (f)	**paristo**	[paristo]
acabar (vi)	**olla tyhjä**	[olla tyhjæ]
trocar a pilha	**vaihtaa paristo**	[vajhta: paristo]
estar adiantado	**edistää**	[edistæ:]
estar atrasado	**jätättää**	[jætættæ:]
relógio (m) de parede	**seinäkello**	[sejnæ·kello]
ampulheta (f)	**tiimalasi**	[ti:malasi]
relógio (m) de sol	**aurinkokello**	[auriŋko·kello]
despertador (m)	**herätyskello**	[herætys·kello]
relojoeiro (m)	**kelloseppä**	[kello·seppæ]
reparar (vt)	**korjata**	[korjata]

Alimentação. Nutrição

44. Comida

carne (f)	**liha**	[lifia]
galinha (f)	**kana**	[kana]
frango (m)	**kananpoika**	[kanan·pojka]
pato (m)	**ankka**	[aŋkka]
ganso (m)	**hanhi**	[hanhi]
caça (f)	**riista**	[ri:sta]
peru (m)	**kalkkuna**	[kalkkuna]
carne (f) de porco	**sianliha**	[sian·lifia]
carne (f) de vitela	**vasikanliha**	[ʋasikan·lifia]
carne (f) de carneiro	**lampaanliha**	[lampa:n·lifia]
carne (f) de vaca	**naudanliha**	[naudan·lifia]
carne (f) de coelho	**kaniini**	[kani:ni]
linguiça (f), salsichão (m)	**makkara**	[makkara]
salsicha (f)	**nakki**	[nakki]
bacon (m)	**pekoni**	[pekoni]
presunto (m)	**kinkku**	[kiŋkku]
pernil (m) de porco	**savustettu kinkku**	[saʋustettu kiŋkku]
patê (m)	**patee**	[pate:]
fígado (m)	**maksa**	[maksa]
guisado (m)	**jauheliha**	[jaufie·lifia]
língua (f)	**kieli**	[kieli]
ovo (m)	**muna**	[muna]
ovos (m pl)	**munat**	[munat]
clara (f) de ovo	**valkuainen**	[ʋalku·ajnen]
gema (f) de ovo	**keltuainen**	[keltuajnen]
peixe (m)	**kala**	[kala]
mariscos (m pl)	**meren antimet**	[meren antimet]
crustáceos (m pl)	**äyriäiset**	[æyriæjset]
caviar (m)	**kaviaari**	[kaʋia:ri]
caranguejo (m)	**kuningasrapu**	[kuniŋas·rapu]
camarão (m)	**katkarapu**	[katkarapu]
ostra (f)	**osteri**	[osteri]
lagosta (f)	**langusti**	[laŋusti]
polvo (m)	**meritursas**	[meri·tursas]
lula (f)	**kalmari**	[kalmari]
esturjão (m)	**sampi**	[sampi]
salmão (m)	**lohi**	[lofii]
halibute (m)	**pallas**	[pallas]
bacalhau (m)	**turska**	[turska]

cavala, sarda (f)	**makrilli**	[makrilli]
atum (m)	**tonnikala**	[tonnikala]
enguia (f)	**ankerias**	[aŋkerias]
truta (f)	**taimen**	[tajmen]
sardinha (f)	**sardiini**	[sardi:ni]
lúcio (m)	**hauki**	[hauki]
arenque (m)	**silli**	[silli]
pão (m)	**leipä**	[lejpæ]
queijo (m)	**juusto**	[ju:sto]
açúcar (m)	**sokeri**	[sokeri]
sal (m)	**suola**	[suola]
arroz (m)	**riisi**	[ri:si]
massas (f pl)	**pasta, makaroni**	[pasta], [makaroni]
talharim, miojo (m)	**nuudeli**	[nu:deli]
manteiga (f)	**voi**	[ʋoj]
óleo (m) vegetal	**kasviöljy**	[kasʋi·øljy]
óleo (m) de girassol	**auringonkukkaöljy**	[auriŋon·kukka·øljy]
margarina (f)	**margariini**	[margari:ni]
azeitonas (f pl)	**oliivit**	[oli:ʋit]
azeite (m)	**oliiviöljy**	[oli:ʋi·øljy]
leite (m)	**maito**	[majto]
leite (m) condensado	**maitotiiviste**	[majto·ti:ʋiste]
iogurte (m)	**jogurtti**	[jogurtti]
creme (m) azedo	**hapankerma**	[hapan·kerma]
creme (m) de leite	**kerma**	[kerma]
maionese (f)	**majoneesi**	[majone:si]
creme (m)	**kreemi**	[kre:mi]
grãos (m pl) de cereais	**suurimot**	[su:rimot]
farinha (f)	**jauhot**	[jauɦot]
enlatados (m pl)	**säilyke**	[sæjlyke]
flocos (m pl) de milho	**maissimurot**	[majssi·murot]
mel (m)	**hunaja**	[hunaja]
geleia (m)	**hillo**	[hillo]
chiclete (m)	**purukumi**	[puru·kumi]

45. Bebidas

água (f)	**vesi**	[ʋesi]
água (f) potável	**juomavesi**	[juoma·ʋesi]
água (f) mineral	**kivennäisvesi**	[kiʋennæjs·ʋesi]
sem gás (adj)	**ilman hiilihappoa**	[ilman hi:li·happoa]
gaseificada (adj)	**hiilihappovettä**	[hi:li·happoʋetta]
com gás	**hiilihappoinen**	[hi:li·happojnen]
gelo (m)	**jää**	[jæ:]

com gelo	**jään kanssa**	[jæ:n kanssa]
não alcoólico (adj)	**alkoholiton**	[alkoɦoliton]
refrigerante (m)	**alkoholiton juoma**	[alkoɦoliton juoma]
refresco (m)	**virvoitusjuoma**	[ʋirʋojtus·juoma]
limonada (f)	**limonadi**	[limonadi]
bebidas (f pl) alcoólicas	**alkoholijuomat**	[alkoɦoli·juomat]
vinho (m)	**viini**	[ʋi:ni]
vinho (m) branco	**valkoviini**	[ʋalko·ʋi:ni]
vinho (m) tinto	**punaviini**	[puna·ʋi:ni]
licor (m)	**likööri**	[likø:ri]
champanhe (m)	**samppanja**	[samppanja]
vermute (m)	**vermutti**	[ʋermutti]
uísque (m)	**viski**	[ʋiski]
vodca (f)	**votka, vodka**	[ʋotka], [ʋodka]
gim (m)	**gini**	[gini]
conhaque (m)	**konjakki**	[konjakki]
rum (m)	**rommi**	[rommi]
café (m)	**kahvi**	[kahʋi]
café (m) preto	**musta kahvi**	[musta kahʋi]
café (m) com leite	**maitokahvi**	[majto·kahʋi]
cappuccino (m)	**cappuccino**	[kaputʃi:no]
café (m) solúvel	**murukahvi**	[muru·kahʋi]
leite (m)	**maito**	[majto]
coquetel (m)	**cocktail**	[koktejl]
batida (f), milkshake (m)	**pirtelö**	[pirtelø]
suco (m)	**mehu**	[meɦu]
suco (m) de tomate	**tomaattimehu**	[toma:tti·meɦu]
suco (m) de laranja	**appelsiinimehu**	[appelsi:ni·meɦu]
suco (m) fresco	**tuoremehu**	[tuore·meɦu]
cerveja (f)	**olut**	[olut]
cerveja (f) clara	**vaalea olut**	[ʋa:lea olut]
cerveja (f) preta	**tumma olut**	[tumma olut]
chá (m)	**tee**	[te:]
chá (m) preto	**musta tee**	[musta te:]
chá (m) verde	**vihreä tee**	[ʋihreæ te:]

46. Vegetais

vegetais (m pl)	**vihannekset**	[ʋiɦannekset]
verdura (f)	**lehtikasvikset**	[lehti·kasʋikset]
tomate (m)	**tomaatti**	[toma:tti]
pepino (m)	**kurkku**	[kurkku]
cenoura (f)	**porkkana**	[porkkana]
batata (f)	**peruna**	[peruna]
cebola (f)	**sipuli**	[sipuli]

alho (m)	**valkosipuli**	[ʋalko·sipuli]
couve (f)	**kaali**	[kɑ:li]
couve-flor (f)	**kukkakaali**	[kukkɑ·kɑ:li]
couve-de-bruxelas (f)	**brysselinkaali**	[brysseliŋ·kɑ:li]
brócolis (m pl)	**parsakaali**	[pɑrsɑ·kɑ:li]
beterraba (f)	**punajuuri**	[punɑ·ju:ri]
berinjela (f)	**munakoiso**	[munɑ·kojso]
abobrinha (f)	**kesäkurpitsa**	[kesæ·kurpitsɑ]
abóbora (f)	**kurpitsa**	[kurpitsɑ]
nabo (m)	**nauris**	[nɑuris]
salsa (f)	**persilja**	[persiljɑ]
endro, aneto (m)	**tilli**	[tilli]
alface (f)	**lehtisalaatti**	[lehti·sɑlɑ:tti]
aipo (m)	**selleri**	[selleri]
aspargo (m)	**parsa**	[pɑrsɑ]
espinafre (m)	**pinaatti**	[pinɑ:tti]
ervilha (f)	**herne**	[herne]
feijão (~ soja, etc.)	**pavut**	[pɑʋut]
milho (m)	**maissi**	[mɑjssi]
feijão (m) roxo	**pavut**	[pɑʋut]
pimentão (m)	**paprika**	[pɑprikɑ]
rabanete (m)	**retiisi**	[reti:si]
alcachofra (f)	**artisokka**	[ɑrtisokkɑ]

47. Frutos. Nozes

fruta (f)	**hedelmä**	[hedelmæ]
maçã (f)	**omena**	[omenɑ]
pera (f)	**päärynä**	[pæ:rynæ]
limão (m)	**sitruuna**	[sitru:nɑ]
laranja (f)	**appelsiini**	[ɑppelsi:ni]
morango (m)	**mansikka**	[mɑnsikkɑ]
tangerina (f)	**mandariini**	[mɑndɑri:ni]
ameixa (f)	**luumu**	[lu:mu]
pêssego (m)	**persikka**	[persikkɑ]
damasco (m)	**aprikoosi**	[ɑpriko:si]
framboesa (f)	**vadelma**	[ʋɑdelmɑ]
abacaxi (m)	**ananas**	[ɑnɑnɑs]
banana (f)	**banaani**	[bɑnɑ:ni]
melancia (f)	**vesimeloni**	[ʋesi·meloni]
uva (f)	**viinirypäleet**	[ʋi:ni·rypæle:t]
ginja (f)	**hapankirsikka**	[hɑpɑn·kirsikkɑ]
cereja (f)	**linnunkirsikka**	[linnun·kirsikkɑ]
melão (m)	**meloni**	[meloni]
toranja (f)	**greippi**	[grejppi]
abacate (m)	**avokado**	[ɑʋokɑdo]
mamão (m)	**papaija**	[pɑpɑijɑ]

manga (f)	**mango**	[maŋo]
romã (f)	**granaattiomena**	[grana:tti·omena]
groselha (f) vermelha	**punaherukka**	[puna·ɦerukka]
groselha (f) negra	**mustaherukka**	[musta·ɦerukka]
groselha (f) espinhosa	**karviainen**	[karʋiajnen]
mirtilo (m)	**mustikka**	[mustikka]
amora (f) silvestre	**karhunvatukka**	[karhun·ʋatukka]
passa (f)	**rusina**	[rusina]
figo (m)	**viikuna**	[ʋi:kuna]
tâmara (f)	**taateli**	[ta:teli]
amendoim (m)	**maapähkinä**	[ma:pæhkinæ]
amêndoa (f)	**manteli**	[manteli]
noz (f)	**saksanpähkinä**	[saksan·pæhkinæ]
avelã (f)	**hasselpähkinä**	[hassel·pæhkinæ]
coco (m)	**kookospähkinä**	[ko:kos·pæhkinæ]
pistaches (m pl)	**pistaasi**	[pista:si]

48. Pão. Bolaria

pastelaria (f)	**konditoriatuotteet**	[konditorja·tuotte:t]
pão (m)	**leipä**	[lejpæ]
biscoito (m), bolacha (f)	**keksit**	[keksit]
chocolate (m)	**suklaa**	[sukla:]
de chocolate	**suklaa-**	[sukla:]
bala (f)	**karamelli**	[karamelli]
doce (bolo pequeno)	**leivos**	[lejʋos]
bolo (m) de aniversário	**kakku**	[kakku]
torta (f)	**piirakka**	[pi:rakka]
recheio (m)	**täyte**	[tæyte]
geleia (m)	**hillo**	[hillo]
marmelada (f)	**marmeladi**	[marmeladi]
wafers (m pl)	**vohvelit**	[ʋohʋelit]
sorvete (m)	**jäätelö**	[jæ:telø]
pudim (m)	**vanukas**	[vanukas]

49. Pratos cozinhados

prato (m)	**ruokalaji**	[ruoka·laji]
cozinha (~ portuguesa)	**keittiö**	[kejttiø]
receita (f)	**resepti**	[resepti]
porção (f)	**annos**	[annos]
salada (f)	**salaatti**	[sala:tti]
sopa (f)	**keitto**	[kejtto]
caldo (m)	**liemi**	[liemi]
sanduíche (m)	**voileipä**	[ʋoj·lejpæ]

ovos (m pl) fritos	**paistettu muna**	[pajstettu muna]
hambúrguer (m)	**hampurilainen**	[hampurilajnen]
bife (m)	**pihvi**	[pihʋi]
acompanhamento (m)	**lisäke**	[lisæke]
espaguete (m)	**spagetti**	[spagetti]
purê (m) de batata	**perunasose**	[peruna·sose]
pizza (f)	**pizza**	[pitsa]
mingau (m)	**puuro**	[pu:ro]
omelete (f)	**munakas**	[munakas]
fervido (adj)	**keitetty**	[kejtetty]
defumado (adj)	**savustettu**	[saʋustettu]
frito (adj)	**paistettu**	[pajstettu]
seco (adj)	**kuivattu**	[kujʋattu]
congelado (adj)	**jäädytetty**	[jæ:dytetty]
em conserva (adj)	**säilötty**	[sæjløtty]
doce (adj)	**makea**	[makea]
salgado (adj)	**suolainen**	[suolajnen]
frio (adj)	**kylmä**	[kylmæ]
quente (adj)	**kuuma**	[ku:ma]
amargo (adj)	**karvas**	[karʋas]
gostoso (adj)	**maukas**	[maukas]
cozinhar em água fervente	**keittää**	[kejttæ:]
preparar (vt)	**laittaa ruokaa**	[lajtta: ruoka:]
fritar (vt)	**paistaa**	[pajsta:]
aquecer (vt)	**lämmittää**	[læmmittæ:]
salgar (vt)	**suolata**	[suolata]
apimentar (vt)	**pippuroida**	[pippurojda]
ralar (vt)	**raastaa**	[ra:sta:]
casca (f)	**kuori**	[kuori]
descascar (vt)	**kuoria**	[kuoria]

50. Especiarias

sal (m)	**suola**	[suola]
salgado (adj)	**suolainen**	[suolajnen]
salgar (vt)	**suolata**	[suolata]
pimenta-do-reino (f)	**musta pippuri**	[musta pippuri]
pimenta (f) vermelha	**kuuma pippuri**	[ku:ma pippuri]
mostarda (f)	**sinappi**	[sinappi]
raiz-forte (f)	**piparjuuri**	[pipar·ju:ri]
condimento (m)	**höyste**	[høyste]
especiaria (f)	**mauste**	[mauste]
molho (~ inglês)	**kastike**	[kastike]
vinagre (m)	**etikka**	[etikka]
anis estrelado (m)	**anis**	[anis]
manjericão (m)	**basilika**	[basilika]

cravo (m)	**neilikka**	[nejlikka]
gengibre (m)	**inkivääri**	[iŋkiʋæ:ri]
coentro (m)	**korianteri**	[korianteri]
canela (f)	**kaneli**	[kaneli]
gergelim (m)	**seesami**	[se:sami]
folha (f) de louro	**laakerinlehti**	[la:kerin·lehti]
páprica (f)	**paprika**	[paprika]
cominho (m)	**kumina**	[kumina]
açafrão (m)	**sahrami**	[sahrami]

51. Refeições

comida (f)	**ruoka**	[ruoka]
comer (vt)	**syödä**	[syødæ]
café (m) da manhã	**aamiainen**	[a:miajnen]
tomar café da manhã	**syödä aamiaista**	[syødæ a:miajsta]
almoço (m)	**lounas**	[lounas]
almoçar (vi)	**syödä lounasta**	[syødæ lounasta]
jantar (m)	**illallinen**	[illallinen]
jantar (vi)	**syödä illallista**	[syødæ illallista]
apetite (m)	**ruokahalu**	[ruoka·halu]
Bom apetite!	**Hyvää ruokahalua!**	[hyʋæ: ruokaɦalua]
abrir (~ uma lata, etc.)	**avata**	[aʋata]
derramar (~ líquido)	**läikyttää**	[læjkyttæ:]
derramar-se (vr)	**läikkyä**	[læjkkyæ]
ferver (vi)	**kiehua**	[kieɦua]
ferver (vt)	**keittää**	[kejttæ:]
fervido (adj)	**keitetty**	[kejtetty]
esfriar (vt)	**jäähdyttää**	[jæ:hdyttæ:]
esfriar-se (vr)	**jäähtyä**	[jæ:htyæ]
sabor, gosto (m)	**maku**	[maku]
fim (m) de boca	**sivumaku**	[siʋu·maku]
emagrecer (vi)	**olla dieetillä**	[olla die:tilæ]
dieta (f)	**dieetti**	[die:ti]
vitamina (f)	**vitamiini**	[ʋitami:ni]
caloria (f)	**kalori**	[kalori]
vegetariano (m)	**kasvissyöjä**	[kasʋissyøjæ]
vegetariano (adj)	**kasvis-**	[kasʋis]
gorduras (f pl)	**rasvat**	[rasʋat]
proteínas (f pl)	**proteiinit**	[protei:nit]
carboidratos (m pl)	**hiilihydraatit**	[hi:li·hydra:tit]
fatia (~ de limão, etc.)	**viipale**	[ʋi:pale]
pedaço (~ de bolo)	**pala, viipale**	[pala], [ʋi:pale]
migalha (f), farelo (m)	**muru**	[muru]

52. Por a mesa

colher (f)	**lusikka**	[lusikka]
faca (f)	**veitsi**	[ʋejtsi]
garfo (m)	**haarukka**	[hɑ:rukkɑ]
xícara (f)	**kuppi**	[kuppi]
prato (m)	**lautanen**	[lautɑnen]
pires (m)	**teevati**	[te:ʋɑti]
guardanapo (m)	**lautasliina**	[lautɑs·li:nɑ]
palito (m)	**hammastikku**	[hɑmmɑs·tikku]

53. Restaurante

restaurante (m)	**ravintola**	[rɑʋintolɑ]
cafeteria (f)	**kahvila**	[kɑhʋilɑ]
bar (m), cervejaria (f)	**baari**	[bɑ:ri]
salão (m) de chá	**teehuone**	[te:huone]
garçom (m)	**tarjoilija**	[tɑrjoilijɑ]
garçonete (f)	**tarjoilijatar**	[tɑrjoilijɑtɑr]
barman (m)	**baarimestari**	[bɑ:ri·mestɑri]
cardápio (m)	**ruokalista**	[ruokɑ·listɑ]
lista (f) de vinhos	**viinilista**	[ʋi:ni·listɑ]
reservar uma mesa	**varata pöytä**	[ʋɑrɑtɑ pøytæ]
prato (m)	**ruokalaji**	[ruokɑ·lɑji]
pedir (vt)	**tilata**	[tilɑtɑ]
fazer o pedido	**tilata**	[tilɑtɑ]
aperitivo (m)	**aperitiivi**	[ɑperiti:ʋi]
entrada (f)	**alkupala**	[ɑlku·pɑlɑ]
sobremesa (f)	**jälkiruoka**	[jælki·ruokɑ]
conta (f)	**lasku**	[lɑsku]
pagar a conta	**maksaa lasku**	[mɑksɑ: lɑsku]
dar o troco	**antaa vaihtorahaa**	[ɑntɑ: ʋɑjhtorɑhɑ:]
gorjeta (f)	**juomaraha**	[juomɑ·rɑɦɑ]

Família, parentes e amigos

54. Informação pessoal. Formulários

nome (m)	**nimi**	[nimi]
sobrenome (m)	**sukunimi**	[suku·nimi]
data (f) de nascimento	**syntymäpäivä**	[syntymæ·pæjuæ]
local (m) de nascimento	**syntymäpaikka**	[syntymæ·pajkka]
nacionalidade (f)	**kansallisuus**	[kansallisu:s]
lugar (m) de residência	**asuinpaikka**	[asujn·pajkka]
país (m)	**maa**	[ma:]
profissão (f)	**ammatti**	[ammatti]
sexo (m)	**sukupuoli**	[suku·puoli]
estatura (f)	**pituus**	[pitu:s]
peso (m)	**paino**	[pajno]

55. Membros da família. Parentes

mãe (f)	**äiti**	[æjti]
pai (m)	**isä**	[isæ]
filho (m)	**poika**	[pojka]
filha (f)	**tytär**	[tytær]
caçula (f)	**nuorempi tytär**	[nuorempi tytær]
caçula (m)	**nuorempi poika**	[nuorempi pojka]
filha (f) mais velha	**vanhempi tytär**	[uanhempi tytær]
filho (m) mais velho	**vanhempi poika**	[uanhempi pojka]
irmão (m)	**veli**	[ueli]
irmão (m) mais velho	**vanhempi veli**	[uanhempi ueli]
irmão (m) mais novo	**nuorempi veli**	[nuorempi ueli]
irmã (f)	**sisar**	[sisar]
irmã (f) mais velha	**vanhempi sisar**	[uanhempi sisar]
irmã (f) mais nova	**nuorempi sisar**	[nuorempi sisar]
primo (m)	**serkku**	[serkku]
prima (f)	**serkku**	[serkku]
mamãe (f)	**äiti**	[æjti]
papai (m)	**isä**	[isæ]
pais (pl)	**vanhemmat**	[uanhemmat]
criança (f)	**lapsi**	[lapsi]
crianças (f pl)	**lapset**	[lapset]
avó (f)	**isoäiti**	[iso·æjti]
avô (m)	**isoisä**	[iso·isæ]
neto (m)	**lapsenlapsi**	[lapsen·lapsi]

neta (f)	**lapsenlapsi**	[lapsen·lapsi]
netos (pl)	**lastenlapset**	[lasten·lapset]
tio (m)	**setä**	[setæ]
tia (f)	**täti**	[tæti]
sobrinho (m)	**veljenpoika**	[ʋeljen·pojka]
sobrinha (f)	**sisarenpoika**	[sisaren·pojka]
sogra (f)	**anoppi**	[anoppi]
sogro (m)	**appi**	[appi]
genro (m)	**vävy**	[ʋæʋy]
madrasta (f)	**äitipuoli**	[æjti·puoli]
padrasto (m)	**isäpuoli**	[isæ·puoli]
criança (f) de colo	**rintalapsi**	[rinta·lapsi]
bebê (m)	**vauva**	[ʋauʋa]
menino (m)	**lapsi, pienokainen**	[lapsi], [pienokajnen]
mulher (f)	**vaimo**	[ʋajmo]
marido (m)	**mies**	[mies]
esposo (m)	**aviomies**	[aʋiomies]
esposa (f)	**aviovaimo**	[aʋioʋajmo]
casado (adj)	**naimisissa**	[najmisissa]
casada (adj)	**naimisissa**	[najmisissa]
solteiro (adj)	**naimaton**	[najmaton]
solteirão (m)	**poikamies**	[pojkamies]
divorciado (adj)	**eronnut**	[eronnut]
viúva (f)	**leski**	[leski]
viúvo (m)	**leski**	[leski]
parente (m)	**sukulainen**	[sukulajnen]
parente (m) próximo	**lähisukulainen**	[læɦi·sukulajnen]
parente (m) distante	**kaukainen sukulainen**	[kaukajnen sukulajnen]
parentes (m pl)	**sukulaiset**	[sukulajset]
órfão (m), órfã (f)	**orpo**	[orpo]
tutor (m)	**holhooja**	[holho:ja]
adotar (um filho)	**adoptoida**	[adoptojda]
adotar (uma filha)	**adoptoida**	[adoptojda]

56. Amigos. Colegas de trabalho

amigo (m)	**ystävä**	[ystæʋæ]
amiga (f)	**ystävätär**	[ystæʋætær]
amizade (f)	**ystävyys**	[ystæʋy:s]
ser amigos	**olla ystäviä**	[olla ystæʋiæ]
amigo (m)	**kaveri**	[kaʋeri]
amiga (f)	**kaveri**	[kaʋeri]
parceiro (m)	**partneri**	[partneri]
chefe (m)	**esimies**	[esimies]
superior (m)	**päällikkö**	[pæ:llikkø]

proprietário (m)	**omistaja**	[omistaja]
subordinado (m)	**alainen**	[alajnen]
colega (m, f)	**virkatoveri**	[ʋirka·toʋeri]
conhecido (m)	**tuttava**	[tuttaʋa]
companheiro (m) de viagem	**matkakumppani**	[matka·kumppani]
colega (m) de classe	**luokkatoveri**	[luokka·toʋeri]
vizinho (m)	**naapuri**	[na:puri]
vizinha (f)	**naapuri**	[na:puri]
vizinhos (pl)	**naapurit**	[na:purit]

57. Homem. Mulher

mulher (f)	**nainen**	[najnen]
menina (f)	**neiti**	[nejti]
noiva (f)	**morsian**	[morsian]
bonita, bela (adj)	**kaunis**	[kaunis]
alta (adj)	**pitkä**	[pitkæ]
esbelta (adj)	**solakka**	[solakka]
baixa (adj)	**pienikokoinen**	[pieni·kokojnen]
loira (f)	**vaaleaverikkö**	[ʋa:lea·ʋerikkø]
morena (f)	**tummaverikkö**	[tumma·ʋerikkø]
de senhora	**nais-**	[najs]
virgem (f)	**neitsyt**	[nejtsyt]
grávida (adj)	**raskaana oleva**	[raska:na oleʋa]
homem (m)	**mies**	[mies]
loiro (m)	**vaaleaverinen mies**	[ʋa:lea·ʋerinen mies]
moreno (m)	**tummaverinen mies**	[tumma·ʋerinen mies]
alto (adj)	**pitkä**	[pitkæ]
baixo (adj)	**pienikokoinen**	[pieni·kokojnen]
rude (adj)	**karkea**	[karkea]
atarracado (adj)	**tanakka**	[tanakka]
robusto (adj)	**tukeva**	[tukeʋa]
forte (adj)	**voimakas**	[ʋojmakas]
força (f)	**voima**	[ʋojma]
gordo (adj)	**lihava**	[lihaʋa]
moreno (adj)	**tummaihoinen**	[tummajhojnen]
esbelto (adj)	**solakka**	[solakka]
elegante (adj)	**tyylikäs**	[ty:likæs]

58. Idade

idade (f)	**ikä**	[ikæ]
juventude (f)	**nuoruus**	[nuoru:s]
jovem (adj)	**nuori**	[nuori]

mais novo (adj)	**nuorempi**	[nuorempi]
mais velho (adj)	**vanhempi**	[ʋanhempi]
jovem (m)	**nuorukainen**	[nuorukajnen]
adolescente (m)	**teini-ikäinen**	[tejni·ikæjnen]
rapaz (m)	**nuorimies**	[nuorimies]
velho (m)	**vanhus**	[ʋanhus]
velha (f)	**eukko**	[eukko]
adulto	**aikuinen**	[ajkujnen]
de meia-idade	**keski-ikäinen**	[keski·ikæjnen]
idoso, de idade (adj)	**iäkäs**	[jækæs]
velho (adj)	**vanha**	[ʋanha]
aposentadoria (f)	**eläke**	[elæke]
aposentar-se (vr)	**jäädä eläkkeelle**	[jæ:dæ elække:lle]
aposentado (m)	**eläkeläinen**	[elækelæjnen]

59. Crianças

criança (f)	**lapsi**	[lapsi]
crianças (f pl)	**lapset**	[lapset]
gêmeos (m pl), gêmeas (f pl)	**kaksoset**	[kaksoset]
berço (m)	**kätkyt, kehto**	[kætkyt], [kehto]
chocalho (m)	**helistin**	[helistin]
fralda (f)	**vaippa**	[ʋajppa]
chupeta (f), bico (m)	**tutti**	[tutti]
carrinho (m) de bebê	**lastenvaunut**	[lasten·ʋaunut]
jardim (m) de infância	**lastentarha**	[lasten·tarha]
babysitter, babá (f)	**lastenhoitaja**	[lasten·hojtaja]
infância (f)	**lapsuus**	[lapsu:s]
boneca (f)	**nukke**	[nukke]
brinquedo (m)	**lelu**	[lelu]
jogo (m) de montar	**rakennussarja**	[rakennus·sarja]
bem-educado (adj)	**hyvin kasvatettu**	[hyʋin kasʋatettu]
malcriado (adj)	**huonosti kasvatettu**	[huonosti kasʋatettu]
mimado (adj)	**lellitelty**	[lellitelty]
ser travesso	**peuhata**	[peuɦata]
travesso, traquinas (adj)	**vallaton**	[ʋallaton]
travessura (f)	**vallattomuus**	[ʋallattomu:s]
criança (f) travessa	**vallaton poika**	[ʋallaton pojka]
obediente (adj)	**tottelevainen**	[totteleʋajnen]
desobediente (adj)	**tottelematon**	[tottelematon]
dócil (adj)	**järkevä**	[jærkeʋæ]
inteligente (adj)	**älykäs**	[ælykæs]
prodígio (m)	**ihmelapsi**	[ihme·lapsi]

60. Casais. Vida de família

beijar (vt)	**suudella**	[su:della]
beijar-se (vr)	**suudella**	[su:della]
família (f)	**perhe**	[perhe]
familiar (vida ~)	**perheellinen**	[perhe:llinen]
casal (m)	**pariskunta**	[paris·kunta]
matrimônio (m)	**avioliitto**	[aυio·li:tto]
lar (m)	**kotiliesi**	[koti·liesi]
dinastia (f)	**hallitsijasuku**	[hallitsija·suku]
encontro (m)	**treffit**	[treffit]
beijo (m)	**suudelma**	[su:delma]
amor (m)	**rakkaus**	[rakkaus]
amar (pessoa)	**rakastaa**	[rakasta:]
amado, querido (adj)	**rakas**	[rakas]
ternura (f)	**hellyys**	[helly:s]
afetuoso (adj)	**hellä**	[hellæ]
fidelidade (f)	**uskollisuus**	[uskollisu:s]
fiel (adj)	**uskollinen**	[uskollinen]
cuidado (m)	**huoli**	[huoli]
carinhoso (adj)	**huolehtivainen**	[huolehtiυajnen]
recém-casados (pl)	**nuoripari**	[nuori·pari]
lua (f) de mel	**kuherruskuukausi**	[kuɦerrus·ku:kausi]
casar-se (com um homem)	**mennä naimisiin**	[mennæ najmisi:n]
casar-se (com uma mulher)	**mennä naimisiin**	[mennæ najmisi:n]
casamento (m)	**häät**	[hæ:t]
bodas (f pl) de ouro	**kultahäät**	[kulta·hæ:t]
aniversário (m)	**vuosipäivä**	[υuosi·pæjυæ]
amante (m)	**rakastaja**	[rakastaja]
amante (f)	**rakastajatar**	[rakastajatar]
adultério (m), traição (f)	**petos**	[petos]
cometer adultério	**pettää**	[pettæ:]
ciumento (adj)	**mustasukkainen**	[musta·sukkajnen]
ser ciumento, -a	**olla mustasukkainen**	[olla musta·sukkajnen]
divórcio (m)	**avioero**	[avio·ero]
divorciar-se (vr)	**erota**	[erota]
brigar (discutir)	**riidellä**	[ri:dellæ]
fazer as pazes	**tehdä sovinto**	[tehdæ soυinto]
juntos (ir ~)	**yhdessä**	[yhdessæ]
sexo (m)	**seksi**	[seksi]
felicidade (f)	**onni**	[onni]
feliz (adj)	**onnellinen**	[onnellinen]
infelicidade (f)	**epäonni**	[epæonni]
infeliz (adj)	**onneton**	[onneton]

Caráter. Sentimentos. Emoções

61. Sentimentos. Emoções

sentimento (m)	**tunne**	[tunne]
sentimentos (m pl)	**tunteet**	[tunte:t]
sentir (vt)	**tuntea**	[tunteɑ]
fome (f)	**nälkä**	[nælkæ]
ter fome	**olla nälkä**	[ollɑ nælkæ]
sede (f)	**jano**	[jɑno]
ter sede	**olla jano**	[ollɑ jɑno]
sonolência (f)	**uneliaisuus**	[uneliɑjsu:s]
estar sonolento	**haluta nukkua**	[hɑlutɑ nukkuɑ]
cansaço (m)	**väsymys**	[ʋæsymys]
cansado (adj)	**väsynyt**	[ʋæsynyt]
ficar cansado	**väsyä**	[ʋæsyæ]
humor (m)	**mieliala**	[mieliɑlɑ]
tédio (m)	**tylsyys**	[tylsy:s]
entediar-se (vr)	**pitkästyä**	[pitkæstyæ]
reclusão (isolamento)	**yksinäisyys**	[yksinæjsy:s]
isolar-se (vr)	**eristäytyä**	[eristæytyæ]
preocupar (vt)	**huolestuttaa**	[huolestuttɑ:]
estar preocupado	**huolestua**	[huolestuɑ]
preocupação (f)	**huoli**	[huoli]
ansiedade (f)	**huolestus**	[huolestus]
preocupado (adj)	**huolestunut**	[huolestunut]
estar nervoso	**hermostua**	[hermostuɑ]
entrar em pânico	**panikoida**	[pɑnikojdɑ]
esperança (f)	**toivo**	[tojʋo]
esperar (vt)	**toivoa**	[tojʋoɑ]
certeza (f)	**varmuus**	[ʋɑrmu:s]
certo, seguro de ...	**varma**	[ʋɑrmɑ]
indecisão (f)	**epävarmuus**	[epæʋɑrmu:s]
indeciso (adj)	**epävarma**	[epæʋɑrmɑ]
bêbado (adj)	**juopunut**	[juopunut]
sóbrio (adj)	**selvä**	[selʋæ]
fraco (adj)	**heikko**	[hejkko]
feliz (adj)	**onnellinen**	[onnellinen]
assustar (vt)	**pelottaa**	[pelottɑ:]
fúria (f)	**raivo**	[rɑjʋo]
ira, raiva (f)	**raivo**	[rɑjʋo]
depressão (f)	**masennus**	[mɑsennus]
desconforto (m)	**epämukavuus**	[epæ·mukɑʋu:s]

conforto (m)	**mukavuus**	[mukauu:s]
arrepender-se (vr)	**katua**	[katua]
arrependimento (m)	**katumus**	[katumus]
azar (m), má sorte (f)	**huono onni**	[huono onni]
tristeza (f)	**mielipaha**	[mieli·paɦa]
vergonha (f)	**häpeä**	[hæpeæ]
alegria (f)	**iloisuus**	[ilojsu:s]
entusiasmo (m)	**into**	[into]
entusiasta (m)	**intoilija**	[intojlija]
mostrar entusiasmo	**osoittaa innostus**	[osojtta: innostus]

62. Caráter. Personalidade

caráter (m)	**luonne**	[luonne]
falha (f) de caráter	**luonteen heikkous**	[luonte:n heikkous]
mente, razão (f)	**järki**	[jærki]
consciência (f)	**omatunto**	[omatunto]
hábito, costume (m)	**tottumus**	[tottumus]
habilidade (f)	**kyky**	[kyky]
saber (~ nadar, etc.)	**osata**	[osata]
paciente (adj)	**kärsivällinen**	[kærsiuællinen]
impaciente (adj)	**kärsimätön**	[kærsimætøn]
curioso (adj)	**utelias**	[utelias]
curiosidade (f)	**uteliaisuus**	[uteliajsu:s]
modéstia (f)	**vaatimattomuus**	[ua:timattomu:s]
modesto (adj)	**vaatimaton**	[ua:timaton]
imodesto (adj)	**epähieno**	[epæɦieno]
preguiça (f)	**laiskuus**	[lajsku:s]
preguiçoso (adj)	**laiska**	[lajska]
preguiçoso (m)	**laiskuri**	[lajskuri]
astúcia (f)	**viekkaus**	[uiekkaus]
astuto (adj)	**viekas**	[uiekas]
desconfiança (f)	**epäluottamus**	[epæluottamus]
desconfiado (adj)	**epäluuloinen**	[epælu:lojnen]
generosidade (f)	**anteliaisuus**	[anteliajsu:s]
generoso (adj)	**antelias**	[antelias]
talentoso (adj)	**lahjakas**	[lahjakas]
talento (m)	**lahja**	[lahja]
corajoso (adj)	**rohkea**	[rohkea]
coragem (f)	**rohkeus**	[rohkeus]
honesto (adj)	**rehellinen**	[reɦellinen]
honestidade (f)	**rehellisyys**	[reɦellisy:s]
prudente, cuidadoso (adj)	**varovainen**	[uarouajnen]
valoroso (adj)	**uljas**	[uljas]
sério (adj)	**vakava**	[uakaua]

severo (adj)	**ankara**	[aŋkara]
decidido (adj)	**päättäväinen**	[pæ:ttæʋæjnen]
indeciso (adj)	**epävarma**	[epæʋarma]
tímido (adj)	**arka**	[arka]
timidez (f)	**arkuus**	[arku:s]
confiança (f)	**luottamus**	[luottamus]
confiar (vt)	**uskoa**	[uskoa]
crédulo (adj)	**luottavainen**	[luottaʋajnen]
sinceramente	**vilpittömästi**	[ʋilpittømæsti]
sincero (adj)	**vilpitön**	[ʋilpitøn]
sinceridade (f)	**vilpittömyys**	[ʋilpittømy:s]
aberto (adj)	**avoin**	[aʋojn]
calmo (adj)	**hiljainen**	[hiljainen]
franco (adj)	**avomielinen**	[aʋomielinen]
ingênuo (adj)	**naiivi**	[nai:ʋi]
distraído (adj)	**hajamielinen**	[hajamielinen]
engraçado (adj)	**hauska**	[hauska]
ganância (f)	**ahneus**	[ahneus]
ganancioso (adj)	**ahne**	[ahne]
avarento, sovina (adj)	**kitsas**	[kitsas]
mal (adj)	**vihainen**	[ʋihajnen]
teimoso (adj)	**itsepäinen**	[itsepæjnen]
desagradável (adj)	**epämiellyttävä**	[epæmiellyttæʋæ]
egoísta (m)	**egoisti**	[egoisti]
egoísta (adj)	**egoistinen**	[egoistinen]
covarde (m)	**pelkuri**	[pelkuri]
covarde (adj)	**pelkurimainen**	[pelkurimajnen]

63. O sono. Sonhos

dormir (vi)	**nukkua**	[nukkua]
sono (m)	**uni**	[uni]
sonho (m)	**uni**	[uni]
sonhar (ver sonhos)	**nähdä unta**	[næhdæ unta]
sonolento (adj)	**uninen**	[uninen]
cama (f)	**sänky**	[sæŋky]
colchão (m)	**patja**	[patja]
cobertor (m)	**peitto, täkki**	[pejte], [tækki]
travesseiro (m)	**tyyny**	[ty:ny]
lençol (m)	**lakana**	[lakana]
insônia (f)	**unettomuus**	[unettomu:s]
sem sono (adj)	**uneton**	[uneton]
sonífero (m)	**unilääke**	[uni·læ:ke]
tomar um sonífero	**ottaa unilääke**	[otta: unilæ:ke]
estar sonolento	**haluta nukkua**	[haluta nukkua]
bocejar (vi)	**haukotella**	[haukotella]

ir para a cama	**mennä nukkumaan**	[mennæ nukkumɑ:n]
fazer a cama	**sijata**	[sijɑtɑ]
adormecer (vi)	**nukahtaa**	[nukɑhtɑ:]
pesadelo (m)	**painajainen**	[pɑjnɑjɑinen]
ronco (m)	**kuorsaus**	[kuorsɑus]
roncar (vi)	**kuorsata**	[kuorsɑtɑ]
despertador (m)	**herätyskello**	[herætys·kello]
acordar, despertar (vt)	**herättää**	[herættæ:]
acordar (vi)	**herätä**	[herætæ]
levantar-se (vr)	**nousta**	[noustɑ]
lavar-se (vr)	**pestä kasvot**	[pestæ kɑsʋot]

64. Humor. Riso. Alegria

humor (m)	**huumori**	[hu:mori]
senso (m) de humor	**huumorintaju**	[hu:morin·tɑju]
divertir-se (vr)	**pitää hauskaa**	[pitæ: hɑuskɑ:]
alegre (adj)	**iloinen**	[ilojnen]
diversão (f)	**ilo, hilpeys**	[ilo], [hilpeys]
sorriso (m)	**hymy**	[hymy]
sorrir (vi)	**hymyillä**	[hymyjllæ]
começar a rir	**alkaa nauraa**	[ɑlkɑ: nɑurɑ:]
rir (vi)	**nauraa**	[nɑurɑ:]
riso (m)	**nauru**	[nɑuru]
anedota (f)	**anekdootti**	[ɑnekdo:tti]
engraçado (adj)	**hauska**	[hɑuskɑ]
ridículo, cômico (adj)	**lystikäs**	[lystikæs]
brincar (vi)	**vitsailla**	[ʋitsɑjllɑ]
piada (f)	**vitsi**	[ʋitsi]
alegria (f)	**ilo**	[ilo]
regozijar-se (vr)	**iloita**	[ilojtɑ]
alegre (adj)	**iloinen**	[ilojnen]

65. Discussão, conversação. Parte 1

comunicação (f)	**viestintä**	[ʋiestintæ]
comunicar-se (vr)	**kommunikoida**	[kommunikojdɑ]
conversa (f)	**keskustelu**	[keskustelu]
diálogo (m)	**dialogi**	[diɑlogi]
discussão (f)	**keskustelu**	[keskustelu]
debate (m)	**väittely**	[ʋæjttely]
debater (vt)	**väitellä**	[ʋæjtellæ]
interlocutor (m)	**keskustelija**	[keskustelijɑ]
tema (m)	**teema**	[te:mɑ]
ponto (m) de vista	**näkökanta**	[nækø·kɑntɑ]

opinião (f)	**mielipide**	[mielipide]
discurso (m)	**puhe**	[puɦe]
discussão (f)	**käsittely**	[kæsittely]
discutir (vt)	**käsitellä**	[kæsitellæ]
conversa (f)	**keskustelu**	[keskustelu]
conversar (vi)	**keskustella**	[keskustella]
reunião (f)	**tapaaminen**	[tapa:minen]
encontrar-se (vr)	**tavata**	[tavata]
provérbio (m)	**sananlasku**	[sanan·lasku]
ditado, provérbio (m)	**sananparsi**	[sanan·parsi]
adivinha (f)	**arvoitus**	[arvojtus]
dizer uma adivinha	**asettaa arvoitus**	[asetta: arvojtus]
senha (f)	**tunnussana**	[tunnus·sana]
segredo (m)	**salaisuus**	[salajsu:s]
juramento (m)	**vala**	[vala]
jurar (vi)	**vannoa**	[vannoa]
promessa (f)	**lupaus**	[lupaus]
prometer (vt)	**luvata**	[luvata]
conselho (m)	**neuvo**	[neuvo]
aconselhar (vt)	**neuvoa**	[neuvoa]
escutar (~ os conselhos)	**totella**	[totella]
novidade, notícia (f)	**uutinen**	[u:tinen]
sensação (f)	**sensaatio**	[sensa:tio]
informação (f)	**tiedot**	[tiedot]
conclusão (f)	**johtopäätös**	[johto·pæ:tøs]
voz (f)	**ääni**	[æ:ni]
elogio (m)	**kohteliaisuus**	[kohteliajsu:s]
amável, querido (adj)	**ystävällinen**	[ystævællinen]
palavra (f)	**sana**	[sana]
frase (f)	**lause**	[lause]
resposta (f)	**vastaus**	[vastaus]
verdade (f)	**tosi**	[tosi]
mentira (f)	**vale**	[vale]
pensamento (m)	**ajatus**	[ajatus]
ideia (f)	**idea**	[idea]
fantasia (f)	**fantasia**	[fantasia]

66. Discussão, conversação. Parte 2

estimado, respeitado (adj)	**kunnioitettava**	[kunniojtettava]
respeitar (vt)	**kunnioittaa**	[kunniojtta:]
respeito (m)	**kunnioitus**	[kunniojtus]
Estimado ..., Caro ...	**Arvoisa ...**	[arvojsa]
apresentar (alguém a alguém)	**tutustuttaa**	[tutustutta:]
intenção (f)	**aikomus**	[ajkomus]

tencionar (~ fazer algo)	**aikoa**	[ɑjkoɑ]
desejo (de boa sorte)	**toivomus**	[tojʊomus]
desejar (ex. ~ boa sorte)	**toivottaa**	[tojʊottɑ:]
surpresa (f)	**ihmettely, ihmetys**	[ihmettely], [ihmetys]
surpreender (vt)	**ihmetyttää**	[ihmetyttæ:]
surpreender-se (vr)	**ihmetellä**	[ihmetellæ]
dar (vt)	**antaa**	[ɑntɑ:]
pegar (tomar)	**ottaa**	[ottɑ:]
devolver (vt)	**palauttaa**	[pɑlɑuttɑ:]
retornar (vt)	**palauttaa**	[pɑlɑuttɑ:]
desculpar-se (vr)	**pyytää anteeksi**	[py:tæ: ɑnte:ksi]
desculpa (f)	**anteeksipyyntö**	[ɑnte:ksi·py:ntø]
perdoar (vt)	**antaa anteeksi**	[ɑntɑ: ɑnte:ksi]
falar (vi)	**puhua**	[puɦuɑ]
escutar (vt)	**kuunnella**	[ku:nnellɑ]
ouvir até o fim	**kuunnella loppuun**	[ku:nnellɑ loppu:n]
entender (compreender)	**ymmärtää**	[ymmærtæ:]
mostrar (vt)	**näyttää**	[næyttæ:]
olhar para ...	**katsoa**	[kɑtsoɑ]
chamar (alguém para ...)	**kutsua**	[kutsuɑ]
perturbar, distrair (vt)	**harhauttaa**	[hɑrhɑuttɑ:]
perturbar (vt)	**häiritä**	[hæjritæ]
entregar (~ em mãos)	**antaa**	[ɑntɑ:]
pedido (m)	**pyyntö**	[py:ntø]
pedir (ex. ~ ajuda)	**pyytää**	[py:tæ:]
exigência (f)	**vaatimus**	[ʊɑ:timus]
exigir (vt)	**vaatia**	[ʊɑ:tiɑ]
insultar (chamar nomes)	**härnätä**	[hærnætæ]
zombar (vt)	**pilkata**	[pilkɑtɑ]
zombaria (f)	**pilkka**	[pilkkɑ]
alcunha (f), apelido (m)	**liikanimi**	[li:kɑ·nimi]
insinuação (f)	**vihjaus**	[ʊihjɑus]
insinuar (vt)	**vihjata**	[ʊihjɑtɑ]
querer dizer	**tarkoittaa**	[tɑrkojttɑ:]
descrição (f)	**kuvaus**	[kuʊɑus]
descrever (vt)	**kuvata**	[kuʊɑtɑ]
elogio (m)	**kehu**	[keɦu]
elogiar (vt)	**kehua**	[keɦuɑ]
desapontamento (m)	**pettymys**	[pettymys]
desapontar (vt)	**tuottaa pettymys**	[tuottɑ: pettymys]
desapontar-se (vr)	**pettyä**	[pettyæ]
suposição (f)	**oletus**	[oletus]
supor (vt)	**olettaa**	[olettɑ:]
advertência (f)	**varoitus**	[ʊɑrojtus]
advertir (vt)	**varoittaa**	[ʊɑrojttɑ:]

67. Discussão, conversação. Parte 3

convencer (vt)	**suostutella**	[suostutellɑ:]
acalmar (vt)	**rauhoittaa**	[rɑuhojttɑ:]
silêncio (o ~ é de ouro)	**vaitiolo**	[ʋɑjtiolo]
ficar em silêncio	**olla vaiti**	[ollɑ ʋɑjti]
sussurrar (vt)	**kuiskata**	[kujskɑtɑ]
sussurro (m)	**kuiskaus**	[kujskɑus]
francamente	**avomielisesti**	[ɑʋomielisesti]
na minha opinião ...	**minusta**	[minustɑ]
detalhe (~ da história)	**yksityiskohta**	[yksityjs·kohtɑ]
detalhado (adj)	**yksityiskohtainen**	[yksityjs·kohtɑjnen]
detalhadamente	**yksityiskohtaisesti**	[yksityjs·kohtɑjsesti]
dica (f)	**vihje**	[ʋihje]
dar uma dica	**vihjata**	[ʋihjɑtɑ]
olhar (m)	**katse**	[kɑtse]
dar uma olhada	**katsahtaa**	[kɑtsɑhtɑ:]
fixo (olhada ~a)	**liikkumaton**	[li:kkumɑton]
piscar (vi)	**räpyttää**	[ræpyttæ:]
piscar (vt)	**iskeä silmää**	[iskeæ silmæ:]
acenar com a cabeça	**nyökätä**	[nyøkætæ]
suspiro (m)	**huokaus**	[huokɑus]
suspirar (vi)	**huokaista**	[huokɑjstɑ]
estremecer (vi)	**vavista**	[ʋɑʋistɑ]
gesto (m)	**ele**	[ele]
tocar (com as mãos)	**koskea**	[koskeɑ]
agarrar (~ pelo braço)	**tarrata**	[tɑrrɑtɑ]
bater de leve	**taputtaa**	[tɑputtɑ:]
Cuidado!	**Varo!**	[ʋɑro]
Sério?	**Ihanko totta?**	[ihɑŋko tottɑ]
Tem certeza?	**Oletko varma?**	[oletko ʋɑrmɑ]
Boa sorte!	**Toivotan onnea!**	[tojʋotɑn onneɑ]
Entendi!	**Selvä!**	[selʋæ]
Que pena!	**Onpa ikävä!**	[onpɑ ikæʋæ]

68. Acordo. Recusa

consentimento (~ mútuo)	**suostumus**	[suostumus]
consentir (vi)	**suostua**	[suostuɑ]
aprovação (f)	**hyväksyminen**	[hyʋæksyminen]
aprovar (vt)	**hyväksyä**	[hyʋæksyæ]
recusa (f)	**kielto**	[kielto]
negar-se a ...	**kieltäytyä**	[kæltæytyæ]
Ótimo!	**Loistava!**	[lojstɑʋɑ]
Tudo bem!	**Hyvä!**	[hyʋæ]

Está bem! De acordo!	**Hyvä on!**	[hyʋæ on]
proibido (adj)	**kielletty**	[kielletty]
é proibido	**on kielletty**	[on kielletty]
é impossível	**mahdottoman**	[mɑhdottomɑn]
incorreto (adj)	**virheellinen**	[ʋirhe:llinen]
rejeitar (~ um pedido)	**evätä**	[eʋætæ]
apoiar (vt)	**kannattaa**	[kɑnnɑttɑ:]
aceitar (desculpas, etc.)	**hyväksyä**	[hyʋæksyæ]
confirmar (vt)	**vahvistaa**	[ʋɑhʋistɑ:]
confirmação (f)	**vahvistus**	[ʋɑhʋistus]
permissão (f)	**lupa**	[lupɑ]
permitir (vt)	**antaa lupa**	[ɑntɑ: lupɑ]
decisão (f)	**ratkaisu**	[rɑtkɑjsu]
não dizer nada	**olla vaiti**	[ollɑ ʋɑjti]
condição (com uma ~)	**ehto**	[ehto]
pretexto (m)	**tekosyy**	[tekosy:]
elogio (m)	**kehu**	[keɦu]
elogiar (vt)	**kehua**	[keɦuɑ]

69. Sucesso. Boa sorte. Insucesso

êxito, sucesso (m)	**menestys**	[menestys]
com êxito	**menestyksekkäästi**	[menestyksekkæ:sti]
bem sucedido (adj)	**menestyksellinen**	[menestyksellinen]
sorte (fortuna)	**hyvä onni**	[hyʋæ onni]
Boa sorte!	**Onnea!**	[onneɑ]
de sorte	**onnekas**	[onnekɑs]
sortudo, felizardo (adj)	**onnekas**	[onnekɑs]
fracasso (m)	**epäonnistuminen**	[epæonnistuminen]
pouca sorte (f)	**epäonni**	[epæonni]
azar (m), má sorte (f)	**huono onni**	[huono onni]
mal sucedido (adj)	**epäonnistunut**	[epæonnistunut]
catástrofe (f)	**katastrofi**	[kɑtɑstrofi]
orgulho (m)	**ylpeys**	[ylpeys]
orgulhoso (adj)	**ylpeä**	[ylpeæ]
estar orgulhoso, -a	**ylpeillä**	[ylpejllæ]
vencedor (m)	**voittaja**	[ʋojttɑjɑ]
vencer (vi, vt)	**voittaa**	[ʋojttɑ:]
perder (vt)	**hävitä**	[hæʋitæ]
tentativa (f)	**yritys**	[yritys]
tentar (vt)	**yrittää**	[yrittæ:]
chance (m)	**tilaisuus**	[tilɑjsu:s]

70. Conflitos. Emoções negativas

grito (m)	**huuto**	[hu:to]
gritar (vi)	**huutaa**	[hu:tɑ:]

começar a gritar	**alkaa huutaa**	[alka: hu:ta:]
discussão (f)	**riita**	[ri:ta]
brigar (discutir)	**riidellä**	[ri:dellæ]
escândalo (m)	**skandaali**	[skanda:li]
criar escândalo	**rähistä**	[ræɦistæ]
conflito (m)	**konflikti**	[konflikti]
mal-entendido (m)	**väärinkäsitys**	[ʋæ:rin·kæsitys]
insulto (m)	**loukkaus**	[loukkaus]
insultar (vt)	**loukata**	[loukata]
insultado (adj)	**loukkaantunut**	[loukka:ntunut]
ofensa (f)	**närkästys**	[nærkæstys]
ofender (vt)	**loukata**	[loukata]
ofender-se (vr)	**loukkaantua**	[loukka:ntua]
indignação (f)	**suuttumus**	[su:ttumus]
indignar-se (vr)	**olla suutuksissa**	[olla su:tuksissa]
queixa (f)	**valitus**	[ʋalitus]
queixar-se (vr)	**valittaa**	[ʋalitta:]
desculpa (f)	**anteeksipyyntö**	[ante:ksi·py:ntø]
desculpar-se (vr)	**pyytää anteeksi**	[py:tæ: ante:ksi]
pedir perdão	**puolustella**	[puolustella]
crítica (f)	**arvostelu**	[arʋostelu]
criticar (vt)	**arvostella**	[arʋostella]
acusação (f)	**syyte**	[sy:te]
acusar (vt)	**syyttää**	[sy:ttæ:]
vingança (f)	**kosto**	[kosto]
vingar (vt)	**kostaa**	[kosta:]
vingar-se de	**antaa takaisin**	[anta: takajsin]
desprezo (m)	**halveksinta**	[halʋeksinta]
desprezar (vt)	**halveksia**	[halʋeksia]
ódio (m)	**viha**	[ʋiɦa]
odiar (vt)	**vihata**	[ʋiɦata]
nervoso (adj)	**hermostunut**	[hermostunut]
estar nervoso	**hermostua**	[hermostua]
zangado (adj)	**vihainen**	[ʋiɦajnen]
zangar (vt)	**suututtaa**	[su:tutta:]
humilhação (f)	**alentaminen**	[alentaminen]
humilhar (vt)	**alentaa**	[alenta:]
humilhar-se (vr)	**alentua**	[alentua]
choque (m)	**sokki**	[sokki]
chocar (vt)	**sokeerata**	[soke:rata]
aborrecimento (m)	**ikävyys**	[ikæʋy:s]
desagradável (adj)	**epämiellyttävä**	[epæmiellyttæʋæ]
medo (m)	**pelko**	[pelko]
terrível (tempestade, etc.)	**hirveä**	[hirʋeæ]
assustador (ex. história ~a)	**kauhea**	[kauɦeæ]

horror (m)	**kauhu**	[kauɦu]
horrível (crime, etc.)	**karmea**	[karmea]
chorar (vi)	**itkeä**	[itkeæ]
começar a chorar	**ruveta itkemään**	[ruʋeta itkemæ:n]
lágrima (f)	**kyynel**	[ky:nel]
falta (f)	**vika**	[ʋika]
culpa (f)	**syyllisyys**	[sy:llisy:s]
desonra (f)	**häpeä**	[hæpeæ]
protesto (m)	**protesti, vastalause**	[protesti], [ʋastalause]
estresse (m)	**stressi**	[stressi]
perturbar (vt)	**häiritä**	[hæjritæ]
zangar-se com ...	**vihastua**	[ʋiɦastua]
zangado (irritado)	**vihainen**	[ʋiɦajnen]
terminar (vt)	**lopettaa**	[lopetta:]
praguejar	**kiroilla**	[kirojlla]
assustar-se	**pelästyä**	[pelæstyæ]
golpear (vt)	**iskeä**	[iskeæ]
brigar (na rua, etc.)	**tapella**	[tapella]
resolver (o conflito)	**sopia, sovitella**	[sopia], [soʋitella]
descontente (adj)	**tyytymätön**	[ty:tymætøn]
furioso (adj)	**tuima**	[tujma]
Não está bem!	**Se ei ole hyvä!**	[se ej ole hyʋæ]
É ruim!	**Se on huono!**	[se on huono]

Medicina

71. Doenças

doença (f)	**sairaus**	[sajraus]
estar doente	**sairastaa**	[sajrasta:]
saúde (f)	**terveys**	[terʋeys]
nariz (m) escorrendo	**nuha**	[nuɦa]
amigdalite (f)	**angiina**	[aŋi:na]
resfriado (m)	**vilustuminen**	[ʋilustuminen]
ficar resfriado	**vilustua**	[ʋilustua]
bronquite (f)	**keuhkokatarri**	[keuhko·katarri]
pneumonia (f)	**keuhkotulehdus**	[keuhko·tulehdus]
gripe (f)	**influenssa**	[influenssa]
míope (adj)	**likinäköinen**	[likinækøjnen]
presbita (adj)	**kaukonäköinen**	[kaukonækøjnen]
estrabismo (m)	**kierosilmäisyys**	[kiero·silmæjsy:s]
estrábico, vesgo (adj)	**kiero**	[kiero]
catarata (f)	**harmaakaihi**	[harma:kajhi]
glaucoma (m)	**silmänpainetauti**	[silmæn·pajne·tauti]
AVC (m), apoplexia (f)	**aivoinfarkti**	[ajʋo·infarkti]
ataque (m) cardíaco	**infarkti**	[infarkti]
enfarte (m) do miocárdio	**sydäninfarkti**	[sydæn·infarkti]
paralisia (f)	**halvaus**	[halʋaus]
paralisar (vt)	**halvauttaa**	[halʋautta:]
alergia (f)	**allergia**	[allergia]
asma (f)	**astma**	[astma]
diabetes (f)	**diabetes**	[diabetes]
dor (f) de dente	**hammassärky**	[hammas·særky]
cárie (f)	**hammasmätä**	[hammas·mætæ]
diarreia (f)	**ripuli**	[ripuli]
prisão (f) de ventre	**ummetus**	[ummetus]
desarranjo (m) intestinal	**vatsavaiva**	[ʋatsa·ʋajʋa]
intoxicação (f) alimentar	**ruokamyrkytys**	[ruoka·myrkytys]
intoxicar-se	**myrkyttyä**	[myrkyttyæ]
artrite (f)	**niveltulehdus**	[niʋel·tulehdus]
raquitismo (m)	**riisitauti**	[ri:sitati]
reumatismo (m)	**reuma**	[reuma]
arteriosclerose (f)	**ateroskleroosi**	[aterosklero:si]
gastrite (f)	**mahakatarri**	[maɦa·katarri]
apendicite (f)	**umpilisäketulehdus**	[umpilisæke·tulehdus]

colecistite (f)	**kolekystiitti**	[kolekysti:tti]
úlcera (f)	**haavauma**	[hɑ:ʋɑumɑ]
sarampo (m)	**tuhkarokko**	[tuhkɑ·rokko]
rubéola (f)	**vihurirokko**	[ʋiɦuri·rokko]
icterícia (f)	**keltatauti**	[keltɑ·tɑuti]
hepatite (f)	**hepatiitti**	[hepɑti:tti]
esquizofrenia (f)	**jakomielisyys**	[jɑkomielisy:s]
raiva (f)	**raivotauti**	[rɑjʋo·tɑuti]
neurose (f)	**neuroosi**	[neuro:si]
contusão (f) cerebral	**aivotärähdys**	[ɑjʋo·tæræhdys]
câncer (m)	**syöpä**	[syøpæ]
esclerose (f)	**skleroosi**	[sklero:si]
esclerose (f) múltipla	**multippeliskleroosi**	[multippeli·sklero:si]
alcoolismo (m)	**alkoholismi**	[ɑlkoɦolismi]
alcoólico (m)	**alkoholisti**	[ɑlkoɦolisti]
sífilis (f)	**kuppa, syfilis**	[kuppɑ], [sifilis]
AIDS (f)	**AIDS**	[ɑjds]
tumor (m)	**kasvain**	[kɑsʋɑjn]
maligno (adj)	**pahanlaatuinen**	[pɑɦɑn·lɑ:jtunen]
benigno (adj)	**hyvänlaatuinen**	[hyʋænlɑ:tunen]
febre (f)	**kuume**	[ku:me]
malária (f)	**malaria**	[mɑlɑriɑ]
gangrena (f)	**kuolio**	[kuolio]
enjoo (m)	**merisairaus**	[meri·sɑjrɑus]
epilepsia (f)	**epilepsia**	[epilepsiɑ]
epidemia (f)	**epidemia**	[epidemiɑ]
tifo (m)	**lavantauti**	[lɑʋɑn·tɑuti]
tuberculose (f)	**tuberkuloosi**	[tuberkulo:si]
cólera (f)	**kolera**	[kolerɑ]
peste (f) bubônica	**rutto**	[rutto]

72. Sintomas. Tratamentos. Parte 1

sintoma (m)	**oire**	[ojre]
temperatura (f)	**kuume**	[ku:me]
febre (f)	**korkea kuume**	[korkeɑ ku:me]
pulso (m)	**pulssi, syke**	[pulssi], [syke]
vertigem (f)	**huimaus**	[hujmɑus]
quente (testa, etc.)	**kuuma**	[ku:mɑ]
calafrio (m)	**vilunväristys**	[ʋilun·ʋæristys]
pálido (adj)	**kalpea**	[kɑlpeɑ]
tosse (f)	**yskä**	[yskæ]
tossir (vi)	**yskiä**	[yskiæ]
espirrar (vi)	**aivastella**	[ɑjʋɑstellɑ]
desmaio (m)	**pyörtyminen**	[pyørtyminen]

desmaiar (vi)	**pyörtyä**	[pyørtyæ]
mancha (f) preta	**mustelma**	[mustelma]
galo (m)	**kuhmu**	[kuhmu]
machucar-se (vr)	**loukkaantua**	[loukka:ntua]
contusão (f)	**ruhje**	[ruhje]
machucar-se (vr)	**loukkaantua**	[loukka:ntua]
mancar (vi)	**ontua**	[ontua]
deslocamento (f)	**sijoiltaanmeno**	[sijoilta:nmeno]
deslocar (vt)	**siirtää sijoiltaan**	[si:rtæ: sijoilta:n]
fratura (f)	**murtuma**	[murtuma]
fraturar (vt)	**saada murtuma**	[sa:da murtuma]
corte (m)	**leikkaushaava**	[lejkkaus·ha:ʋa]
cortar-se (vr)	**leikata**	[lejkata]
hemorragia (f)	**verenvuoto**	[ʋeren·ʋuoto]
queimadura (f)	**palohaava**	[palo·ha:ʋa]
queimar-se (vr)	**polttaa itse**	[poltta: itse]
picar (vt)	**pistää**	[pistæ:]
picar-se (vr)	**pistää itseä**	[pistæ: itseæ]
lesionar (vt)	**vahingoittaa**	[ʋahiŋojtta:]
lesão (m)	**vamma, vaurio**	[ʋamma], [ʋaurio]
ferida (f), ferimento (m)	**haava**	[ha:ʋa]
trauma (m)	**trauma, vamma**	[trauma], [ʋamma]
delirar (vi)	**hourailla**	[hourajlla]
gaguejar (vi)	**änkyttää**	[æŋkyttæ:]
insolação (f)	**auringonpistos**	[auriŋon·pistos]

73. Sintomas. Tratamentos. Parte 2

dor (f)	**kipu**	[kipu]
farpa (no dedo, etc.)	**tikku**	[tikku]
suor (m)	**hiki**	[hiki]
suar (vi)	**hikoilla**	[hikojlla]
vômito (m)	**oksennus**	[oksennus]
convulsões (f pl)	**kouristukset**	[kouristukset]
grávida (adj)	**raskaana oleva**	[raska:na oleʋa]
nascer (vi)	**syntyä**	[syntyæ]
parto (m)	**synnytys**	[synnytys]
dar à luz	**synnyttää**	[synnyttæ:]
aborto (m)	**raskaudenkeskeytys**	[raskauden·keskeytys]
respiração (f)	**hengitys**	[heŋitys]
inspiração (f)	**sisäänhengitys**	[sisæ:n·heŋitys]
expiração (f)	**uloshengitys**	[ulos·heŋitys]
expirar (vi)	**hengittää ulos**	[heŋittæ: ulos]
inspirar (vi)	**hengittää sisään**	[hengittæ: sisæ:n]
inválido (m)	**invalidi**	[inʋalidi]
aleijado (m)	**rampa**	[rampa]

drogado (m)	**narkomaani**	[narkoma:ni]
surdo (adj)	**kuuro**	[ku:ro]
mudo (adj)	**mykkä**	[mykkæ]
surdo-mudo (adj)	**kuuromykkä**	[ku:ro·mykkæ]
louco, insano (adj)	**mielenvikainen**	[mielen·ʋikajnen]
louco (m)	**hullu**	[hullu]
louca (f)	**hullu**	[hullu]
ficar louco	**tulla hulluksi**	[tulla hulluksi]
gene (m)	**geeni**	[ge:ni]
imunidade (f)	**immuniteetti**	[immunite:tti]
hereditário (adj)	**perintö-**	[perintø]
congênito (adj)	**synnynnäinen**	[synnynnæjnen]
vírus (m)	**virus**	[ʋirus]
micróbio (m)	**mikrobi**	[mikrobi]
bactéria (f)	**bakteeri**	[bakte:ri]
infecção (f)	**infektio, tartunta**	[infektio], [tartunta]

74. Sintomas. Tratamentos. Parte 3

hospital (m)	**sairaala**	[sajra:la]
paciente (m)	**potilas**	[potilas]
diagnóstico (m)	**diagnoosi**	[diagno:si]
cura (f)	**lääkintä**	[læ:kintæ]
tratamento (m) médico	**hoito**	[hojto]
curar-se (vr)	**saada hoitoa**	[sa:da hojtoa]
tratar (vt)	**hoitaa**	[hojta:]
cuidar (pessoa)	**hoitaa**	[hojta:]
cuidado (m)	**hoito**	[hojto]
operação (f)	**leikkaus**	[lejkkaus]
enfaixar (vt)	**sitoa**	[sitoa]
enfaixamento (m)	**sidonta**	[sidonta]
vacinação (f)	**rokotus**	[rokotus]
vacinar (vt)	**rokottaa**	[rokotta:]
injeção (f)	**injektio**	[injektio]
dar uma injeção	**tehdä pisto**	[tehdæ pisto]
ataque (~ de asma, etc.)	**kohtaus**	[kohtaus]
amputação (f)	**amputaatio**	[amputa:tio]
amputar (vt)	**amputoida**	[amputojda]
coma (f)	**kooma**	[ko:ma]
estar em coma	**olla koomassa**	[olla ko:massa]
reanimação (f)	**teho-osasto**	[teho·osasto]
recuperar-se (vr)	**parantua**	[parantua]
estado (~ de saúde)	**terveydentila**	[terʋeyden·tila]
consciência (perder a ~)	**tajunta**	[tajunta]
memória (f)	**muisti**	[mujsti]
tirar (vt)	**poistaa**	[pojsta:]

obturação (f)	**paikka**	[pajkka]
obturar (vt)	**paikata**	[pajkata]
hipnose (f)	**hypnoosi**	[hypno:si]
hipnotizar (vt)	**hypnotisoida**	[hypnotisojda]

75. Médicos

médico (m)	**lääkäri**	[læ:kæri]
enfermeira (f)	**sairaanhoitaja**	[sajra:n·hojtaja]
médico (m) pessoal	**omalääkäri**	[oma·læ:kæri]
dentista (m)	**hammaslääkäri**	[hammas·læ:kæri]
oculista (m)	**silmälääkäri**	[silmæ·læ:kæri]
terapeuta (m)	**sisätautilääkäri**	[sisætauti·læ:kæri]
cirurgião (m)	**kirurgi**	[kirurgi]
psiquiatra (m)	**psykiatri**	[psykiatri]
pediatra (m)	**lastenlääkäri**	[lasten·læ:kæri]
psicólogo (m)	**psykologi**	[psykologi]
ginecologista (m)	**naistentautilääkäri**	[najstentauti·læ:kæri]
cardiologista (m)	**kardiologi**	[kardiologi]

76. Medicina. Drogas. Acessórios

medicamento (m)	**lääke**	[læ:ke]
remédio (m)	**lääke**	[læ:ke]
receitar (vt)	**määrätä**	[mæ:rætæ]
receita (f)	**resepti**	[resepti]
comprimido (m)	**tabletti**	[tabletti]
unguento (m)	**voide**	[ʋojde]
ampola (f)	**ampulli**	[ampulli]
solução, preparado (m)	**liuos**	[liuos]
xarope (m)	**siirappi**	[si:rappi]
cápsula (f)	**pilleri**	[pilleri]
pó (m)	**jauhe**	[jauɦe]
atadura (f)	**side**	[side]
algodão (m)	**vanu**	[ʋanu]
iodo (m)	**jodi**	[jodi]
curativo (m) adesivo	**laastari**	[la:stari]
conta-gotas (m)	**pipetti**	[pipetti]
termômetro (m)	**kuumemittari**	[ku:me·mittari]
seringa (f)	**ruisku**	[rujsku]
cadeira (f) de rodas	**pyörätuoli**	[pyøræ·tuoli]
muletas (f pl)	**kainalosauvat**	[kajnalo·sauʋat]
analgésico (m)	**puudutusaine**	[pu:dutus·ajne]
laxante (m)	**ulostuslääke**	[ulostus·læ:ke]

álcool (m)	**sprii**	[spri:]
ervas (f pl) medicinais	**lääkeyrtti**	[læ:ke·yrtti]
de ervas (chá ~)	**yrtti-**	[yrtti]

77. Fumar. Produtos tabágicos

tabaco (m)	**tupakka**	[tupɑkkɑ]
cigarro (m)	**savuke**	[sɑʋuke]
charuto (m)	**sikari**	[sikɑri]
cachimbo (m)	**piippu**	[pi:ppu]
maço (~ de cigarros)	**aski**	[ɑski]
fósforos (m pl)	**tulitikut**	[tuli·tikut]
caixa (f) de fósforos	**tulitikkurasia**	[tulitikku·rɑsiɑ]
isqueiro (m)	**sytytin**	[sytytin]
cinzeiro (m)	**tuhkakuppi**	[tuhkɑ·kuppi]
cigarreira (f)	**savukekotelo**	[sɑʋuke·kotelo]
piteira (f)	**imuke**	[imuke]
filtro (m)	**suodatin**	[suodɑtin]
fumar (vi, vt)	**tupakoida**	[tupɑkojdɑ]
acender um cigarro	**sytyttää**	[sytyttæ:]
tabagismo (m)	**tupakanpoltto**	[tupɑkɑn·poltto]
fumante (m)	**tupakanpolttaja**	[tupɑkɑn·polttɑjɑ]
bituca (f)	**tumppi**	[tumppi]
fumaça (f)	**savu**	[sɑʋu]
cinza (f)	**tuhka**	[tuhkɑ]

HABITAT HUMANO

Cidade

78. Cidade. Vida na cidade

cidade (f)	**kaupunki**	[kaupuŋki]
capital (f)	**pääkaupunki**	[pæ:kaupuŋki]
aldeia (f)	**kylä**	[kylæ]
mapa (m) da cidade	**asemakaava**	[asema·ka:ʋa]
centro (m) da cidade	**keskusta**	[keskusta]
subúrbio (m)	**esikaupunki**	[esikaupuŋki]
suburbano (adj)	**esikaupunki-**	[esikaupuŋki]
periferia (f)	**laitakaupunginosa**	[lajta·kaupunginosa]
arredores (m pl)	**ympäristö**	[ympæristø]
quarteirão (m)	**kortteli**	[kortteli]
quarteirão (m) residencial	**asuinkortteli**	[asujŋ·kortteli]
tráfego (m)	**liikenne**	[li:kenne]
semáforo (m)	**liikennevalot**	[li:kenne·ʋalot]
transporte (m) público	**julkiset kulkuvälineet**	[julkiset kulkuʋæline:t]
cruzamento (m)	**risteys**	[risteys]
faixa (f)	**suojatie**	[suojatæ]
túnel (m) subterrâneo	**alikäytävä**	[ali·kæytæʋæ]
cruzar, atravessar (vt)	**ylittää**	[ylittæ:]
pedestre (m)	**jalankulkija**	[jalaŋkulkija]
calçada (f)	**jalkakäytävä**	[jalka·kæytæʋæ]
ponte (f)	**silta**	[silta]
margem (f) do rio	**rantakatu**	[ranta·katu]
fonte (f)	**suihkulähde**	[sujhku·læhde]
alameda (f)	**lehtikuja**	[lehti·kuja]
parque (m)	**puisto**	[pujsto]
bulevar (m)	**bulevardi**	[buleʋardi]
praça (f)	**aukio**	[aukio]
avenida (f)	**valtakatu**	[ʋalta·katu]
rua (f)	**katu**	[katu]
travessa (f)	**kuja**	[kuja]
beco (m) sem saída	**umpikuja**	[umpikuja]
casa (f)	**talo**	[talo]
edifício, prédio (m)	**rakennus**	[rakennus]
arranha-céu (m)	**pilvenpiirtäjä**	[pilʋen·pi:rtæjæ]
fachada (f)	**julkisivu**	[julki·siʋu]
telhado (m)	**katto**	[katto]

janela (f)	**ikkuna**	[ikkuna]
arco (m)	**kaari**	[ka:ri]
coluna (f)	**pylväs**	[pyluæs]
esquina (f)	**kulma**	[kulma]
vitrine (f)	**näyteikkuna**	[næyte·ikkuna]
letreiro (m)	**kauppakyltti**	[kauppa·kyltti]
cartaz (do filme, etc.)	**juliste**	[juliste]
cartaz (m) publicitário	**mainosjuliste**	[majnos·juliste]
painel (m) publicitário	**mainoskilpi**	[majnos·kilpi]
lixo (m)	**jäte**	[jæte]
lata (f) de lixo	**roskis**	[roskis]
jogar lixo na rua	**roskata**	[roskata]
aterro (m) sanitário	**kaatopaikka**	[ka:to·pajkka]
orelhão (m)	**puhelinkoppi**	[puɦeliŋ·koppi]
poste (m) de luz	**lyhtypylväs**	[lyhty·pyluæs]
banco (m)	**penkki**	[peŋkki]
polícia (m)	**poliisi**	[poli:si]
polícia (instituição)	**poliisi**	[poli:si]
mendigo, pedinte (m)	**kerjäläinen**	[kerjælæjnen]
desabrigado (m)	**koditon**	[koditon]

79. Instituições urbanas

loja (f)	**kauppa**	[kauppa]
drogaria (f)	**apteekki**	[apte:kki]
ótica (f)	**optiikka**	[opti:kka]
centro (m) comercial	**kauppakeskus**	[kauppa·keskus]
supermercado (m)	**supermarketti**	[super·marketti]
padaria (f)	**leipäkauppa**	[lejpæ·kauppa]
padeiro (m)	**leipuri**	[lejpuri]
pastelaria (f)	**konditoria**	[konditoria]
mercearia (f)	**sekatavarakauppa**	[sekatauara·kauppa]
açougue (m)	**lihakauppa**	[liɦa·kauppa]
fruteira (f)	**vihanneskauppa**	[uiɦannes·kauppa]
mercado (m)	**kauppatori**	[kauppa·tori]
cafeteria (f)	**kahvila**	[kahuila]
restaurante (m)	**ravintola**	[rauintola]
bar (m)	**pubi**	[pubi]
pizzaria (f)	**pizzeria**	[pitseria]
salão (m) de cabeleireiro	**parturinliike**	[parturin·li:ke]
agência (f) dos correios	**posti**	[posti]
lavanderia (f)	**kemiallinen pesu**	[kemiallinen pesu]
estúdio (m) fotográfico	**valokuvastudio**	[ualokuua·studio]
sapataria (f)	**kenkäkauppa**	[keŋkæ·kauppa]
livraria (f)	**kirjakauppa**	[kirja·kauppa]

loja (f) de artigos esportivos	**urheilukauppa**	[urhejlu·kauppa]
costureira (m)	**vaatteiden korjaus**	[ʋa:ttejden korjaus]
aluguel (m) de roupa	**vaate vuokralle**	[ʋa:te ʋuokralle]
videolocadora (f)	**elokuvien vuokra**	[elokuʋien ʋuokra]
circo (m)	**sirkus**	[sirkus]
jardim (m) zoológico	**eläintarha**	[elæjn·tarha]
cinema (m)	**elokuvateatteri**	[elokuʋa·teatteri]
museu (m)	**museo**	[museo]
biblioteca (f)	**kirjasto**	[kirjasto]
teatro (m)	**teatteri**	[teatteri]
ópera (f)	**ooppera**	[o:ppera]
boate (casa noturna)	**yökerho**	[yø·kerho]
cassino (m)	**kasino**	[kasino]
mesquita (f)	**moskeija**	[moskeja]
sinagoga (f)	**synagoga**	[synagoga]
catedral (f)	**tuomiokirkko**	[tuomio·kirkko]
templo (m)	**temppeli**	[temppeli]
igreja (f)	**kirkko**	[kirkko]
faculdade (f)	**instituutti**	[institu:tti]
universidade (f)	**yliopisto**	[yli·opisto]
escola (f)	**koulu**	[koulu]
prefeitura (f)	**prefektuuri**	[prefektu:ri]
câmara (f) municipal	**kaupunginhallitus**	[kaupuŋin·hallitus]
hotel (m)	**hotelli**	[hotelli]
banco (m)	**pankki**	[paŋkki]
embaixada (f)	**suurlähetystö**	[su:r·læɦetystø]
agência (f) de viagens	**matkatoimisto**	[matka·tojmisto]
agência (f) de informações	**neuvontatoimisto**	[neuʋonta·tojmisto]
casa (f) de câmbio	**valuutanvaihtotoimisto**	[ʋalu:tan·ʋajhto·tojmisto]
metrô (m)	**metro**	[metro]
hospital (m)	**sairaala**	[sajra:la]
posto (m) de gasolina	**bensiiniasema**	[bensi:ni·asema]
parque (m) de estacionamento	**parkkipaikka**	[parkki·pajkka]

80. Sinais

letreiro (m)	**kauppakyltti**	[kauppa·kyltti]
aviso (m)	**kyltti**	[kyltti]
cartaz, pôster (m)	**juliste, plakaatti**	[juliste], [plaka:tti]
placa (f) de direção	**osoitin**	[osojtin]
seta (f)	**nuoli**	[nuoli]
aviso (advertência)	**varoitus**	[ʋarojtus]
sinal (m) de aviso	**varoitus**	[ʋarojtus]
avisar, advertir (vt)	**varoittaa**	[ʋarojtta:]
dia (m) de folga	**vapaapäivä**	[ʋapa:pæjʋæ]

horário (~ dos trens, etc.)	**aikataulu**	[ajka·taulu]
horário (m)	**aukioloaika**	[aukiolo·ajka]
BEM-VINDOS!	**TERVETULOA!**	[terυetuloa]
ENTRADA	**SISÄÄN**	[sisæ:n]
SAÍDA	**ULOS**	[ulos]
EMPURRE	**TYÖNNÄ**	[tyønnæ]
PUXE	**VEDÄ**	[υedæ]
ABERTO	**AUKI**	[auki]
FECHADO	**KIINNI**	[ki:nni]
MULHER	**NAISET**	[najset]
HOMEM	**MIEHET**	[mieɦet]
DESCONTOS	**ALE**	[ale]
SALDOS, PROMOÇÃO	**ALENNUSMYYNTI**	[alennus·my:nti]
NOVIDADE!	**UUTUUS!**	[u:tu:s]
GRÁTIS	**ILMAISEKSI**	[ilmajseksi]
ATENÇÃO!	**HUOMIO!**	[huomio]
NÃO HÁ VAGAS	**EI OLE TILAA**	[ej ole tila:]
RESERVADO	**VARATTU**	[υarattu]
ADMINISTRAÇÃO	**HALLINTO**	[hallinto]
SOMENTE PESSOAL AUTORIZADO	**VAIN HENKILÖKUNNALLE**	[υajn heŋkilø·kunnalle]
CUIDADO CÃO FEROZ	**VARO KOIRAA!**	[υaro kojra:]
PROIBIDO FUMAR!	**TUPAKOINTI KIELLETTY**	[tupakojnti kielletty]
NÃO TOCAR	**EI SAA KOSKEA!**	[ej sa: koskea]
PERIGOSO	**VAARA**	[υa:ra]
PERIGO	**HENGENVAARA**	[heŋenυa:ra]
ALTA TENSÃO	**SUURJÄNNITE**	[su:rjænnite]
PROIBIDO NADAR	**UIMINEN KIELLETTY**	[ujminen kielletty]
COM DEFEITO	**EI TOIMI**	[ej tojmi]
INFLAMÁVEL	**SYTTYVÄ**	[syttyυæ]
PROIBIDO	**KIELLETTY**	[kielletty]
ENTRADA PROIBIDA	**LÄPIKULKU KIELLETTY**	[læpikulku kielletty]
CUIDADO TINTA FRESCA	**ON MAALATTU**	[on ma:lattu]

81. Transportes urbanos

ônibus (m)	**bussi**	[bussi]
bonde (m) elétrico	**raitiovaunu**	[rajtio·υaunu]
trólebus (m)	**johdinauto**	[johdin·auto]
rota (f), itinerário (m)	**reitti**	[rejtti]
número (m)	**numero**	[numero]
ir de ... (carro, etc.)	**mennä ...**	[mennæ]
entrar no ...	**nousta**	[nousta]
descer do ...	**astua ulos**	[astua ulos]

parada (f)	**pysäkki**	[pysækki]
próxima parada (f)	**seuraava pysäkki**	[seura:ʋa pysækki]
terminal (m)	**pääteasema**	[pæ:teasema]
horário (m)	**aikataulu**	[ajka·taulu]
esperar (vt)	**odottaa**	[odotta:]
passagem (f)	**lippu**	[lippu]
tarifa (f)	**kyytimaksu**	[ky:ti·maksu]
bilheteiro (m)	**kassanhoitaja**	[kassan·hojtaja]
controle (m) de passagens	**tarkastus**	[tarkastus]
revisor (m)	**tarkastaja**	[tarkastaja]
atrasar-se (vr)	**myöhästyä**	[myøhæstyæ]
perder (o autocarro, etc.)	**myöhästyä**	[myøhæstyæ]
estar com pressa	**olla kiire**	[olla ki:re]
táxi (m)	**taksi**	[taksi]
taxista (m)	**taksinkuljettaja**	[taksiŋ·kuljettaja]
de táxi (ir ~)	**taksilla**	[taksilla]
ponto (m) de táxis	**taksiasema**	[taksi·asema]
chamar um táxi	**tilata taksi**	[tilata taksi]
pegar um táxi	**ottaa taksi**	[otta: taksi]
tráfego (m)	**liikenne**	[li:kenne]
engarrafamento (m)	**ruuhka**	[ru:hka]
horas (f pl) de pico	**ruuhka-aika**	[ru:hka·ajka]
estacionar (vi)	**pysäköidä**	[pysækøjdæ]
estacionar (vt)	**pysäköidä**	[pysækøjdæ]
parque (m) de estacionamento	**parkkipaikka**	[parkki·pajkka]
metrô (m)	**metro**	[metro]
estação (f)	**asema**	[asema]
ir de metrô	**mennä metrolla**	[mennæ metrollla]
trem (m)	**juna**	[juna]
estação (f) de trem	**rautatieasema**	[rautatie·asema]

82. Turismo

monumento (m)	**patsas**	[patsas]
fortaleza (f)	**linna**	[linna]
palácio (m)	**palatsi**	[palatsi]
castelo (m)	**linna**	[linna]
torre (f)	**torni**	[torni]
mausoléu (m)	**mausoleumi**	[mausoleumi]
arquitetura (f)	**arkkitehtuuri**	[arkkitehtu:ri]
medieval (adj)	**keskiaikainen**	[keskiajkajnen]
antigo (adj)	**vanha**	[ʋanha]
nacional (adj)	**kansallinen**	[kansallinen]
famoso, conhecido (adj)	**tunnettu**	[tunnettu]
turista (m)	**matkailija**	[matkajlija]
guia (pessoa)	**opas**	[opas]

excursão (f)	**ekskursio, retki**	[ekskursio], [retki]
mostrar (vt)	**näyttää**	[næyttæ:]
contar (vt)	**kertoa**	[kertoɑ]
encontrar (vt)	**löytää**	[løytæ:]
perder-se (vr)	**hävitä**	[hæʋitæ]
mapa (~ do metrô)	**reittikartta**	[rejtti·kɑrttɑ]
mapa (~ da cidade)	**asemakaava**	[ɑsemɑ·kɑ:ʋɑ]
lembrança (f), presente (m)	**matkamuisto**	[mɑtkɑ·mujsto]
loja (f) de presentes	**matkamuistokauppa**	[mɑtkɑ·mujsto·kɑuppɑ]
tirar fotos, fotografar	**valokuvata**	[ʋɑlokuʋɑtɑ]
fotografar-se (vr)	**valokuvauttaa itsensä**	[ʋɑlokuʋɑuttɑ: itsensæ]

83. Compras

comprar (vt)	**ostaa**	[ostɑ:]
compra (f)	**ostos**	[ostos]
fazer compras	**käydä ostoksilla**	[kæydæ ostoksillɑ]
compras (f pl)	**shoppailu**	[ʃoppɑjlu]
estar aberta (loja)	**toimia**	[tojmiɑ]
estar fechada	**olla kiinni**	[ollɑ ki:nni]
calçado (m)	**jalkineet**	[jɑlkine:t]
roupa (f)	**vaatteet**	[ʋɑ:tte:t]
cosméticos (m pl)	**kosmetiikka**	[kosmeti:kkɑ]
alimentos (m pl)	**ruokatavarat**	[ruokɑ·tɑʋɑrɑt]
presente (m)	**lahja**	[lɑhjɑ]
vendedor (m)	**myyjä**	[my:jæ]
vendedora (f)	**myyjätär**	[my:jætær]
caixa (f)	**kassa**	[kɑssɑ]
espelho (m)	**peili**	[pejli]
balcão (m)	**tiski**	[tiski]
provador (m)	**sovitushuone**	[soʋitus·huone]
provar (vt)	**sovittaa**	[soʋittɑ:]
servir (roupa, caber)	**sopia**	[sopiɑ]
gostar (apreciar)	**pitää, tykätä**	[pitæ:], [tykætæ]
preço (m)	**hinta**	[hintɑ]
etiqueta (f) de preço	**hintalappu**	[hintɑ·lɑppu]
custar (vt)	**maksaa**	[mɑksɑ:]
Quanto?	**Kuinka paljon?**	[kujŋkɑ pɑljon]
desconto (m)	**alennus**	[ɑlennus]
não caro (adj)	**halpa**	[hɑlpɑ]
barato (adj)	**halpa**	[hɑlpɑ]
caro (adj)	**kallis**	[kɑllis]
É caro	**Se on kallista**	[se on kɑllistɑ]
aluguel (m)	**vuokra**	[ʋuokrɑ]
alugar (roupas, etc.)	**vuokrata**	[ʋuokrɑtɑ]

crédito (m)	**luotto**	[luotto]
a crédito	**luotolla**	[luotolla]

84. Dinheiro

dinheiro (m)	**raha, rahat**	[raɦa], [raɦat]
câmbio (m)	**valuutanvaihto**	[ʋalu:tan·ʋajhto]
taxa (f) de câmbio	**kurssi**	[kurssi]
caixa (m) eletrônico	**pankkiautomaatti**	[paŋkki·automa:tti]
moeda (f)	**kolikko**	[kolikko]
dólar (m)	**dollari**	[dollari]
euro (m)	**euro**	[euro]
lira (f)	**liira**	[li:ra]
marco (m)	**markka**	[markka]
franco (m)	**frangi**	[fraŋi]
libra (f) esterlina	**punta**	[punta]
iene (m)	**jeni**	[jeni]
dívida (f)	**velka**	[ʋelka]
devedor (m)	**velallinen**	[ʋelallinen]
emprestar (vt)	**lainata jollekulle**	[lajnata jolekulle]
pedir emprestado	**lainata joltakulta**	[lajnata joltakulta]
banco (m)	**pankki**	[paŋkki]
conta (f)	**tili**	[tili]
depositar (vt)	**tallettaa**	[talletta:]
depositar na conta	**tallettaa rahaa tilille**	[talletta: raɦa: tilille]
sacar (vt)	**nostaa rahaa tililtä**	[nosta: raɦa: tililta]
cartão (m) de crédito	**luottokortti**	[luotto·kortti]
dinheiro (m) vivo	**käteinen**	[kætejnen]
cheque (m)	**sekki**	[sekki]
passar um cheque	**kirjoittaa shekki**	[kirjoitta: ʃekki]
talão (m) de cheques	**sekkivihko**	[sekki·ʋihko]
carteira (f)	**lompakko**	[lompakko]
niqueleira (f)	**kukkaro**	[kukkaro]
cofre (m)	**kassakaappi**	[kassa·ka:ppi]
herdeiro (m)	**perillinen**	[perillinen]
herança (f)	**perintö**	[perintø]
fortuna (riqueza)	**varallisuus**	[ʋarallisu:s]
arrendamento (m)	**vuokraus**	[ʋuokraus]
aluguel (pagar o ~)	**asuntovuokra**	[asunto·ʋuokra]
alugar (vt)	**vuokrata**	[ʋuokrata]
preço (m)	**hinta**	[hinta]
custo (m)	**hinta**	[hinta]
soma (f)	**summa**	[summa]
gastar (vt)	**kuluttaa**	[kulutta:]
gastos (m pl)	**kulut**	[kulut]

economizar (vi)	**säästäväisesti**	[sæ:stæʋæjsesti]
econômico (adj)	**säästäväinen**	[sæ:stæʋæjnen]
pagar (vt)	**maksaa**	[mɑksɑ:]
pagamento (m)	**maksu**	[mɑksu]
troco (m)	**vaihtoraha**	[ʋɑjhto·rɑɦɑ]
imposto (m)	**vero**	[ʋero]
multa (f)	**sakko**	[sɑkko]
multar (vt)	**sakottaa**	[sɑkottɑ:]

85. Correios. Serviço postal

agência (f) dos correios	**posti**	[posti]
correio (m)	**posti**	[posti]
carteiro (m)	**postinkantaja**	[postiŋ·kɑntɑjɑ]
horário (m)	**virka-aika**	[ʋirkɑ·ɑjkɑ]
carta (f)	**kirje**	[kirje]
carta (f) registada	**kirjattu kirje**	[kirjɑttu kirje]
cartão (m) postal	**postikortti**	[posti·kortti]
telegrama (m)	**sähke**	[sæhke]
encomenda (f)	**paketti**	[pɑketti]
transferência (f) de dinheiro	**rahalähetys**	[rɑɦɑ·læɦetys]
receber (vt)	**vastaanottaa**	[ʋɑstɑ:nottɑ:]
enviar (vt)	**lähettää**	[læɦettæ:]
envio (m)	**lähettäminen**	[læɦettæminen]
endereço (m)	**osoite**	[osojte]
código (m) postal	**postinumero**	[posti·numero]
remetente (m)	**lähettäjä**	[læɦettæjæ]
destinatário (m)	**saaja, vastaanottaja**	[sɑ:jɑ], [ʋɑstɑ:nottɑjɑ]
nome (m)	**nimi**	[nimi]
sobrenome (m)	**sukunimi**	[suku·nimi]
tarifa (f)	**hinta, tariffi**	[hintɑ], [tɑriffi]
ordinário (adj)	**tavallinen**	[tɑʋɑllinen]
econômico (adj)	**edullinen**	[edullinen]
peso (m)	**paino**	[pɑjno]
pesar (estabelecer o peso)	**punnita**	[punnitɑ]
envelope (m)	**kirjekuori**	[kirje·kuori]
selo (m) postal	**postimerkki**	[posti·merkki]
colar o selo	**liimata postimerkki**	[li:mɑtɑ posti·merkki]

Moradia. Casa. Lar

86. Casa. Habitação

casa (f)	**koti**	[koti]
em casa	**kotona**	[kotona]
pátio (m), quintal (f)	**piha**	[piha]
cerca, grade (f)	**aita**	[ajta]
tijolo (m)	**tiili**	[ti:li]
de tijolos	**tiili-, tiilinen**	[ti:li], [ti:linen]
pedra (f)	**kivi**	[kiʋi]
de pedra	**kivi-, kivinen**	[kiʋi], [kiʋinen]
concreto (m)	**betoni**	[betoni]
concreto (adj)	**betoninen**	[betoninen]
novo (adj)	**uusi**	[u:si]
velho (adj)	**vanha**	[ʋanha]
decrépito (adj)	**ränsistynyt**	[rænsistynyt]
moderno (adj)	**nykyaikainen**	[nykyajkajnen]
de vários andares	**monikerroksinen**	[moni·kerroksinen]
alto (adj)	**korkea**	[korkea]
andar (m)	**kerros**	[kerros]
de um andar	**yksikerroksinen**	[yksi·kerroksinen]
térreo (m)	**alakerta**	[alakerta]
andar (m) de cima	**yläkerta**	[ylæ·kerta]
telhado (m)	**katto**	[katto]
chaminé (f)	**savupiippu**	[saʋu·pi:ppu]
telha (f)	**kattotiili**	[katto·ti:li]
de telha	**kattotiili-**	[katto·ti:li]
sótão (m)	**ullakko**	[ullakko]
janela (f)	**ikkuna**	[ikkuna]
vidro (m)	**lasi**	[lasi]
parapeito (m)	**ikkunalauta**	[ikkuna·lauta]
persianas (f pl)	**ikkunaluukut**	[ikkuna·lu:kut]
parede (f)	**seinä**	[sejnæ]
varanda (f)	**parveke**	[parʋeke]
calha (f)	**syöksytorvi**	[syøksy·torʋi]
em cima	**ylhäällä**	[ylhæ:llæ]
subir (vi)	**nousta**	[nousta]
descer (vi)	**laskeutua**	[laskeutua]
mudar-se (vr)	**muuttaa**	[mu:tta:]

87. Casa. Entrada. Elevador

entrada (f)	**sisäänkäynti**	[sisæ:n·kæynti]
escada (f)	**portaat**	[porta:t]
degraus (m pl)	**askelmat**	[askelmat]
corrimão (m)	**kaiteet**	[kajte:t]
hall (m) de entrada	**halli**	[halli]
caixa (f) de correio	**postilaatikko**	[postila:tikko]
lata (f) do lixo	**roskis**	[roskis]
calha (f) de lixo	**roskakuilu**	[roska·kujlu]
elevador (m)	**hissi**	[hissi]
elevador (m) de carga	**tavarahissi**	[tauara·hissi]
cabine (f)	**hissikori**	[hissi·kori]
pegar o elevador	**mennä hissillä**	[mennæ hissillæ]
apartamento (m)	**asunto**	[asunto]
residentes (pl)	**asukkaat**	[asukka:t]
vizinho (m)	**naapuri**	[na:puri]
vizinha (f)	**naapuri**	[na:puri]
vizinhos (pl)	**naapurit**	[na:purit]

88. Casa. Eletricidade

eletricidade (f)	**sähkö**	[sæhkø]
lâmpada (f)	**lamppu**	[lamppu]
interruptor (m)	**kytkin**	[kytkin]
fusível, disjuntor (m)	**sulake**	[sulake]
fio, cabo (m)	**johto, johdin**	[johto], [johdin]
instalação (f) elétrica	**johdotus**	[johdotus]
medidor (m) de eletricidade	**sähkömittari**	[sæhkø·mittari]
indicação (f), registro (m)	**lukema**	[lukema]

89. Casa. Portas. Fechaduras

porta (f)	**ovi**	[oui]
portão (m)	**portti**	[portti]
maçaneta (f)	**kahva**	[kahua]
destrancar (vt)	**avata lukko**	[auata lukko]
abrir (vt)	**avata**	[auata]
fechar (vt)	**sulkea**	[sulkea]
chave (f)	**avain**	[auajn]
molho (m)	**nippu**	[nippu]
ranger (vi)	**narista**	[narista]
rangido (m)	**narina**	[narina]
dobradiça (f)	**sarana**	[sarana]
capacho (m)	**matto**	[matto]
fechadura (f)	**lukko**	[lukko]

buraco (m) da fechadura	**avaimenreikä**	[ɑʋɑjmen·rejkæ]
barra (f)	**salpa**	[sɑlpɑ]
fecho (ferrolho pequeno)	**työntösalpa**	[tyøntø·sɑlpɑ]
cadeado (m)	**munalukko**	[munɑ·lukko]
tocar (vt)	**soittaa**	[sojttɑ:]
toque (m)	**soitto**	[sojtto]
campainha (f)	**ovikello**	[oʋi·kello]
botão (m)	**painike**	[pɑjnike]
batida (f)	**koputus**	[koputus]
bater (vi)	**koputtaa**	[koputtɑ:]
código (m)	**koodi**	[ko:di]
fechadura (f) de código	**numerolukko**	[numero·lukko]
interfone (m)	**ovipuhelin**	[oʋi·puɦelin]
número (m)	**numero**	[numero]
placa (f) de porta	**ovikyltti**	[oʋi·kyltti]
olho (m) mágico	**ovisilmä**	[oʋi·silmæ]

90. Casa de campo

aldeia (f)	**kylä**	[kylæ]
horta (f)	**kasvimaa**	[kɑsʋimɑ:]
cerca (f)	**aita**	[ɑjtɑ]
cerca (f) de piquete	**säleaita**	[sæle·ɑjtɑ]
portão (f) do jardim	**portti**	[portti]
celeiro (m)	**aitta**	[ɑjttɑ]
adega (f)	**kellari**	[kellɑri]
galpão, barracão (m)	**vaja**	[ʋɑjɑ]
poço (m)	**kaivo**	[kɑjʋo]
fogão (m)	**uuni**	[u:ni]
atiçar o fogo	**lämmittää**	[læmmittæ:]
lenha (carvão ou ~)	**polttopuu**	[poltto·pu:]
acha, lenha (f)	**halko**	[hɑlko]
varanda (f)	**veranta**	[ʋerɑntɑ]
alpendre (m)	**terassi**	[terɑssi]
degraus (m pl) de entrada	**kuisti**	[kujsti]
balanço (m)	**keinu**	[kejnu]

91. Moradia. Mansão

casa (f) de campo	**maatalo**	[mɑ:tɑlo]
vila (f)	**huvila**	[huʋilɑ]
ala (~ do edifício)	**siipi**	[si:pi]
jardim (m)	**puutarha**	[pu:tɑrhɑ]
parque (m)	**puisto**	[pujsto]
estufa (f)	**talvipuutarha**	[tɑlʋi·pu:tɑrhɑ]
cuidar de ...	**hoitaa**	[hojtɑ:]

piscina (f)	**uima-allas**	[ujma·allas]
academia (f) de ginástica	**urheiluhalli**	[urhejlu·halli]
quadra (f) de tênis	**tenniskenttä**	[tennis·kenttæ]
cinema (m)	**elokuvateatteri**	[elokuʋa·teatteri]
garagem (f)	**autotalli**	[auto·talli]
propriedade (f) privada	**yksityisomaisuus**	[yksityjs·omajsu:s]
terreno (m) privado	**yksityisomistukset**	[yksityjs·omistukset]
advertência (f)	**varoitus**	[ʋarojtus]
sinal (m) de aviso	**varoituskirjoitus**	[ʋarojtus·kirjoitus]
guarda (f)	**vartio**	[ʋartio]
guarda (m)	**vartija**	[ʋartija]
alarme (m)	**hälytyslaite**	[hælytys·lajte]

92. Castelo. Palácio

castelo (m)	**linna**	[linna]
palácio (m)	**palatsi**	[palatsi]
fortaleza (f)	**linna**	[linna]
muralha (f)	**muuri**	[mu:ri]
torre (f)	**torni**	[torni]
calabouço (m)	**keskustorni**	[keskus·torni]
grade (f) levadiça	**nostoportti**	[nosto·portti]
passagem (f) subterrânea	**maanalainen tunneli**	[ma:nalajnen tunneli]
fosso (m)	**vallihauta**	[ʋalli·ɦauta]
corrente, cadeia (f)	**ketju**	[ketju]
seteira (f)	**ampuma-aukko**	[ampuma·aukko]
magnífico (adj)	**upea**	[upea]
majestoso (adj)	**majesteetillinen**	[majeste:tillinen]
inexpugnável (adj)	**läpäisemätön**	[læpæjsemætøn]
medieval (adj)	**keskiaikainen**	[keskiajkajnen]

93. Apartamento

apartamento (m)	**asunto**	[asunto]
quarto, cômodo (m)	**huone**	[huone]
quarto (m) de dormir	**makuuhuone**	[maku:huone]
sala (f) de jantar	**ruokailuhuone**	[ruokajlu·huone]
sala (f) de estar	**vierashuone**	[ʋieras·huone]
escritório (m)	**työhuone**	[tyø·huone]
sala (f) de entrada	**eteinen**	[etejnen]
banheiro (m)	**kylpyhuone**	[kylpy·ɦuone]
lavabo (m)	**vessa**	[ʋessa]
teto (m)	**sisäkatto**	[sisæ·katto]
chão, piso (m)	**lattia**	[lattia]
canto (m)	**nurkka**	[nurkka]

94. Apartamento. Limpeza

arrumar, limpar (vt)	**siivota**	[si:ʋota]
guardar (no armário, etc.)	**korjata pois**	[korjata pojs]
pó (m)	**pöly**	[pøly]
empoeirado (adj)	**pölyinen**	[pølyjnen]
tirar o pó	**pyyhkiä pölyt**	[py:hkiæ pølyt]
aspirador (m)	**pölynimuri**	[pølyn·imuri]
aspirar (vt)	**imuroida**	[imurojda]
varrer (vt)	**lakaista**	[lakajsta]
sujeira (f)	**roska**	[roska]
arrumação, ordem (f)	**kunto**	[kunto]
desordem (f)	**epäjärjestys**	[epæjærjestys]
esfregão (m)	**lattiaharja**	[lattia·harja]
pano (m), trapo (m)	**rätti**	[rætti]
vassoura (f)	**luuta**	[lu:ta]
pá (f) de lixo	**rikkalapio**	[rikka·lapio]

95. Mobiliário. Interior

mobiliário (m)	**huonekalut**	[huone·kalut]
mesa (f)	**pöytä**	[pøytæ]
cadeira (f)	**tuoli**	[tuoli]
cama (f)	**sänky**	[sæŋky]
sofá, divã (m)	**sohva**	[sohʋa]
poltrona (f)	**nojatuoli**	[noja·tuoli]
estante (f)	**kaappi**	[ka:ppi]
prateleira (f)	**hylly**	[hylly]
guarda-roupas (m)	**vaatekaappi**	[ʋa:te·ka:ppi]
cabide (m) de parede	**ripustin**	[ripustin]
cabideiro (m) de pé	**naulakko**	[naulakko]
cômoda (f)	**lipasto**	[lipasto]
mesinha (f) de centro	**sohvapöytä**	[sohʋa·pøjtæ]
espelho (m)	**peili**	[pejli]
tapete (m)	**matto**	[matto]
tapete (m) pequeno	**pieni matto**	[pjeni matto]
lareira (f)	**takka**	[takka]
vela (f)	**kynttilä**	[kynttilæ]
castiçal (m)	**kynttilänjalka**	[kynttilæn·jalka]
cortinas (f pl)	**kaihtimet**	[kajhtimet]
papel (m) de parede	**tapetit**	[tapetit]
persianas (f pl)	**rullaverhot**	[rulle·ʋerhot]
luminária (f) de mesa	**pöytälamppu**	[pøytæ·lamppu]
luminária (f) de parede	**seinävalaisin**	[sejna·ʋalajsin]

abajur (m) de pé	**lattialamppu**	[lɑttiɑ·lɑmppu]
lustre (m)	**kattokruunu**	[kɑtto·kru:nu]
pé (de mesa, etc.)	**jalka**	[jɑlkɑ]
braço, descanso (m)	**käsinoja**	[kæsi·nojɑ]
costas (f pl)	**selkänoja**	[selkænojɑ]
gaveta (f)	**vetolaatikko**	[ʋeto·lɑ:tikko]

96. Quarto de dormir

roupa (f) de cama	**vuodevaatteet**	[ʋuode·ʋɑ:tte:t]
travesseiro (m)	**tyyny**	[ty:ny]
fronha (f)	**tyynyliina**	[ty:ny·li:nɑ]
cobertor (m)	**peitto, täkki**	[pejte], [tækki]
lençol (m)	**lakana**	[lɑkɑnɑ]
colcha (f)	**peite**	[pejte]

97. Cozinha

cozinha (f)	**keittiö**	[kejttiø]
gás (m)	**kaasu**	[kɑ:su]
fogão (m) a gás	**kaasuliesi**	[kɑ:su·liesi]
fogão (m) elétrico	**sähköhella**	[sæhkø·hellɑ]
forno (m)	**paistinuuni**	[pɑjstin·u:ni]
forno (m) de micro-ondas	**mikroaaltouuni**	[mikro·ɑ:ltou·u:ni]
geladeira (f)	**jääkaappi**	[jæ:kɑ:ppi]
congelador (m)	**pakastin**	[pɑkɑstin]
máquina (f) de lavar louça	**astianpesukone**	[ɑstiɑn·pesu·kone]
moedor (m) de carne	**lihamylly**	[liɦɑ·mylly]
espremedor (m)	**mehunpuristin**	[meɦun·puristin]
torradeira (f)	**leivänpaahdin**	[lejʋæn·pɑ:hdin]
batedeira (f)	**sekoitin**	[sekojtin]
máquina (f) de café	**kahvinkeitin**	[kɑhʋiŋ·kejtin]
cafeteira (f)	**kahvipannu**	[kɑhʋi·pɑnnu]
moedor (m) de café	**kahvimylly**	[kɑhʋi·mylly]
chaleira (f)	**teepannu**	[te:pɑnnu]
bule (m)	**teekannu**	[te:kɑnnu]
tampa (f)	**kansi**	[kɑnsi]
coador (m) de chá	**teesiivilä**	[te:si:ʋilæ]
colher (f)	**lusikka**	[lusikkɑ]
colher (f) de chá	**teelusikka**	[te:lusikkɑ]
colher (f) de sopa	**ruokalusikka**	[ruokɑ·lusikkɑ]
garfo (m)	**haarukka**	[hɑ:rukkɑ]
faca (f)	**veitsi**	[ʋejtsi]
louça (f)	**astiat**	[ɑstiɑt]
prato (m)	**lautanen**	[lɑutɑnen]

pires (m)	**teevati**	[te:ʋati]
cálice (m)	**shotti, snapsilasi**	[shotti], [snapsi·lasi]
copo (m)	**juomalasi**	[juoma·lasi]
xícara (f)	**kuppi**	[kuppi]
açucareiro (m)	**sokeriastia**	[sokeri·astia]
saleiro (m)	**suola-astia**	[suola·astia]
pimenteiro (m)	**pippuriastia**	[pippuri·astia]
manteigueira (f)	**voi astia**	[ʋoj astia]
panela (f)	**kasari, kattila**	[kasari], [kattila]
frigideira (f)	**pannu**	[pannu]
concha (f)	**kauha**	[kauɦa]
coador (m)	**lävikkö**	[læʋikkø]
bandeja (f)	**tarjotin**	[tarjotin]
garrafa (f)	**pullo**	[pullo]
pote (m) de vidro	**lasitölkki**	[lasi·tølkki]
lata (~ de cerveja)	**purkki**	[purkki]
abridor (m) de garrafa	**pullonavaaja**	[pullon·aʋa:ja]
abridor (m) de latas	**purkinavaaja**	[purkin·aʋa:ja]
saca-rolhas (m)	**korkkiruuvi**	[korkki·ru:ʋi]
filtro (m)	**suodatin**	[suodatin]
filtrar (vt)	**suodattaa**	[suodatta:]
lixo (m)	**roska, jäte**	[roska], [jæte]
lixeira (f)	**roskasanko**	[roska·saŋko]

98. Casa de banho

banheiro (m)	**kylpyhuone**	[kylpy·ɦuone]
água (f)	**vesi**	[ʋesi]
torneira (f)	**hana**	[hana]
água (f) quente	**kuuma vesi**	[ku:ma ʋesi]
água (f) fria	**kylmä vesi**	[kylmæ ʋesi]
pasta (f) de dente	**hammastahna**	[hammas·tahna]
escovar os dentes	**harjata hampaita**	[harjata hampajta]
escova (f) de dente	**hammasharja**	[hammas·harja]
barbear-se (vr)	**ajaa parta**	[aja: parta]
espuma (f) de barbear	**partavaahto**	[parta·ʋa:hto]
gilete (f)	**partahöylä**	[parta·ɦøylæ]
lavar (vt)	**pestä**	[pestæ]
tomar banho	**peseytyä**	[peseytyæ]
chuveiro (m), ducha (f)	**suihku**	[sujhku]
tomar uma ducha	**käydä suihkussa**	[kæydæ suihkussa]
banheira (f)	**amme, kylpyamme**	[amme], [kylpyamme]
vaso (m) sanitário	**vessanpönttö**	[ʋessan·pønttø]
pia (f)	**pesuallas**	[pesu·allas]
sabonete (m)	**saippua**	[sajppua]

saboneteira (f)	**saippuakotelo**	[sajppua·kotelo]
esponja (f)	**pesusieni**	[pesu·sieni]
xampu (m)	**sampoo**	[sampo:]
toalha (f)	**pyyhe**	[py:he]
roupão (m) de banho	**kylpytakki**	[kylpy·takki]
lavagem (f)	**pyykkäys**	[py:kkæys]
lavadora (f) de roupas	**pesukone**	[pesu·kone]
lavar a roupa	**pestä pyykkiä**	[pestæ py:kkiæ]
detergente (m)	**pesujauhe**	[pesu·jauɦe]

99. Eletrodomésticos

televisor (m)	**televisio**	[teleʋisio]
gravador (m)	**nauhuri**	[nauɦuri]
videogravador (m)	**videonauhuri**	[ʋideo·nauɦuri]
rádio (m)	**vastaanotin**	[ʋasta:notin]
leitor (m)	**soitin**	[sojtin]
projetor (m)	**projektori**	[projektori]
cinema (m) em casa	**kotiteatteri**	[koti·teatteri]
DVD Player (m)	**DVD-soitin**	[deʋede·sojtin]
amplificador (m)	**vahvistin**	[ʋahʋistin]
console (f) de jogos	**pelikonsoli**	[peli·konsoli]
câmera (f) de vídeo	**videokamera**	[ʋideo·kamera]
máquina (f) fotográfica	**kamera**	[kamera]
câmera (f) digital	**digitaalikamera**	[digita:li·kamera]
aspirador (m)	**pölynimuri**	[pølyn·imuri]
ferro (m) de passar	**silitysrauta**	[silitys·rauta]
tábua (f) de passar	**silityslauta**	[silitys·lauta]
telefone (m)	**puhelin**	[puɦelin]
celular (m)	**matkapuhelin**	[matka·puɦelin]
máquina (f) de escrever	**kirjoituskone**	[kirjoitus·kone]
máquina (f) de costura	**ompelukone**	[ompelu·kone]
microfone (m)	**mikrofoni**	[mikrofoni]
fone (m) de ouvido	**kuulokkeet**	[ku:lokke:t]
controle remoto (m)	**kaukosäädin**	[kauko·sæ:din]
CD (m)	**CD-levy**	[sede·leʋy]
fita (f) cassete	**kasetti**	[kasetti]
disco (m) de vinil	**levy, vinyylilevy**	[leʋy], [ʋiny:li·leʋy]

100. Reparações. Renovação

renovação (f)	**remontointi**	[remontojnti]
renovar (vt), fazer obras	**remontoida**	[remontojda]
reparar (vt)	**korjata**	[korjata]
consertar (vt)	**panna järjestykseen**	[panna jærjestykse:n]

refazer (vt)	**tehdä uudelleen**	[tehdæ u:delle:n]
tinta (f)	**maali**	[ma:li]
pintar (vt)	**maalata**	[ma:lata]
pintor (m)	**maalari**	[ma:lari]
pincel (m)	**pensseli**	[pensseli]
cal (f)	**kalkkimaali**	[kalkki·ma:li]
caiar (vt)	**maalata kalkkimaalilla**	[ma:lata kalkkima:lilla]
papel (m) de parede	**tapetit**	[tapetit]
colocar papel de parede	**tapetoida**	[tapetojda]
verniz (m)	**lakka**	[lakka]
envernizar (vt)	**lakata**	[lakata]

101. Canalizações

água (f)	**vesi**	[ʋesi]
água (f) quente	**kuuma vesi**	[ku:ma ʋesi]
água (f) fria	**kylmä vesi**	[kylmæ ʋesi]
torneira (f)	**hana**	[hana]
gota (f)	**pisara**	[pisara]
gotejar (vi)	**tippua**	[tippua]
vazar (vt)	**vuotaa**	[ʋuota:]
vazamento (m)	**vuoto**	[ʋuoto]
poça (f)	**lätäkkö**	[lætækkø]
tubo (m)	**putki**	[putki]
válvula (f)	**venttiili**	[ʋentti:li]
entupir-se (vr)	**tukkeutua**	[tukkeutua]
ferramentas (f pl)	**työkalut**	[tyø·kalut]
chave (f) inglesa	**jakoavain**	[jako·aʋajn]
desenroscar (vt)	**kiertää irti**	[kiertæ: irti]
enroscar (vt)	**kiertää**	[kærtæ:]
desentupir (vt)	**avata**	[aʋata]
encanador (m)	**putkimies**	[putkimies]
porão (m)	**kellari**	[kellari]
rede (f) de esgotos	**viemäri**	[ʋiemæri]

102. Fogo. Deflagração

incêndio (m)	**tulipalo**	tuli·palo]
chama (f)	**liekki**	[liekki]
faísca (f)	**kipinä**	[kipinæ]
fumaça (f)	**savu**	[saʋu]
tocha (f)	**soihtu**	[sojhtu]
fogueira (f)	**nuotio**	[nuotio]
gasolina (f)	**bensiini**	[bensi:ni]
querosene (m)	**palaöljy**	[palo·øljy]

inflamável (adj)	**poltto-**	[poltto]
explosivo (adj)	**räjähdysvaarallinen**	[ræjæhdys·ʊɑ:rɑllinen]
PROIBIDO FUMAR!	**TUPAKOINTI KIELLETTY**	[tupɑkojnti kielletty]
segurança (f)	**turvallisuus**	[turʊɑllisu:s]
perigo (m)	**vaara**	[ʊɑ:rɑ]
perigoso (adj)	**vaarallinen**	[ʊɑ:rɑllinen]
incendiar-se (vr)	**syttyä**	[syttyæ]
explosão (f)	**räjähdys**	[ræjæhdys]
incendiar (vt)	**sytyttää**	[sytyttæ:]
incendiário (m)	**tuhopolttaja**	[tuɦo·polttɑjɑ]
incêndio (m) criminoso	**tuhopoltto**	[tuɦo·poltto]
flamejar (vi)	**liekehtiä**	[liekehtiæ]
queimar (vi)	**palaa**	[pɑlɑ:]
queimar tudo (vi)	**palaa**	[pɑlɑ:]
bombeiro (m)	**palomies**	[pɑlomies]
caminhão (m) de bombeiros	**paloauto**	[pɑlo·ɑuto]
corpo (m) de bombeiros	**palokunta**	[pɑlo·kuntɑ]
escada (f) extensível	**paloauton tikkaat**	[pɑlo·ɑuton tikkɑ:t]
mangueira (f)	**paloletku**	[pɑlo·letku]
extintor (m)	**tulensammutin**	[tulen·sɑmmutin]
capacete (m)	**kypärä**	[kypæræ]
sirene (f)	**sireeni**	[sire:ni]
gritar (vi)	**huutaa**	[hu:tɑ:]
chamar por socorro	**kutsua avuksi**	[kutsuɑ ɑʊuksi]
socorrista (m)	**pelastaja**	[pelɑstɑjɑ]
salvar, resgatar (vt)	**pelastaa**	[pelɑstɑ:]
chegar (vi)	**saapua**	[sɑ:puɑ]
apagar (vt)	**sammuttaa**	[sɑmmuttɑ:]
água (f)	**vesi**	[ʊesi]
areia (f)	**hiekka**	[hiekkɑ]
ruínas (f pl)	**rauniot**	[rɑuniot]
ruir (vi)	**romahtaa**	[romɑhtɑ:]
desmoronar (vi)	**luhistua**	[luɦistuɑ]
desabar (vi)	**luhistua**	[luɦistuɑ]
fragmento (m)	**pirstale**	[pirstɑle]
cinza (f)	**tuhka**	[tuhkɑ]
sufocar (vi)	**tukehtua**	[tukehtuɑ]
perecer (vi)	**saada surmansa**	[sɑ:dɑ surmɑnsɑ]

ATIVIDADES HUMANAS

Emprego. Negócios. Parte 1

103. Escritório. O trabalho no escritório

escritório (~ de advogados)	**toimisto**	[tojmisto]
escritório (do diretor, etc.)	**työhuone**	[tyø·huone]
recepção (f)	**vastaanotto**	[uasta:notto]
secretário (m)	**sihteeri**	[sihte:ri]
diretor (m)	**johtaja**	[johtaja]
gerente (m)	**manageri**	[manageri]
contador (m)	**kirjanpitäjä**	[kirjan·pitæjæ]
empregado (m)	**työntekijä**	[tyøn·tekijæ]
mobiliário (m)	**huonekalut**	[huone·kalut]
mesa (f)	**pöytä**	[pøytæ]
cadeira (f)	**nojatuoli**	[noja·tuoli]
gaveteiro (m)	**laatikosto**	[la:tikosto]
cabideiro (m) de pé	**naulakko**	[naulakko]
computador (m)	**tietokone**	[tieto·kone]
impressora (f)	**tulostin**	[tulostin]
fax (m)	**faksi**	[faksi]
fotocopiadora (f)	**kopiokone**	[kopio·kone]
papel (m)	**paperi**	[paperi]
artigos (m pl) de escritório	**toimistotarvikkeet**	[tojmisto·taruikke:t]
tapete (m) para mouse	**hiirimatto**	[hi:ri·matto]
folha (f)	**arkki**	[arkki]
pasta (f)	**kansio**	[kansio]
catálogo (m)	**luettelo**	[luettelo]
lista (f) telefônica	**puhelinluettelo**	[puɦelin·luettelo]
documentação (f)	**asiakirjat**	[asia·kirjat]
brochura (f)	**brosyyri**	[brosy:ri]
panfleto (m)	**lehtinen**	[lehtinen]
amostra (f)	**malli, näyte**	[malli], [næyte]
formação (f)	**harjoittelu**	[harjoittelu]
reunião (f)	**kokous**	[kokous]
hora (f) de almoço	**ruokatunti**	[ruoka·tunti]
fazer uma cópia	**ottaa kopio**	[otta: kopio]
tirar cópias	**monistaa, kopioida**	[monista:], [kopiojda]
receber um fax	**saada faksi**	[sa:da faksi]
enviar um fax	**lähettää faksilla**	[læɦettæ: faksilla]
fazer uma chamada	**soittaa**	[sojtta:]

responder (vt)	**vastata**	[ʋastata]
passar (vt)	**yhdistää puhelu**	[yhdistæ: puhelu]
marcar (vt)	**järjestää**	[jærjestæ:]
demonstrar (vt)	**esittää**	[esittæ:]
estar ausente	**olla poissa**	[olla pojssa]
ausência (f)	**poissaolo**	[pojssaolo]

104. Processos negociais. Parte 1

negócio (m)	**liiketoiminta**	[li:ketojminta]
ocupação (f)	**työ**	[tyø]
firma, empresa (f)	**yritys, firma**	[yritys], [firma]
companhia (f)	**yhtiö**	[yhtiø]
corporação (f)	**korporaatio**	[korpora:tio]
empresa (f)	**yritys**	[yritys]
agência (f)	**toimisto**	[tojmisto]
acordo (documento)	**sopimus**	[sopimus]
contrato (m)	**sopimus**	[sopimus]
acordo (transação)	**kauppa**	[kauppa]
pedido (m)	**tilaus**	[tilaus]
termos (m pl)	**ehto**	[ehto]
por atacado	**tukussa**	[tukussa]
por atacado (adj)	**tukku-**	[tukku]
venda (f) por atacado	**tukkumyynti**	[tukku·my:nti]
a varejo	**vähittäis-**	[ʋæɦittæjs]
venda (f) a varejo	**vähittäismyynti**	[ʋæɦittæjs·my:nti]
concorrente (m)	**kilpailija**	[kilpajlija]
concorrência (f)	**kilpailu**	[kilpajlu]
competir (vi)	**kilpailla**	[kilpajlla]
sócio (m)	**partneri**	[partneri]
parceria (f)	**kumppanuus**	[kumppanu:s]
crise (f)	**kriisi**	[kri:si]
falência (f)	**vararikko**	[ʋara·rikko]
entrar em falência	**tehdä vararikko**	[tehdæ ʋararikko]
dificuldade (f)	**vaikeus**	[ʋajkeus]
problema (m)	**ongelma**	[oŋelma]
catástrofe (f)	**katastrofi**	[katastrofi]
economia (f)	**taloustiede**	[talous·tiede]
econômico (adj)	**taloudellinen**	[taloudellinen]
recessão (f) econômica	**taantuma**	[ta:ntuma]
objetivo (m)	**päämäärä**	[pæ:mæ:ræ]
tarefa (f)	**tehtävä**	[tehtæʋæ]
comerciar (vi, vt)	**käydä kauppaa**	[kæydæ kauppa:]
rede (de distribuição)	**verkko**	[ʋerkko]
estoque (m)	**varasto**	[ʋarasto]

sortimento (m) **valikoima** [ʋali·kojma]
líder (m) **johtaja** [johtaja]
grande (~ empresa) **suuri** [su:ri]
monopólio (m) **monopoli** [monopoli]

teoria (f) **teoria** [teoria]
prática (f) **harjoittelu** [harjoittelu]
experiência (f) **kokemus** [kokemus]
tendência (f) **tendenssi** [tendenssi]
desenvolvimento (m) **kehitys** [kehitys]

105. Processos negociais. Parte 2

rentabilidade (f) **etu** [etu]
rentável (adj) **kannattava** [kannattaʋa]

delegação (f) **valtuuskunta** [ʋaltu:s·kunta]
salário, ordenado (m) **palkka** [palkka]
corrigir (~ um erro) **korjata** [korjata]
viagem (f) de negócios **työmatka** [tyø·matka]
comissão (f) **provisio** [proʋisio]

controlar (vt) **tarkastaa** [tarkasta:]
conferência (f) **konferenssi** [konferenssi]
licença (f) **lisenssi** [lisenssi]
confiável (adj) **luotettava** [luotettaʋa]

empreendimento (m) **aloite** [alojte]
norma (f) **normi** [normi]
circunstância (f) **seikka** [sejkka]
dever (do empregado) **velvollisuus** [ʋelʋollisu:s]

empresa (f) **järjestö** [jærjestø]
organização (f) **järjestely** [jærjestely]
organizado (adj) **järjestynyt** [jærjestynyt]
anulação (f) **peruutus** [peru:tus]
anular, cancelar (vt) **peruuttaa** [peru:tta:]
relatório (m) **raportti** [raportti]

patente (f) **patentti** [patentti]
patentear (vt) **patentoida** [patentojda]
planejar (vt) **suunnitella** [su:nnitella]

bônus (m) **bonus** [bonus]
profissional (adj) **ammatti-** [amatti]
procedimento (m) **menettely** [menettely]

examinar (~ a questão) **tarkastella** [tarkastella]
cálculo (m) **laskelma** [laskelma]
reputação (f) **maine** [majne]
risco (m) **riski** [riski]

dirigir (~ uma empresa) **johtaa** [johta:]
informação (f) **tiedot** [tiedot]

propriedade (f)	**omaisuus**	[omajsu:s]
união (f)	**liitto**	[li:tto]
seguro (m) de vida	**hengen vakuutus**	[heŋen ʋaku:tus]
fazer um seguro	**vakuuttaa**	[ʋaku:tta:]
seguro (m)	**vakuutus**	[ʋaku:tus]
leilão (m)	**huutokauppa**	[hu:to·kauppa]
notificar (vt)	**tiedottaa**	[tiedotta:]
gestão (f)	**johtaminen**	[johtaminen]
serviço (indústria de ~s)	**palvelus**	[palʋelus]
fórum (m)	**foorumi**	[fo:rumi]
funcionar (vi)	**toimia**	[tojmia]
estágio (m)	**vaihe**	[ʋajhe]
jurídico, legal (adj)	**oikeustieteellinen**	[ojkeus·tiete:llinen]
advogado (m)	**lakimies**	[lakimies]

106. Produção. Trabalhos

usina (f)	**tehdas**	[tehdas]
fábrica (f)	**tehdas**	[tehdas]
oficina (f)	**työpaja**	[tyøpaja]
local (m) de produção	**tehdas**	[tehdas]
indústria (f)	**teollisuus**	[teollisu:s]
industrial (adj)	**teollinen**	[teollinen]
indústria (f) pesada	**raskas teollisuus**	[raskas teollisu:s]
indústria (f) ligeira	**kevyt teollisuus**	[keʋyt teollisu:s]
produção (f)	**tuotanto**	[tuotanto]
produzir (vt)	**tuottaa**	[tuotta:]
matérias-primas (f pl)	**raaka-aine**	[ra:ka·ajne]
chefe (m) de obras	**työnjohtaja**	[tyøn·johtaja]
equipe (f)	**työprikaati**	[tyø·prika:ti]
operário (m)	**työläinen**	[tyølæjnen]
dia (m) de trabalho	**työpäivä**	[tyø·pæjʋæ]
intervalo (m)	**seisaus**	[seisaus]
reunião (f)	**kokous**	[kokous]
discutir (vt)	**käsitellä**	[kæsitellæ]
plano (m)	**suunnitelma**	[su:nnitelma]
cumprir o plano	**täyttää suunnitelma**	[tæjttæ: su:nnitelma]
taxa (f) de produção	**ulostulonopeus**	ulostulo·nopeus
qualidade (f)	**laatu, kvaliteetti**	[la:tu], [kʋalite:tti]
controle (m)	**tarkastus**	[tarkastus]
controle (m) da qualidade	**laadunvalvonta**	[la:dun·ʋalʋonta]
segurança (f) no trabalho	**työturvallisuus**	[tyø·turʋallisu:s]
disciplina (f)	**kuri**	[kuri]
infração (f)	**rikkomus**	[rikkomus]
violar (as regras)	**rikkoa**	[rikkoa]

greve (f)	**lakko**	[lakko]
grevista (m)	**lakkolainen**	[lakkolajnen]
estar em greve	**lakkoilla**	[lakkojlla]
sindicato (m)	**ammattiliitto**	[ammatti·li:tto]
inventar (vt)	**keksiä**	[keksiæ]
invenção (f)	**keksintö**	[keksintø]
pesquisa (f)	**tutkimus**	[tutkimus]
melhorar (vt)	**parantaa**	[paranta:]
tecnologia (f)	**teknologia**	[teknologia]
desenho (m) técnico	**piirustus**	[pi:rustus]
carga (f)	**lasti**	[lasti]
carregador (m)	**lastaaja**	[lasta:ja]
carregar (o caminhão, etc.)	**kuormata**	[kuormata]
carregamento (m)	**kuormaamista**	[kuorma:mista]
descarregar (vt)	**purkaa lasti**	[purka: lasti]
descarga (f)	**purkamista**	[purkamista]
transporte (m)	**kulkuneuvot**	[kulku·neuʋot]
companhia (f) de transporte	**kuljetusyhtiö**	[kuljetus·yhtiø]
transportar (vt)	**kuljettaa**	[kuljetta:]
vagão (m) de carga	**tavaravaunu**	[taʋara·ʋaunu]
tanque (m)	**säiliö**	[sæjliø]
caminhão (m)	**kuorma-auto**	[kuorma·auto]
máquina (f) operatriz	**työstökone**	[tyøstø·kone]
mecanismo (m)	**koneisto**	[konejsto]
resíduos (m pl) industriais	**teollisuusjäte**	[teollisu:s·jæte]
embalagem (f)	**pakkaaminen**	[pakka:minen]
embalar (vt)	**pakata**	[pakata]

107. Contrato. Acordo

contrato (m)	**sopimus**	[sopimus]
acordo (m)	**sopimus**	[sopimus]
adendo, anexo (m)	**liite**	[li:te]
assinar o contrato	**tehdä sopimus**	[tehdæ sopimus]
assinatura (f)	**allekirjoitus**	[alle·kirjoitus]
assinar (vt)	**allekirjoittaa**	[allekirjoitta:]
carimbo (m)	**leima**	[lejma]
objeto (m) do contrato	**sopimuksen kohde**	[sopimuksen kohde]
cláusula (f)	**klausuuli**	[klausu:li]
partes (f pl)	**asianosaiset**	[asian·osajset]
domicílio (m) legal	**juridinen osoite**	[juridinen osojte]
violar o contrato	**rikkoa sopimus**	[rikkoa sopimus]
obrigação (f)	**sitoumus**	[sitoumus]
responsabilidade (f)	**vastuu**	[ʋastu:]
força (f) maior	**ylivoimainen este**	[yliʋojmajnen este]

litígio (m), disputa (f)	**kiista, väittely**	[ki:sta], [ʋæjttely]
multas (f pl)	**sakkosanktiot**	[sakko·saŋktiot]

108. Importação & Exportação

importação (f)	**tuonti**	[tuonti]
importador (m)	**maahantuoja**	[ma:han·tuoja]
importar (vt)	**tuoda maahan**	[tuoda ma:han]
de importação	**tuonti-**	[tuonti]
exportação (f)	**vienti**	[ʋienti]
exportador (m)	**maastaviejä**	[ma:staʋiejæ]
exportar (vt)	**viedä maasta**	[ʋiedæ ma:sta]
de exportação	**vienti-**	[ʋienti]
mercadoria (f)	**tavara**	[taʋara]
lote (de mercadorias)	**erä**	[eræ]
peso (m)	**paino**	[pajno]
volume (m)	**tilavuus**	[tilaʋu:s]
metro (m) cúbico	**kuutiometri**	[ku:tio·metri]
produtor (m)	**tuottaja**	[tuottaja]
companhia (f) de transporte	**liikenneyhtiö**	[li:kenne·yhtiø]
contêiner (m)	**kontti**	[kontti]
fronteira (f)	**raja**	[raja]
alfândega (f)	**tulli**	[tulli]
taxa (f) alfandegária	**tullimaksu**	[tulli·maksu]
funcionário (m) da alfândega	**tullimies**	[tullimies]
contrabando (atividade)	**salakuljetus**	[sala·kuljetus]
contrabando (produtos)	**salakuljetustavara**	[sala·kuljetus·taʋara]

109. Finanças

ação (f)	**osake**	[osake]
obrigação (f)	**obligaatio**	[obliga:tio]
nota (f) promissória	**vekseli**	[ʋekseli]
bolsa (f) de valores	**pörssi**	[pørssi]
cotação (m) das ações	**osakekurssi**	[osake·kurssi]
tornar-se mais barato	**halventua**	[halʋentua]
tornar-se mais caro	**kallistua**	[kallistua]
parte (f)	**osuus**	[osu:s]
participação (f) majoritária	**osake-enemmistö**	[osake·enemmistø]
investimento (m)	**investointi**	[inʋestojnti]
investir (vt)	**investoida**	[inʋestojda]
porcentagem (f)	**prosentti**	[prosentti]
juros (m pl)	**korko**	[korko]

lucro (m)	**voitto**	[ʋojtto]
lucrativo (adj)	**kannattava**	[kannattaʋa]
imposto (m)	**vero**	[ʋero]
divisa (f)	**valuutta**	[ʋalu:tta]
nacional (adj)	**kansallinen**	[kansallinen]
câmbio (m)	**vaihto**	[ʋajhto]
contador (m)	**kirjanpitäjä**	[kirjan·pitæjæ]
contabilidade (f)	**kirjanpito**	[kirjan·pito]
falência (f)	**vararikko**	[ʋara·rikko]
falência, quebra (f)	**romahdus**	[romahdus]
ruína (f)	**perikato**	[perikato]
estar quebrado	**joutua perikatoon**	[joutua perikato:n]
inflação (f)	**inflaatio**	[infla:tio]
desvalorização (f)	**devalvaatio**	[deʋalʋa:tio]
capital (m)	**pääoma**	[pæ:oma]
rendimento (m)	**ansio, tulo**	[ansio], [tulo]
volume (m) de negócios	**kierto**	[kierto]
recursos (m pl)	**varat**	[ʋarat]
recursos (m pl) financeiros	**rahavarat**	[raɦa·ʋarat]
despesas (f pl) gerais	**yleiskulut**	[ylejskulut]
reduzir (vt)	**supistaa**	[supista:]

110. Marketing

marketing (m)	**markkinointi**	[markkinojnti]
mercado (m)	**markkinat**	[markkinat]
segmento (m) do mercado	**markkinoiden segmentti**	[markkinojden segmentti]
produto (m)	**tuote**	[tuote]
mercadoria (f)	**tavara**	[taʋara]
marca (f)	**brändi**	[brændi]
marca (f) registrada	**tavaramerkki**	[taʋara·merkki]
logotipo (m)	**logo, liikemerkki**	[logo], [li:ke·merkki]
logo (m)	**logotyyppi**	[logoty:ppi]
demanda (f)	**kysyntä**	[kysyntæ]
oferta (f)	**tarjous**	[tarjous]
necessidade (f)	**tarve**	[tarʋe]
consumidor (m)	**kuluttaja**	[kuluttaja]
análise (f)	**analyysi**	[analy:si]
analisar (vt)	**analysoida**	[analysojda]
posicionamento (m)	**asemointi**	[asemojnti]
posicionar (vt)	**asemoida**	[asemojda]
preço (m)	**hinta**	[hinta]
política (f) de preços	**hintapolitiikka**	[hinta·politi:kka]
formação (f) de preços	**hinnanmuodostus**	[hinnan·muodostus]

111. Publicidade

publicidade (f)	**mainos**	[majnos]
fazer publicidade	**mainostaa**	[majnosta:]
orçamento (m)	**budjetti**	[budjetti]
anúncio (m)	**mainos**	[majnos]
publicidade (f) na TV	**televisiomainos**	[teleʋisio·majnos]
publicidade (f) na rádio	**radiomainos**	[radio·majnos]
publicidade (f) exterior	**ulkomainos**	[ulko·majnos]
comunicação (f) de massa	**joukkotiedotusvälineet**	[joukko·tiedotus·ʋæline:t]
periódico (m)	**aikakausjulkaisu**	[ajkakaus·julkajsu]
imagem (f)	**imago**	[imago]
slogan (m)	**iskulause**	[isku·lause]
mote (m), lema (f)	**tunnuslause**	[tunnus·lause]
campanha (f)	**kampanja**	[kampanja]
campanha (f) publicitária	**mainoskampanja**	[majnos·kampanja]
grupo (m) alvo	**kohderyhmä**	[kohde·ryhmæ]
cartão (m) de visita	**nimikortti**	[nimi·kortti]
panfleto (m)	**lehtinen**	[lehtinen]
brochura (f)	**brosyyri**	[brosy:ri]
folheto (m)	**kirjanen**	[kirjanen]
boletim (~ informativo)	**uutiskirje**	[u:tis·kirje]
letreiro (m)	**kauppakyltti**	[kauppa·kyltti]
cartaz, pôster (m)	**juliste, plakaatti**	[juliste], [plaka:tti]
painel (m) publicitário	**mainoskilpi**	[majnos·kilpi]

112. Banca

banco (m)	**pankki**	[paŋkki]
balcão (f)	**osasto**	[osasto]
consultor (m) bancário	**neuvoja**	[neuʋoja]
gerente (m)	**johtaja**	[johtaja]
conta (f)	**tili**	[tili]
número (m) da conta	**tilinumero**	[tili·numero]
conta (f) corrente	**käyttötili**	[kæyttø·tili]
conta (f) poupança	**säästötili**	[sæ:stø·tili]
abrir uma conta	**avata tili**	[aʋata tili]
fechar uma conta	**kuolettaa tili**	[kuoletta: tili]
depositar na conta	**tallettaa rahaa tilille**	[talletta: raɦa: tilille]
sacar (vt)	**nostaa rahaa tililtä**	[nosta: raɦa: tililta]
depósito (m)	**talletus**	[talletus]
fazer um depósito	**tallettaa**	[talletta:]
transferência (f) bancária	**rahansiirto**	[raɦan·si:rto]

transferir (vt)	**siirtää**	[si:rtæ:]
soma (f)	**summa**	[summa]
Quanto?	**paljonko**	[paljoŋko]
assinatura (f)	**allekirjoitus**	[alle·kirjoitus]
assinar (vt)	**allekirjoittaa**	[allekirjoitta:]
cartão (m) de crédito	**luottokortti**	[luotto·kortti]
senha (f)	**koodi**	[ko:di]
número (m) do cartão de crédito	**luottokortin numero**	[luotto·kortin numero]
caixa (m) eletrônico	**pankkiautomaatti**	[paŋkki·automa:tti]
cheque (m)	**sekki**	[sekki]
passar um cheque	**kirjoittaa sekki**	[kirjoitta: sekki]
talão (m) de cheques	**sekkivihko**	[sekki·ʋihko]
empréstimo (m)	**laina**	[lajna]
pedir um empréstimo	**hakea lainaa**	[hakea lajna:]
obter empréstimo	**saada lainaa**	[sa:da lajna:]
dar um empréstimo	**antaa lainaa**	[anta: lajna:]
garantia (f)	**takuu**	[taku:]

113. Telefone. Conversação telefônica

telefone (m)	**puhelin**	[puɦelin]
celular (m)	**matkapuhelin**	[matka·puɦelin]
secretária (f) eletrônica	**puhelinvastaaja**	[puɦelin·ʋasta:ja]
fazer uma chamada	**soittaa**	[sojtta:]
chamada (f)	**soitto, puhelu**	[sojtto], [puɦelu]
discar um número	**valita numero**	[ʋalita numero]
Alô!	**Hei!**	[hej]
perguntar (vt)	**kysyä**	[kysyæ]
responder (vt)	**vastata**	[ʋastata]
ouvir (vt)	**kuulla**	[ku:lla]
bem	**hyvin**	[hyʋin]
mal	**huonosti**	[huonosti]
ruído (m)	**häiriöt**	[hæjriøt]
fone (m)	**kuuloke**	[ku:loke]
pegar o telefone	**nostaa luuri**	[nosta: lu:ri]
desligar (vi)	**lopettaa puhelu**	[lopetta: puɦelu]
ocupado (adj)	**varattu**	[ʋarattu]
tocar (vi)	**soittaa**	[sojtta:]
lista (f) telefônica	**puhelinluettelo**	[puɦelin·luettelo]
local (adj)	**paikallis-**	[pajkallis]
chamada (f) local	**paikallispuhelu**	[pajkallis·puɦelu]
de longa distância	**kauko-**	[kauko]
chamada (f) de longa distância	**kaukopuhelu**	[kauko·puɦelu]

internacional (adj)	**ulkomaa**	[ulkomɑ:]
chamada (f) internacional	**ulkomaanpuhelu**	[ulkomɑ:n·puɦelu]

114. Telefone móvel

celular (m)	**matkapuhelin**	[mɑtkɑ·puɦelin]
tela (f)	**näyttö**	[næyttø]
botão (m)	**näppäin**	[næppæjn]
cartão SIM (m)	**SIM-kortti**	[sim·kortti]
bateria (f)	**paristo**	[pɑristo]
descarregar-se (vr)	**olla tyhjä**	[ollɑ tyhjæ]
carregador (m)	**laturi**	[lɑturi]
menu (m)	**valikko**	[ʋɑlikko]
configurações (f pl)	**asetukset**	[ɑsetukset]
melodia (f)	**melodia**	[melodiɑ]
escolher (vt)	**valita**	[ʋɑlitɑ]
calculadora (f)	**laskin**	[lɑskin]
correio (m) de voz	**puhelinvastaaja**	[puɦelin·ʋɑstɑ:jɑ]
despertador (m)	**herätyskello**	[herætys·kello]
contatos (m pl)	**puhelinluettelo**	[puɦelin·luettelo]
mensagem (f) de texto	**tekstiviesti**	[teksti·ʋiesti]
assinante (m)	**tilaaja**	[tilɑ:jɑ]

115. Estacionário

caneta (f)	**täytekynä**	[tæyte·kynæ]
caneta (f) tinteiro	**sulkakynä**	[sulkɑ·kynæ]
lápis (m)	**lyijykynä**	[lyjy·kynæ]
marcador (m) de texto	**korostuskynä**	[korostus·kynæ]
caneta (f) hidrográfica	**huopakynä**	[huopɑ·kynæ]
bloco (m) de notas	**lehtiö**	[lehtiø]
agenda (f)	**päiväkirja**	[pæjʋæ·kirjɑ]
régua (f)	**viivoitin**	[ʋi:ʋojtin]
calculadora (f)	**laskin**	[lɑskin]
borracha (f)	**kumi**	[kumi]
alfinete (m)	**nasta**	[nɑstɑ]
clipe (m)	**paperiliitin**	[pɑperi·li:tin]
cola (f)	**liima**	[li:mɑ]
grampeador (m)	**nitoja**	[nitojɑ]
furador (m) de papel	**rei'itin**	[rej·itin]
apontador (m)	**teroitin**	[terojtin]

116. Vários tipos de documentos

relatório (m)	**selostus, raportti**	[selostus], [raportti]
acordo (m)	**sopimus**	[sopimus]
ficha (f) de inscrição	**tilaus**	[tilaus]
autêntico (adj)	**alkuperäinen**	[alkuperæjnen]
crachá (m)	**nimikortti**	[nimi·kortti]
cartão (m) de visita	**nimikortti**	[nimi·kortti]
certificado (m)	**sertifikaatti**	[sertifika:tti]
cheque (m)	**sekki**	[sekki]
conta (f)	**lasku**	[lasku]
constituição (f)	**perustuslaki**	[perustus·laki]
contrato (m)	**sopimus**	[sopimus]
cópia (f)	**kopio**	[kopio]
exemplar (~ assinado)	**kopio, kappale**	[kopio], [kappale]
declaração (f) alfandegária	**tullausilmoitus**	[tullaus·ilmojtus]
documento (m)	**asiakirja**	[asia·kirja]
carteira (f) de motorista	**ajokortti**	[ajo·kortti]
adendo, anexo (m)	**liite**	[li:te]
questionário (m)	**lomake**	[lomake]
carteira (f) de identidade	**virkamerkki**	[ʋirka·merkki]
inquérito (m)	**kysely**	[kysely]
convite (m)	**kutsulippu**	[kutsu·lippu]
fatura (f)	**lasku**	[lasku]
lei (f)	**laki**	[laki]
carta (correio)	**kirje**	[kirje]
papel (m) timbrado	**kirjelomake**	[kirje·lomake]
lista (f)	**lista**	[lista]
manuscrito (m)	**käsikirjoitus**	[kæsi·kirjoitus]
boletim (~ informativo)	**uutiskirje**	[u:tis·kirje]
bilhete (mensagem breve)	**kirjelappu**	[kirje·lappu]
passe (m)	**kulkulupa**	[kulku·lupa]
passaporte (m)	**passi**	[passi]
permissão (f)	**lupa**	[lupa]
currículo (m)	**ansioluettelo**	[ansio·luettelo]
nota (f) promissória	**velkakirja**	[ʋelka·kirja]
recibo (m)	**kuitti**	[kuitti]
talão (f)	**kuitti**	[kuitti]
relatório (m)	**raportti**	[raportti]
mostrar (vt)	**esittää**	[esittæ:]
assinar (vt)	**allekirjoittaa**	[allekirjoitta:]
assinatura (f)	**allekirjoitus**	[alle·kirjoitus]
carimbo (m)	**leima**	[lejma]
texto (m)	**teksti**	[teksti]
ingresso (m)	**lippu**	[lippu]
riscar (vt)	**yliviivata**	[yliʋi:ʋata]
preencher (vt)	**täyttää**	[tæyttæ:]

carta (f) de porte	**rahtikirja**	[rahti·kirja]
testamento (m)	**testamentti**	[testamentti]

117. Tipos de negócios

serviços (m pl) de contabilidade	**kirjanpitopalvelut**	[kirjan·pito·paluelut]
publicidade (f)	**mainos**	[majnos]
agência (f) de publicidade	**mainostoimisto**	[majnos·tojmisto]
ar (m) condicionado	**ilmastointilaitteet**	[ilmastojnti·lajtte:t]
companhia (f) aérea	**lentoyhtiö**	[lento·yhtiø]
bebidas (f pl) alcoólicas	**alkoholijuomat**	[alkoɦoli·juomat]
comércio (m) de antiguidades	**antikvariaatti**	[antikuaria:tti]
galeria (f) de arte	**taidegalleria**	[taide·galleria]
serviços (m pl) de auditoria	**tilintarkastuspalvelut**	[tilin·tarkastus·paluelut]
negócios (m pl) bancários	**pankkitoiminta**	[paŋkki·tojminta]
bar (m)	**baari**	[ba:ri]
salão (m) de beleza	**kauneushoitola**	[kauneus·hojtola]
livraria (f)	**kirjakauppa**	[kirja·kauppa]
cervejaria (f)	**olutpanimo**	[olut·panimo]
centro (m) de escritórios	**liiketoimisto**	[li:ke·tojmisto]
escola (f) de negócios	**liikekoulu**	[li:ke·koulu]
cassino (m)	**kasino**	[kasino]
construção (f)	**rakennusala**	[rakennus·ala]
consultoria (f)	**neuvola**	[neuuola]
clínica (f) dentária	**hammashoito**	[hammas·hojto]
design (m)	**muotoilu**	[muotojlu]
drogaria (f)	**apteekki**	[apte:kki]
lavanderia (f)	**kemiallinen pesu**	[kemiallinen pesu]
agência (f) de emprego	**henkilöstön valintatoimisto**	[heŋkiløstøn ualinta·tojmisto]
serviços (m pl) financeiros	**rahoituspalvelut**	[raɦojtus·paluelut]
alimentos (m pl)	**ruokatavarat**	[ruoka·tauarat]
funerária (f)	**hautaustoimisto**	[hautaus·tojmisto]
mobiliário (m)	**huonekalut**	[huone·kalut]
roupa (f)	**vaatteet**	[ua:tte:t]
hotel (m)	**hotelli**	[hotelli]
sorvete (m)	**jäätelö**	[jæ:telø]
indústria (f)	**teollisuus**	[teollisu:s]
seguro (~ de vida, etc.)	**vakuutus**	[uaku:tus]
internet (f)	**internet, netti**	[internet], [netti]
investimento (m)	**investointi**	[inuestojnti]
joalheiro (m)	**kultaseppä**	[kulta·seppæ]
joias (f pl)	**koruesineet**	[koruesine:t]
lavanderia (f)	**pesula**	[pesula]
assessorias (f pl) jurídicas	**oikeudelliset palvelut**	[ojkeudelliset paluelut]
indústria (f) ligeira	**kevyt teollisuus**	[keuyt teollisu:s]

revista (f)	**aikakauslehti**	[ɑjkɑkɑus·lehti]
vendas (f pl) por catálogo	**postiluettelokauppa**	[posti·luettelo·kɑuppɑ]
medicina (f)	**lääketiede**	[læ:ke·tiede]
cinema (m)	**elokuvateatteri**	[elokuʋɑ·teɑtteri]
museu (m)	**museo**	[museo]
agência (f) de notícias	**tietotoimisto**	[tieto·tojmisto]
jornal (m)	**lehti**	[lehti]
boate (casa noturna)	**yökerho**	[yø·kerho]
petróleo (m)	**öljy**	[øljy]
serviços (m pl) de remessa	**lähetintoimisto**	[læɦetin·tojmisto]
indústria (f) farmacêutica	**farmasia**	[fɑrmɑsiɑ]
tipografia (f)	**kirjapainoala**	[kirjɑ·pɑjno·ɑlɑ]
editora (f)	**kustantamo**	[kustɑntɑmo]
rádio (m)	**radio**	[rɑdio]
imobiliário (m)	**kiinteistö**	[ki:ntejstø]
restaurante (m)	**ravintola**	[rɑʋintolɑ]
empresa (f) de segurança	**vartioimisliike**	[ʋɑrtiojmis·li:ke]
esporte (m)	**urheilu**	[urhejlu]
bolsa (f) de valores	**pörssi**	[pørssi]
loja (f)	**kauppa**	[kɑuppɑ]
supermercado (m)	**supermarketti**	[super·mɑrketti]
piscina (f)	**uima-allas**	[ujmɑ·ɑllɑs]
alfaiataria (f)	**ateljee**	[ɑtelje:]
televisão (f)	**televisio**	[teleʋisio]
teatro (m)	**teatteri**	[teɑtteri]
comércio (m)	**kauppa**	[kɑuppɑ]
serviços (m pl) de transporte	**kuljetukset**	[kuljetukset]
viagens (f pl)	**matkailu**	[mɑtkɑjlu]
veterinário (m)	**eläinlääkäri**	[elæjn·læ:kɑri]
armazém (m)	**varasto**	[ʋɑrɑsto]
recolha (f) do lixo	**roskien vienti**	[roskien ʋienti]

Emprego. Negócios. Parte 2

118. Espetáculo. Feira

feira, exposição (f)	**näyttely**	[næyttely]
feira (f) comercial	**kauppanäyttely**	[kauppa·næyttely]
participação (f)	**osallistuminen**	[osallistuminen]
participar (vi)	**osallistua**	[osallistua]
participante (m)	**näytteilleasettajalle**	[næyttelle·asettajalle]
diretor (m)	**johtaja**	[johtaja]
direção (f)	**näyttelytoimikunta**	[næyttely·tojmikunta]
organizador (m)	**järjestäjä**	[jærjestæjæ]
organizar (vt)	**järjestää**	[jærjestæ:]
ficha (f) de inscrição	**ilmoittautumislomake**	[ilmojttautumis·lomake]
preencher (vt)	**täyttää**	[tæyttæ:]
detalhes (m pl)	**yksityiskohdat**	[yksityjs·kohdat]
informação (f)	**tiedot**	[tiedot]
preço (m)	**hinta**	[hinta]
incluindo	**sisältäen**	[sisæltæen]
incluir (vt)	**sisältää**	[sisæltæ:]
pagar (vt)	**maksaa**	[maksa:]
taxa (f) de inscrição	**rekisteröintimaksu**	[rekisterøjnti·maksu]
entrada (f)	**sisäänkäynti**	[sisæ:n·kæynti]
pavilhão (m), salão (f)	**näyttelysali, paviljonki**	[næyttely·sali], [paviljoŋki]
inscrever (vt)	**rekisteröidä**	[rekisterøjdæ]
crachá (m)	**nimikortti**	[nimi·kortti]
stand (m)	**osasto**	[osasto]
reservar (vt)	**varata**	[varata]
vitrine (f)	**lasikko**	[lasikko]
lâmpada (f)	**valo, valaisin**	[valo], [valajsin]
design (m)	**muotoilu**	[muotojlu]
pôr (posicionar)	**sijoittaa**	[sijoitta:]
distribuidor (m)	**jakelija**	[jakelija]
fornecedor (m)	**toimittaja**	[tojmittaja]
fornecer (vt)	**toimittaa**	[tojmitta:]
país (m)	**maa**	[ma:]
estrangeiro (adj)	**ulkomainen**	[ulkomajnen]
produto (m)	**tuote**	[tuote]
associação (f)	**yhdistys**	[yhdistys]
sala (f) de conferência	**kokoussali**	[kokous·sali]

congresso (m)	**kongressi**	[koŋressi]
concurso (m)	**kilpailu**	[kilpajlu]
visitante (m)	**kävijä**	[kæʋijæ]
visitar (vt)	**käydä**	[kæydæ]
cliente (m)	**asiakas**	[asiakas]

119. Media

jornal (m)	**lehti**	[lehti]
revista (f)	**aikakauslehti**	[ajkakaus·lehti]
imprensa (f)	**lehdistö**	[lehdistø]
rádio (m)	**radio**	[radio]
estação (f) de rádio	**radioasema**	[radio·asema]
televisão (f)	**televisio**	[teleʋisio]
apresentador (m)	**juontaja**	[juontaja]
locutor (m)	**uutistenlukija**	[u:tistenlukija]
comentarista (m)	**kommentoija**	[kommentoja]
jornalista (m)	**lehtimies**	[lehtimies]
correspondente (m)	**kirjeenvaihtaja**	[kirje:n·ʋajhtaja]
repórter (m) fotográfico	**lehtivalokuvaaja**	[lehti·ʋalokuʋa:ja]
repórter (m)	**reportteri**	[reportteri]
redator (m)	**toimittaja**	[tojmittaja]
redator-chefe (m)	**päätoimittaja**	[pæ:tojmittaja]
assinar a …	**tilata**	[tilata]
assinatura (f)	**tilaus**	[tilaus]
assinante (m)	**tilaaja**	[tila:ja]
ler (vt)	**lukea**	[lukea]
leitor (m)	**lukija**	[lukija]
tiragem (f)	**levikki**	[leʋikke]
mensal (adj)	**kuukautinen**	[ku:kautinen]
semanal (adj)	**viikoittainen**	[ʋi:kojttajnen]
número (jornal, revista)	**numero**	[numero]
recente, novo (adj)	**tuore**	[tuore]
manchete (f)	**otsikko**	[otsikko]
pequeno artigo (m)	**pieni artikkeli**	[pieni artikkeli]
coluna (~ semanal)	**palsta**	[palsta]
artigo (m)	**artikkeli**	[artikkeli]
página (f)	**sivu**	[siʋu]
reportagem (f)	**reportaasi**	[reporta:si]
evento (festa, etc.)	**tapahtuma**	[tapahtuma]
sensação (f)	**sensaatio**	[sensa:tio]
escândalo (m)	**skandaali**	[skanda:li]
escandaloso (adj)	**skandaalimainen**	[skanda:limajnen]
grande (adj)	**suuri**	[su:ri]
programa (m)	**ohjelma**	[ohjelma]
entrevista (f)	**haastattelu**	[ha:stattelu]

transmissão (f) ao vivo	**suora lähetys**	[suora læɦetys]
canal (m)	**kanava**	[kanaʋa]

120. Agricultura

agricultura (f)	**maatalous**	[ma:talous]
camponês (m)	**talonpoika**	[talon·pojka]
camponesa (f)	**talonpoikaisnainen**	[talon·pojkajs·najnen]
agricultor, fazendeiro (m)	**farmari**	[farmari]
trator (m)	**traktori**	[traktori]
colheitadeira (f)	**leikkuupuimuri**	[lejkku:pujmuri]
arado (m)	**aura**	[aura]
arar (vt)	**kyntää**	[kyntæ:]
campo (m) lavrado	**kynnös**	[kynnøs]
sulco (m)	**vako**	[ʋako]
semear (vt)	**kylvää**	[kylʋæ:]
plantadeira (f)	**kylvökone**	[kylʋø·kone]
semeadura (f)	**kylvö**	[kylʋø]
foice (m)	**viikate**	[ʋi:kate]
cortar com foice	**niittää**	[ni:ttæ:]
pá (f)	**lapio**	[lapio]
cavar (vt)	**kyntää**	[kyntæ:]
enxada (f)	**kuokka**	[kuokka]
capinar (vt)	**kitkeä**	[kitkea]
erva (f) daninha	**rikkaruoho**	[rikka·ruoɦo]
regador (m)	**kastelukannu**	[kastelu·kannu]
regar (plantas)	**kastella**	[kastella]
rega (f)	**kastelu**	[kastelu]
forquilha (f)	**hanko**	[haŋko]
ancinho (m)	**harava**	[haraʋa]
fertilizante (m)	**lannoite**	[lannojte]
fertilizar (vt)	**lannoittaa**	[lannojtta:]
estrume, esterco (m)	**lanta**	[lanta]
campo (m)	**pelto**	[pelto]
prado (m)	**niitty**	[ni:tty]
horta (f)	**kasvimaa**	[kasʋima:]
pomar (m)	**puutarha**	[pu:tarha]
pastar (vt)	**laiduntaa**	[lajdunta:]
pastor (m)	**paimen**	[pajmen]
pastagem (f)	**laidun**	[lajdun]
pecuária (f)	**karjanhoito**	[karjan·hojto]
criação (f) de ovelhas	**lampaanhoito**	[lampa:n·hojto]

plantação (f)	**viljelys**	[ʋiljelys]
canteiro (m)	**rivi**	[riʋi]
estufa (f)	**kasvihuone**	[kasʋi·huone]
seca (f)	**kuivuus**	[kujʋu:s]
seco (verão ~)	**kuiva**	[kujʋɑ]
grão (m)	**vilja**	[ʋiljɑ]
cereais (m pl)	**viljat**	[ʋiljɑt]
colher (vt)	**korjata**	[korjɑtɑ]
moleiro (m)	**mylläri**	[myllæri]
moinho (m)	**mylly**	[mylly]
moer (vt)	**jauhaa**	[jɑuɦɑ:]
farinha (f)	**jauhot**	[jɑuɦot]
palha (f)	**olki**	[olki]

121. Construção. Processo de construção

canteiro (m) de obras	**rakennustyömaa**	[rɑkennus·tyø·mɑ:]
construir (vt)	**rakentaa**	[rɑkentɑ:]
construtor (m)	**rakentaja**	[rɑkentɑjɑ]
projeto (m)	**hanke**	[hɑŋke]
arquiteto (m)	**arkkitehti**	[ɑrkkitehti]
operário (m)	**työläinen**	[tyølæjnen]
fundação (f)	**perusta, perustus**	[perustɑ], [perustus]
telhado (m)	**katto**	[kɑtto]
estaca (f)	**paalu**	[pɑ:lu]
parede (f)	**seinä**	[sejnæ]
colunas (f pl) de sustentação	**raudoitus**	[rɑudojtus]
andaime (m)	**rakennustelineet**	[rɑkennus·teline:t]
concreto (m)	**betoni**	[betoni]
granito (m)	**graniitti**	[grɑni:tti]
pedra (f)	**kivi**	[kiʋi]
tijolo (m)	**tiili**	[ti:li]
areia (f)	**hiekka**	[hiekkɑ]
cimento (m)	**sementti**	[sementti]
emboço, reboco (m)	**rappauslaasti**	[rɑppɑus·lɑ:sti]
emboçar, rebocar (vt)	**rapata**	[rɑpɑtɑ]
tinta (f)	**maali**	[mɑ:li]
pintar (vt)	**maalata**	[mɑ:lɑtɑ]
barril (m)	**tynnyri**	[tynnyri]
grua (f), guindaste (m)	**nosturi**	[nosturi]
erguer (vt)	**nostaa**	[nostɑ:]
baixar (vt)	**laskea**	[lɑskeɑ]
buldózer (m)	**raivaustraktori**	[rɑjʋɑus·trɑktori]
escavadora (f)	**kaivuri**	[kɑjʋuri]

caçamba (f)	**kauha**	[kauɦa]
escavar (vt)	**kaivaa**	[kajʋa:]
capacete (m) de proteção	**suojakypärä**	[suoja·kypæræ]

122. Ciência. Investigação. Cientistas

ciência (f)	**tiede**	[tiede]
científico (adj)	**tieteellinen**	[tiete:llinen]
cientista (m)	**tiedemies**	[tiedemies]
teoria (f)	**teoria**	[teoria]
axioma (m)	**aksiomi**	[aksiomi]
análise (f)	**analyysi**	[analy:si]
analisar (vt)	**analysoida**	[analysojda]
argumento (m)	**argumentti**	[argumentti]
substância (f)	**aine**	[ajne]
hipótese (f)	**hypoteesi**	[hypote:si]
dilema (m)	**dilemma**	[dilemma]
tese (f)	**väitöskirja**	[ʋæjtøs·kirja]
dogma (m)	**dogmi**	[dogmi]
doutrina (f)	**doktriini, oppi**	[doktri:ni], [oppi]
pesquisa (f)	**tutkimus**	[tutkimus]
pesquisar (vt)	**tutkia**	[tutkia]
testes (m pl)	**tarkastus**	[tarkastus]
laboratório (m)	**laboratorio**	[laboratorio]
método (m)	**metodi**	[metodi]
molécula (f)	**molekyyli**	[moleky:li]
monitoramento (m)	**valvonta**	[ʋalʋonta]
descoberta (f)	**löytö**	[løytø]
postulado (m)	**olettamus**	[olettamus]
princípio (m)	**periaate**	[peria:te]
prognóstico (previsão)	**ennustus**	[ennustus]
prognosticar (vt)	**ennustaa**	[ennusta:]
síntese (f)	**synteesi**	[synte:si]
tendência (f)	**tendenssi**	[tendenssi]
teorema (m)	**lause, teoreema**	[lause], [teore:ma]
ensinamentos (m pl)	**opetukset**	[opetukset]
fato (m)	**tosiasia**	[tosiasia]
expedição (f)	**löytöretki**	[løytø·retki]
experiência (f)	**koe**	[koe]
acadêmico (m)	**akateemikko**	[akate:mikko]
bacharel (m)	**kandidaatti**	[kandida:tti]
doutor (m)	**tohtori**	[tohtori]
professor (m) associado	**dosentti**	[dosentti]
mestrado (m)	**maisteri**	[majsteri]
professor (m)	**professori**	[professori]

Profissões e ocupações

123. Procura de emprego. Demissão

trabalho (m)	**työ**	[tyø]
equipe (f)	**henkilökunta**	[heŋkilø·kunta]
pessoal (m)	**henkilöstö**	[heŋkiløstø]
carreira (f)	**ura**	[ura]
perspectivas (f pl)	**mahdollisuudet**	[mahdollisu:det]
habilidades (f pl)	**mestaruus**	[mestaru:s]
seleção (f)	**valinta**	[ʋalinta]
agência (f) de emprego	**työvoimatoimisto**	[tyøʋojma·tojmisto]
currículo (m)	**ansioluettelo**	[ansio·luettelo]
entrevista (f) de emprego	**työhaastattelu**	[tyø·ha:stattelu]
vaga (f)	**vakanssi**	[ʋakanssi]
salário (m)	**palkka**	[palkka]
salário (m) fixo	**kiinteä palkka**	[ki:nteæ palkka]
pagamento (m)	**maksu**	[maksu]
cargo (m)	**virka**	[ʋirka]
dever (do empregado)	**velvollisuus**	[ʋelʋollisu:s]
gama (f) de deveres	**velvollisuudet**	[ʋelʋollisu:det]
ocupado (adj)	**varattu**	[ʋarattu]
despedir, demitir (vt)	**antaa potkut**	[anta: potkut]
demissão (f)	**irtisanominen**	[irtisanominen]
desemprego (m)	**työttömyys**	[tyøttømy:s]
desempregado (m)	**työtön**	[tyøtøn]
aposentadoria (f)	**eläke**	[elæke]
aposentar-se (vr)	**jäädä eläkkeelle**	[jæ:dæ elække:lle]

124. Gente de negócios

diretor (m)	**johtaja**	[johtaja]
gerente (m)	**johtaja**	[johtaja]
patrão, chefe (m)	**esimies**	[esimies]
superior (m)	**päällikkö**	[pæ:llikkø]
superiores (m pl)	**esimiehet**	[esimiehet]
presidente (m)	**presidentti**	[presidentti]
chairman (m)	**puheenjohtaja**	[puɦe:n·johtaja]
substituto (m)	**sijainen**	[sijainen]
assistente (m)	**apulainen**	[apulajnen]

secretário (m)	**sihteeri**	[sihte:ri]
secretário (m) pessoal	**henkilökohtainen avustaja**	[heŋkylø·kohtajnen auustaja]
homem (m) de negócios	**liikemies**	[li:kemies]
empreendedor (m)	**yrittäjä**	[yrittæjæ]
fundador (m)	**perustaja**	[perustaja]
fundar (vt)	**perustaa**	[perusta:]
principiador (m)	**perustaja**	[perustaja]
parceiro, sócio (m)	**partneri**	[partneri]
acionista (m)	**osakkeenomistaja**	[osakke:n·omistaja]
milionário (m)	**miljonääri**	[miljonæ:ri]
bilionário (m)	**miljardööri**	[miljardø:ri]
proprietário (m)	**omistaja**	[omistaja]
proprietário (m) de terras	**maanomistaja**	[ma:n·omistaja]
cliente (m)	**asiakas**	[asiakas]
cliente (m) habitual	**vakituinen asiakas**	[uakitujnen asiakas]
comprador (m)	**ostaja**	[ostaja]
visitante (m)	**kävijä**	[kæuijæ]
profissional (m)	**ammattilainen**	[ammattilajnen]
perito (m)	**asiantuntija**	[asiantuntija]
especialista (m)	**asiantuntija**	[asiantuntija]
banqueiro (m)	**pankkiiri**	[paŋkki:ri]
corretor (m)	**pörssimeklari**	[pørssi·meklari]
caixa (m, f)	**kassanhoitaja**	[kassan·hojtaja]
contador (m)	**kirjanpitäjä**	[kirjan·pitæjæ]
guarda (m)	**vartija**	[uartija]
investidor (m)	**sijoittaja**	[sijoittaja]
devedor (m)	**velallinen**	[uelallinen]
credor (m)	**luotonantaja**	[luoton·antaja]
mutuário (m)	**lainanottaja**	[lajnan·ottaja]
importador (m)	**maahantuoja**	[ma:han·tuoja]
exportador (m)	**maastaviejä**	[ma:stauiejæ]
produtor (m)	**tuottaja**	[tuottaja]
distribuidor (m)	**jakelija**	[jakelija]
intermediário (m)	**välittäjä**	[uælittæjæ]
consultor (m)	**neuvoja**	[neuuoja]
representante comercial	**edustaja**	[edustaja]
agente (m)	**asiamies**	[asiamies]
agente (m) de seguros	**vakuutusasiamies**	[uaku:tus·asiamies]

125. Profissões de serviços

cozinheiro (m)	**kokki**	[kokki]
chefe (m) de cozinha	**keittiömestari**	[kejttiø·mestari]

padeiro (m)	**leipuri**	[lejpuri]
barman (m)	**baarimestari**	[bɑ:ri·mestɑri]
garçom (m)	**tarjoilija**	[tɑrjoilijɑ]
garçonete (f)	**tarjoilijatar**	[tɑrjoilijɑtɑr]
advogado (m)	**asianajaja**	[ɑsiɑnɑjɑjɑ]
jurista (m)	**lakimies**	[lɑkimies]
notário (m)	**notaari**	[notɑ:ri]
eletricista (m)	**sähkömies**	[sæhkømies]
encanador (m)	**putkimies**	[putkimies]
carpinteiro (m)	**kirvesmies**	[kiruesmies]
massagista (m)	**hieroja**	[hierojɑ]
massagista (f)	**naishieroja**	[nɑjs·hierojɑ]
médico (m)	**lääkäri**	[læ:kæri]
taxista (m)	**taksinkuljettaja**	[tɑksiŋ·kuljettɑjɑ]
condutor (automobilista)	**kuljettaja**	[kuljettɑjɑ]
entregador (m)	**kuriiri**	[kuri:ri]
camareira (f)	**huonesiivooja**	[huone·si:ʋo:jɑ]
guarda (m)	**vartija**	[ʋɑrtijɑ]
aeromoça (f)	**lentoemäntä**	[lento·emæntæ]
professor (m)	**opettaja**	[opettɑjɑ]
bibliotecário (m)	**kirjastonhoitaja**	[kirjɑston·hojtɑjɑ]
tradutor (m)	**kääntäjä**	[kæ:ntæjæ]
intérprete (m)	**tulkki**	[tulkki]
guia (m)	**opas**	[opɑs]
cabeleireiro (m)	**parturi**	[pɑrturi]
carteiro (m)	**postinkantaja**	[postiŋ·kɑntɑjɑ]
vendedor (m)	**myyjä**	[my:jæ]
jardineiro (m)	**puutarhuri**	[pu:tɑrhuri]
criado (m)	**palvelija**	[pɑlʋelijɑ]
criada (f)	**sisäkkö**	[sisækkø]
empregada (f) de limpeza	**siivooja**	[si:ʋo:jɑ]

126. Profissões militares e postos

soldado (m) raso	**sotamies**	[sotɑmies]
sargento (m)	**kersantti**	[kersɑntti]
tenente (m)	**luutnantti**	[lu:tnɑntti]
capitão (m)	**kapteeni**	[kɑpte:ni]
major (m)	**majuri**	[mɑjuri]
coronel (m)	**eversti**	[eʋersti]
general (m)	**kenraali**	[kenrɑ:li]
marechal (m)	**marsalkka**	[mɑrsɑlkkɑ]
almirante (m)	**amiraali**	[ɑmirɑ:li]
militar (m)	**sotilashenkilö**	[sotilɑs·heŋkilø]
soldado (m)	**sotilas**	[sotilɑs]

oficial (m)	**upseeri**	[upse:ri]
comandante (m)	**komentaja**	[komentaja]
guarda (m) de fronteira	**rajavartija**	[raja·vartija]
operador (m) de rádio	**radisti**	[radisti]
explorador (m)	**tiedustelija**	[tiedustelija]
sapador-mineiro (m)	**pioneeri**	[pione:ri]
atirador (m)	**ampuja**	[ampuja]
navegador (m)	**perämies**	[peræmies]

127. Oficiais. Padres

rei (m)	**kuningas**	[kuniŋas]
rainha (f)	**kuningatar**	[kuniŋatar]
príncipe (m)	**prinssi**	[prinssi]
princesa (f)	**prinsessa**	[prinsessa]
czar (m)	**tsaari**	[tsa:ri]
czarina (f)	**tsaaritar**	[tsa:ritar]
presidente (m)	**presidentti**	[presidentti]
ministro (m)	**ministeri**	[ministeri]
primeiro-ministro (m)	**pääministeri**	[pæ:ministeri]
senador (m)	**senaattori**	[sena:ttori]
diplomata (m)	**diplomaatti**	[diploma:tti]
cônsul (m)	**konsuli**	[konsuli]
embaixador (m)	**suurlähettiläs**	[su:r·læɦettilæs]
conselheiro (m)	**neuvos**	[neuʋos]
funcionário (m)	**virkamies**	[ʋirkamies]
prefeito (m)	**prefekti**	[prefekti]
Presidente (m) da Câmara	**kaupunginjohtaja**	[kaupuŋin·johtaja]
juiz (m)	**tuomari**	[tuomari]
procurador (m)	**syyttäjä**	[sy:ttæjæ]
missionário (m)	**lähetystyöntekijä**	[læɦetys·tyøntekijæ]
monge (m)	**munkki**	[muŋkki]
abade (m)	**apotti**	[apotti]
rabino (m)	**rabbi**	[rabbi]
vizir (m)	**visiiri**	[ʋisi:ri]
xá (m)	**šaahi**	[ʃa:hi]
xeique (m)	**šeikki**	[ʃejkki]

128. Profissões agrícolas

abelheiro (m)	**mehiläishoitaja**	[meɦilæjs·hojtaja]
pastor (m)	**paimen**	[pajmen]
agrônomo (m)	**agronomi**	[agronomi]

criador (m) de gado	**karjanhoitaja**	[karjan·hojtaja]
veterinário (m)	**eläinlääkäri**	[elæjn·læ:kari]
agricultor, fazendeiro (m)	**farmari**	[farmari]
vinicultor (m)	**viininvalmistaja**	[ʋi:nin·ʋalmistaja]
zoólogo (m)	**eläintieteilijä**	[elæjn·tietejlijæ]
vaqueiro (m)	**cowboy**	[kauboj]

129. Profissões artísticas

ator (m)	**näyttelijä**	[næyttelijæ]
atriz (f)	**näyttelijätär**	[næyttelijætær]
cantor (m)	**laulaja**	[laulaja]
cantora (f)	**laulaja**	[laulaja]
bailarino (m)	**tanssija**	[tanssija]
bailarina (f)	**tanssijatar**	[tanssijatar]
artista (m)	**näyttelijä**	[næyttelijæ]
artista (f)	**näyttelijätär**	[næyttelijætær]
músico (m)	**muusikko**	[mu:sikko]
pianista (m)	**pianisti**	[pianisti]
guitarrista (m)	**kitaransoittaja**	[kitaran·sojttaja]
maestro (m)	**kapellimestari**	[kapelli·mestari]
compositor (m)	**säveltäjä**	[sæʋeltæjæ]
empresário (m)	**impressaari**	[impressa:ri]
diretor (m) de cinema	**ohjaaja**	[ohja:ja]
produtor (m)	**elokuvatuottaja**	[elokuʋa·tuottaja]
roteirista (m)	**käsikirjoittaja**	[kæsi·kirjoittaja]
crítico (m)	**arvostelija**	[arʋostelija]
escritor (m)	**kirjailija**	[kirjailija]
poeta (m)	**runoilija**	[runojlija]
escultor (m)	**kuvanveistäjä**	[kuʋan·ʋejstæjæ]
pintor (m)	**taiteilija**	[tajtejlija]
malabarista (m)	**jonglööri**	[joŋlø:ri]
palhaço (m)	**klovni**	[klouni]
acrobata (m)	**akrobaatti**	[akroba:tti]
ilusionista (m)	**taikuri**	[tajkuri]

130. Várias profissões

médico (m)	**lääkäri**	[læ:kæri]
enfermeira (f)	**sairaanhoitaja**	[sajra:n·hojtaja]
psiquiatra (m)	**psykiatri**	[psykiatri]
dentista (m)	**hammaslääkäri**	[hammas·læ:kæri]
cirurgião (m)	**kirurgi**	[kirurgi]

astronauta (m)	**astronautti**	[ɑstronɑutti]
astrônomo (m)	**tähtitieteilijä**	[tæhti·tietejlijæ]
piloto (m)	**lentäjä**	[lentæjæ]
motorista (m)	**kuljettaja**	[kuljettɑjɑ]
maquinista (m)	**junankuljettaja**	[yneŋ·kuljettɑjɑ]
mecânico (m)	**mekaanikko**	[mekɑ:nikko]
mineiro (m)	**kaivosmies**	[kɑjʋosmies]
operário (m)	**työläinen**	[tyølæjnen]
serralheiro (m)	**lukkoseppä**	[lukko·seppæ]
marceneiro (m)	**puuseppä**	[pu:seppæ]
torneiro (m)	**sorvari**	[sorʋɑri]
construtor (m)	**rakentaja**	[rɑkentɑjɑ]
soldador (m)	**hitsari**	[hitsɑri]
professor (m)	**professori**	[professori]
arquiteto (m)	**arkkitehti**	[ɑrkkitehti]
historiador (m)	**historioitsija**	[historiojtsijɑ]
cientista (m)	**tiedemies**	[tiedemies]
físico (m)	**fyysikko**	[fy:sikko]
químico (m)	**kemisti**	[kemisti]
arqueólogo (m)	**arkeologi**	[ɑrkeologi]
geólogo (m)	**geologi**	[geologi]
pesquisador (cientista)	**tutkija**	[tutkijɑ]
babysitter, babá (f)	**lastenhoitaja**	[lɑsten·hojtɑjɑ]
professor (m)	**pedagogi**	[pedɑgogi]
redator (m)	**toimittaja**	[tojmittɑjɑ]
redator-chefe (m)	**päätoimittaja**	[pæ:tojmittɑjɑ]
correspondente (m)	**kirjeenvaihtaja**	[kirje:n·ʋɑjhtɑjɑ]
datilógrafa (f)	**konekirjoittaja**	[kone·kirjoittɑjɑ]
designer (m)	**muotoilija**	[muotojlijɑ]
especialista (m) em informática	**tietokoneasiantuntija**	[tietokone·ɑsiɑntuntijɑ]
programador (m)	**ohjelmoija**	[ohjelmojɑ]
engenheiro (m)	**insinööri**	[insinø:ri]
marujo (m)	**merimies**	[merimies]
marinheiro (m)	**matruusi**	[mɑtru:si]
socorrista (m)	**pelastaja**	[pelɑstɑjɑ]
bombeiro (m)	**palomies**	[pɑlomies]
polícia (m)	**poliisi**	[poli:si]
guarda-noturno (m)	**vahti**	[ʋɑhti]
detetive (m)	**etsivä**	[etsiʋæ]
funcionário (m) da alfândega	**tullimies**	[tullimies]
guarda-costas (m)	**henkivartija**	[heŋki·ʋɑrtijɑ]
guarda (m) prisional	**vanginvartija**	[ʋɑŋin·ʋɑrtijɑ]
inspetor (m)	**tarkastaja**	[tɑrkɑstɑjɑ]
esportista (m)	**urheilija**	[urhejlijɑ]
treinador (m)	**valmentaja**	[ʋɑlmentɑjɑ]

açougueiro (m)	**lihanleikkaaja**	[liɦan·lejkka:ja]
sapateiro (m)	**suutari**	[su:tari]
comerciante (m)	**kauppias**	[kauppjas]
carregador (m)	**lastaaja**	[lasta:ja]
estilista (m)	**muotisuunnittelija**	[muoti·su:nnittelija]
modelo (f)	**malli**	[malli]

131. Ocupações. Estatuto social

estudante (~ de escola)	**koululainen**	[koululajnen]
estudante (~ universitária)	**ylioppilas**	[yli·oppilas]
filósofo (m)	**filosofi**	[filosofi]
economista (m)	**taloustieteilijä**	[talous·tietejlijæ]
inventor (m)	**keksijä**	[keksijæ]
desempregado (m)	**työtön**	[tyøtøn]
aposentado (m)	**eläkeläinen**	[elækelæjnen]
espião (m)	**vakoilija**	[ʋakojlija]
preso, prisioneiro (m)	**vanki**	[ʋaŋki]
grevista (m)	**lakkolainen**	[lakkolajnen]
burocrata (m)	**byrokraatti**	[byrokra:tti]
viajante (m)	**matkailija**	[matkajlija]
homossexual (m)	**homoseksuaali**	[homoseksua:li]
hacker (m)	**hakkeri**	[hakkeri]
hippie (m, f)	**hippi**	[hippi]
bandido (m)	**rosvo**	[rosʋo]
assassino (m)	**salamurhaaja**	[sala·murha:ja]
drogado (m)	**narkomaani**	[narkoma:ni]
traficante (m)	**huumekauppias**	[hu:me·kauppias]
prostituta (f)	**prostituoitu**	[prostituojtu]
cafetão (m)	**sutenööri**	[sutenø:ri]
bruxo (m)	**noita**	[nojta]
bruxa (f)	**noita**	[nojta]
pirata (m)	**merirosvo**	[meri·rosʋo]
escravo (m)	**orja**	[orja]
samurai (m)	**samurai**	[samuraj]
selvagem (m)	**villi-ihminen**	[ʋilli·ihminen]

Desportos

132. Tipos de desportos. Desportistas

esportista (m)	**urheilija**	[urhejlija]
tipo (m) de esporte	**urheilulaji**	[urhejlu·lajı]
basquete (m)	**koripallo**	[koripallo]
jogador (m) de basquete	**koripalloilija**	[koripallojlija]
beisebol (m)	**baseball**	[bejseboll]
jogador (m) de beisebol	**baseball pelaaja**	[bejseboll pela:ja]
futebol (m)	**jalkapallo**	[jalka·pallo]
jogador (m) de futebol	**jalkapalloilija**	[jalka·pallojlija]
goleiro (m)	**maalivahti**	[ma:li·vahti]
hóquei (m)	**jääkiekko**	[jæ:kækko]
jogador (m) de hóquei	**jääkiekkoilija**	[jæ:kiekkojlija]
vôlei (m)	**lentopallo**	[lento·pallo]
jogador (m) de vôlei	**lentopalloilija**	[lento·pallojlija]
boxe (m)	**nyrkkeily**	[nyrkkejly]
boxeador (m)	**nyrkkeilijä**	[nyrkkejlijæ]
luta (f)	**paini**	[pajni]
lutador (m)	**painija**	[pajnija]
caratê (m)	**karate**	[karate]
carateca (m)	**karateka**	[karateka]
judô (m)	**judo**	[judo]
judoca (m)	**judoka**	[judoka]
tênis (m)	**tennis**	[tennis]
tenista (m)	**tennispelaaja**	[tennis·pela:ja]
natação (f)	**uinti**	[ujnti]
nadador (m)	**uimari**	[ujmari]
esgrima (f)	**miekkailu**	[miekkajlu]
esgrimista (m)	**miekkailija**	[miekkajlija]
xadrez (m)	**šakki**	[ʃakki]
jogador (m) de xadrez	**šakinpelaaja**	[ʃakin·pela:ja]
alpinismo (m)	**vuorikiipeily**	[vuori·ki:pejly]
alpinista (m)	**vuorikiipeilijä**	[vuori·ki:pejlijæ]
corrida (f)	**juoksu**	[juoksu]

corredor (m)	**juoksija**	[juoksija]
atletismo (m)	**yleisurheilu**	[ylejsurhejlu]
atleta (m)	**yleisurheilija**	[ylejsurhejlija]
hipismo (m)	**ratsastusurheilu**	[ratsastus·urhejlu]
cavaleiro (m)	**ratsastaja**	[ratsastaja]
patinação (f) artística	**taitoluistelu**	[tajto·lujstelu]
patinador (m)	**taitoluistelija**	[tajto·lujstelija]
patinadora (f)	**taitoluistelija**	[tajto·lujstelija]
halterofilismo (m)	**painonnosto**	[pajnon·nosto]
halterofilista (m)	**painonnostaja**	[pajnon·nostaja]
corrida (f) de carros	**kilpa-autoilu**	[kilpa·autojlu]
piloto (m)	**kilpa-ajaja**	[kilpa·ajaja]
ciclismo (m)	**pyöräily**	[pyøræjly]
ciclista (m)	**pyöräilijä**	[pyøræjlijæ]
salto (m) em distância	**pituushyppy**	[pitu:s·hyppy]
salto (m) com vara	**seiväshyppy**	[sejʋæs·hyppy]
atleta (m) de saltos	**hyppääjä**	[hyppæ:jæ]

133. Tipos de desportos. Diversos

futebol (m) americano	**Amerikkalainen jalkapallo**	[amerikkalajnen jalkapallo]
badminton (m)	**sulkapallo**	[sulka·pallo]
biatlo (m)	**ampumahiihto**	[ampuma·hi:hto]
bilhar (m)	**biljardi**	[biljardi]
bobsled (m)	**rattikelkka**	[ratti·kelkka]
musculação (f)	**kehonrakennus**	[kehon·rakennus]
polo (m) aquático	**vesipallo**	[ʋesi·pallo]
handebol (m)	**käsipallo**	[kæsi·pallo]
golfe (m)	**golf**	[golf]
remo (m)	**soutu**	[soutu]
mergulho (m)	**sukellus**	[sukellus]
corrida (f) de esqui	**murtomaahiihto**	[murtoma:hi:hto]
tênis (m) de mesa	**pöytätennis**	[pøytæ·tennis]
vela (f)	**purjehdus**	[purjehdus]
rali (m)	**ralli**	[ralli]
rúgbi (m)	**rugby**	[ragbi]
snowboard (m)	**lumilautailu**	[lumi·lautajlu]
arco-e-flecha (m)	**jousiammunta**	[jousiam·munta]

134. Ginásio

barra (f)	**painonnostotanko**	[pajnonnosto·taŋko]
halteres (m pl)	**käsipainot**	[kæsi·pajnot]

aparelho (m) de musculação	**kuntolaite**	[kunto·lajte]
bicicleta (f) ergométrica	**kuntopyörä**	[kunto·pyøræ]
esteira (f) de corrida	**juoksumatto**	[juoksu·matto]
barra (f) fixa	**rekki**	[rekki]
barras (f pl) paralelas	**nojapuut**	[noja·pu:t]
cavalo (m)	**hevonen**	[heʋonen]
tapete (m) de ginástica	**matto**	[matto]
corda (f) de saltar	**hyppynaru**	[hyppynaru]
aeróbica (f)	**aerobic**	[aerobik]
ioga, yoga (f)	**jooga**	[jo:ga]

135. Hóquei

hóquei (m)	**jääkiekko**	[jæ:kækko]
jogador (m) de hóquei	**jääkiekkoilija**	[jæ:kiekkojlija]
jogar hóquei	**pelata jääkiekkoa**	[pelata jæ:kjekkoa]
gelo (m)	**jää**	[jæ:]
disco (m)	**kiekko**	[kækko]
taco (m) de hóquei	**maila**	[majla]
patins (m pl) de gelo	**luistimet**	[lujstimet]
muro (m)	**laita**	[lajta]
tiro (m)	**laukaus**	[laukaus]
goleiro (m)	**maalivahti**	[ma:li·ʋahti]
gol (m)	**maali**	[ma:li]
marcar um gol	**tehdä maali**	[tehdæ ma:li]
tempo (m)	**erä**	[eræ]
segundo tempo (m)	**toinen erä**	[tojnen eræ]
banco (m) de reservas	**varamiespenkki**	[ʋaramies·peŋkki]

136. Futebol

futebol (m)	**jalkapallo**	[jalka·pallo]
jogador (m) de futebol	**jalkapalloilija**	[jalka·pallojlija]
jogar futebol	**pelata jalkapalloa**	[pelata jalkapalloa]
Time (m) Principal	**korkein liiga**	[korkejn li:ga]
time (m) de futebol	**jalkapallokerho**	[jalka·pallo·kerho]
treinador (m)	**valmentaja**	[ʋalmentaja]
proprietário (m)	**omistaja**	[omistaja]
equipe (f)	**joukkue**	[joukkue]
capitão (m)	**joukkueen kapteeni**	[joukkue:n kapte:ni]
jogador (m)	**pelaaja**	[pela:ja]
jogador (m) reserva	**vaihtopelaaja**	[ʋajhto·pela:ja]
atacante (m)	**hyökkääjä**	[hyøkkæ:jæ]
centroavante (m)	**keskushyökkääjä**	[keskus·hyøkkæ:jæ]

marcador (m)	**maalintekijä**	[ma:lin·tekijæ]
defesa (m)	**puolustaja**	[puolustaja]
meio-campo (m)	**keskikenttäpelaaja**	[keski·kenttæ·pela:ja]
jogo (m), partida (f)	**ottelu, matsi**	[ottelu], [matsi]
encontrar-se (vr)	**tavata**	[tauata]
final (m)	**finaali**	[fina:li]
semifinal (f)	**välierä**	[uæli·eræ]
campeonato (m)	**mestaruuskilpailut**	[mestaru:s·kilpajlut]
tempo (m)	**puoliaika**	[puoli·ajka]
primeiro tempo (m)	**ensimmäinen puoliaika**	[ensimmæjnen puoli·ajka]
intervalo (m)	**väliaika, puoliaika**	[uæli·ajka], [puoli·ajka]
goleira (f)	**maali**	[ma:li]
goleiro (m)	**maalivahti**	[ma:li·uahti]
trave (f)	**poikkihirsi**	[pojkki·hirsi]
travessão (m)	**poikkipuu**	[pojkki·pu:]
rede (f)	**verkko**	[uerkko]
tomar um gol	**ohita pallo maaliin**	[ohita pallo ma:li:n]
bola (f)	**pallo**	[pallo]
passe (m)	**syöttö**	[syøttø]
chute (m)	**isku**	[isku]
chutar (vt)	**iskeä**	[iskeæ]
pontapé (m)	**rangaistuspotku**	[raŋajstus·potku]
escanteio (m)	**kulmuri**	[kulmuri]
ataque (m)	**hyökkäys**	[hyøkkæys]
contra-ataque (m)	**vastahyökkäys**	[uasta·hyøkkæys]
combinação (f)	**yhdistelmä**	[yhdistelmæ]
árbitro (m)	**erotuomari**	[erotuomari]
apitar (vi)	**viheltää**	[uiheltæ:]
apito (m)	**pilli**	[pilli]
falta (f)	**rike, sääntörikkomus**	[rike], [sæ:ntø·rikkomus]
cometer a falta	**rikkoa**	[rikkoa]
expulsar (vt)	**poistaa kentältä**	[pojsta: kentæltæ]
cartão (m) amarelo	**keltainen kortti**	[keltajnen kortti]
cartão (m) vermelho	**punainen kortti**	[punajnen kortti]
desqualificação (f)	**esteellisyys**	[este:llisy:s]
desqualificar (vt)	**diskvalifioida**	[diskualifiojda]
pênalti (m)	**rangaistuspotku**	[raŋajstus·potku]
barreira (f)	**muuri**	[mu:ri]
marcar (vt)	**tehdä maali**	[tehdæ ma:li]
gol (m)	**maali**	[ma:li]
marcar um gol	**tehdä maali**	[tehdæ ma:li]
substituição (f)	**vaihto**	[uajhto]
substituir (vt)	**vaihtaa**	[uajhta:]
regras (f pl)	**säännöt**	[sæ:nnøt]
tática (f)	**taktiikka**	[takti:kka]
estádio (m)	**urheilukenttä**	[urhejlu·kenttæ]
arquibancadas (f pl)	**katsomo**	[katsomo]

fã, torcedor (m)	**fani**	[fani]
gritar (vi)	**huutaa**	[hu:ta:]
placar (m)	**tulostaulu**	[tulos·taulu]
resultado (m)	**tilanne, tulos**	[tilanne], [tulos]
derrota (f)	**häviö**	[hæʋiø]
perder (vt)	**hävitä**	[hæʋitæ]
empate (m)	**tasapeli**	[tasa·peli]
empatar (vi)	**pelata tasan**	[pelata tasan]
vitória (f)	**voitto**	[ʋojtto]
vencer (vi, vt)	**voittaa**	[ʋojtta:]
campeão (m)	**mestari**	[mestari]
melhor (adj)	**paras**	[paras]
felicitar (vt)	**onnitella**	[onnitella]
comentarista (m)	**kommentoija**	[kommentoja]
comentar (vt)	**kommentoida**	[kommentojda]
transmissão (f)	**lähetys**	[læɦetys]

137. Esqui alpino

esqui (m)	**sukset**	[sukset]
esquiar (vi)	**hiihdellä**	[hi:hdellæ]
estação (f) de esqui	**hiihtokeskus**	[hi:hto·keskus]
teleférico (m)	**hiihtohissi**	[hi:hto·hissi]
bastões (m pl) de esqui	**suksisauvat**	[suksi·sauʋat]
declive (m)	**rinne**	[rinne]
slalom (m)	**pujottelu**	[pujottelu]

138. Tênis. Golfe

golfe (m)	**golf**	[golf]
clube (m) de golfe	**golfkerho**	[golf·kerho]
jogador (m) de golfe	**golfaaja, golfin pelaaja**	[golfa:ja], [golfin pela:ja]
buraco (m)	**reikä**	[rejkæ]
taco (m)	**maila**	[majla]
trolley (m)	**golfkärryt**	[golf·karryt]
tênis (m)	**tennis**	[tennis]
quadra (f) de tênis	**tenniskenttä**	[tennis·kenttæ]
saque (m)	**syöttö**	[syøttø]
sacar (vi)	**tarjoilla**	[tarjoolla]
raquete (f)	**maila**	[majla]
rede (f)	**verkko**	[ʋerkko]
bola (f)	**pallo**	[pallo]

139. Xadrez

xadrez (m)	**šakki**	[ʃakki]
peças (f pl) de xadrez	**šakkinappulat**	[ʃakki·nappulat]
jogador (m) de xadrez	**šakinpelaaja**	[ʃakin·pela:ja]
tabuleiro (m) de xadrez	**šakkilauta**	[ʃakki·lauta]
peça (f)	**nappula**	[nappula]
brancas (f pl)	**valkeat**	[ʋalkeat]
pretas (f pl)	**mustat**	[mustat]
peão (m)	**sotilas**	[sotilas]
bispo (m)	**norsu**	[norsu]
cavalo (m)	**ratsu**	[ratsu]
torre (f)	**torni**	[torni]
dama (f)	**kuningatar**	[kuniŋatar]
rei (m)	**kuningas**	[kuniŋas]
vez (f)	**siirto, vuoro**	[si:rto], [ʋuoro]
mover (vt)	**siirtää**	[si:rtæ:]
sacrificar (vt)	**uhrata**	[uhrata]
roque (m)	**linnoitus**	[linnojtus]
xeque (m)	**šakki**	[ʃakki]
xeque-mate (m)	**matti**	[matti]
torneio (m) de xadrez	**šakkiturnaus**	[ʃakki·turnaus]
grão-mestre (m)	**suurmestari**	[su:r·mestari]
combinação (f)	**yhdistelmä**	[yhdistelmæ]
partida (f)	**peli**	[peli]
jogo (m) de damas	**tammi**	[tammi]

140. Boxe

boxe (m)	**nyrkkeily**	[nyrkkejly]
combate (m)	**ottelu**	[ottelu]
luta (f) de boxe	**nyrkkeilyottelu**	[nyrkkejly·ottelu]
round (m)	**erä**	[eræ]
ringue (m)	**kehä**	[kehæ]
gongo (m)	**gongi**	[goŋi]
murro, soco (m)	**isku**	[isku]
derrubada (f)	**knockdown**	[nokdaun]
nocaute (m)	**tyrmäys**	[tyrmæys]
nocautear (vt)	**tyrmätä**	[tyrmætæ]
luva (f) de boxe	**nyrkkeilyhansikas**	[nyrkkejly·hansikas]
juiz (m)	**kehätuomari**	[keɦæ·tuomari]
peso-pena (m)	**kevyt sarja**	[keʋyt sarja]
peso-médio (m)	**keskisarja**	[keski·sarja]
peso-pesado (m)	**raskassarja**	[raskas·sarja]

141. Desportos. Diversos

Jogos (m pl) Olímpicos	**Olympiakisat**	[olympia·kisat]
vencedor (m)	**voittaja**	[ʋojttaja]
vencer (vi)	**voittaa**	[ʋojtta:]
vencer (vi, vt)	**voittaa**	[ʋojtta:]
líder (m)	**johtaja**	[johtaja]
liderar (vt)	**johtaa**	[johta:]
primeiro lugar (m)	**ensimmäinen sija**	[ensimmæjnen sija]
segundo lugar (m)	**toinen sija**	[tojnen sija]
terceiro lugar (m)	**kolmas sija**	[kolmas sija]
medalha (f)	**mitali**	[mitali]
troféu (m)	**saalis**	[sa:lis]
taça (f)	**pokaali**	[poka:li]
prêmio (m)	**palkinto**	[palkinto]
prêmio (m) principal	**pääpalkinto**	[pæ:palkinto]
recorde (m)	**ennätys**	[ennætys]
estabelecer um recorde	**saavuttaa ennätys**	[sa:ʋutta: ennætys]
final (m)	**finaali, loppuottelu**	[fina:li], [loppu·ottelu]
final (adj)	**finaali-**	[fina:li]
campeão (m)	**mestari**	[mestari]
campeonato (m)	**mestaruuskilpailut**	[mestaru:s·kilpajlut]
estádio (m)	**stadion**	[stadion]
arquibancadas (f pl)	**katsomo**	[katsomo]
fã, torcedor (m)	**penkkiurheilija**	[peŋkki·urhejlija]
adversário (m)	**vastustaja**	[ʋastustaja]
partida (f)	**lähtö**	[læhtø]
linha (f) de chegada	**maali**	[ma:li]
derrota (f)	**häviö**	[hæʋiø]
perder (vt)	**hävitä**	[hæʋitæ]
árbitro, juiz (m)	**erotuomari**	[erotuomari]
júri (m)	**tuomaristo**	[tuomaristo]
resultado (m)	**tilanne, tulos**	[tilanne], [tulos]
empate (m)	**tasapeli**	[tasa·peli]
empatar (vi)	**pelata tasan**	[pelata tasan]
ponto (m)	**piste**	[piste]
resultado (m) final	**tulos**	[tulos]
intervalo (m)	**väliaika, puoliaika**	[ʋæli·ajka], [puoli·ajka]
doping (m)	**doping**	[dopiŋ]
penalizar (vt)	**rangaista**	[raŋajsta]
desqualificar (vt)	**diskvalifioida**	[diskʋalifiojda]
aparelho, aparato (m)	**teline**	[teline]
dardo (m)	**keihäs**	[kejhæs]

peso (m)	**kuula**	[ku:lɑ]
bola (f)	**pallo**	[pɑllo]
alvo, objetivo (m)	**maali**	[mɑ:li]
alvo (~ de papel)	**maali**	[mɑ:li]
disparar, atirar (vi)	**ampua**	[ɑmpuɑ]
preciso (tiro ~)	**tarkka**	[tɑrkkɑ]
treinador (m)	**valmentaja**	[ʋɑlmentɑjɑ]
treinar (vt)	**valmentaa**	[ʋɑlmentɑ:]
treinar-se (vr)	**valmentautua**	[ʋɑlmentɑutuɑ]
treino (m)	**valmennus**	[ʋɑlmennus]
academia (f) de ginástica	**voimistelusali**	[ʋojmistelu·sɑli]
exercício (m)	**liikunta, harjoittelu**	li:kuntɑ, hɑrjoittelu
aquecimento (m)	**lämmittely**	[læmmittely]

Educação

142. Escola

escola (f)	**koulu**	[koulu]
diretor (m) de escola	**rehtori**	[rehtori]
aluno (m)	**oppilas**	[oppilas]
aluna (f)	**tyttöoppilas**	[tyttø·oppilas]
estudante (m)	**koululainen**	[koululajnen]
estudante (f)	**koululainen**	[koululajnen]
ensinar (vt)	**opettaa**	[opetta:]
aprender (vt)	**opetella**	[opetella]
decorar (vt)	**opetella ulkoa**	[opetella ulkoa]
estudar (vi)	**opiskella**	[opiskella]
estar na escola	**käydä koulua**	[kæydæ koulua]
ir à escola	**mennä kouluun**	[mennæ koulu:n]
alfabeto (m)	**aakkoset**	[a:kkoset]
disciplina (f)	**oppiaine**	[oppiajne]
sala (f) de aula	**luokka**	[luokka]
lição, aula (f)	**tunti**	[tunti]
recreio (m)	**välitunti**	[ʋæli·tunti]
toque (m)	**soitto**	[sojtto]
classe (f)	**pulpetti**	[pulpetti]
quadro (m) negro	**liitutaulu**	[li:tu·taulu]
nota (f)	**arvosana**	[arʋosana]
boa nota (f)	**hyvä arvosana**	[hyʋæ arʋosana]
nota (f) baixa	**huono arvosana**	[huono arʋosana]
dar uma nota	**merkitä arvosana**	[merkitæ arʋosana]
erro (m)	**virhe**	[ʋirhe]
errar (vi)	**tehdä virheet**	[tehdæ ʋirhe:t]
corrigir (~ um erro)	**korjata**	[korjata]
cola (f)	**lunttilappu**	[luntti·lappu]
dever (m) de casa	**kotitehtävä**	[koti·tehtæʋæ]
exercício (m)	**harjoitus**	[harjoitus]
estar presente	**olla läsnä**	[olla læsnæ]
estar ausente	**olla poissa**	[olla pojssa]
punir (vt)	**rangaista**	[raŋajsta]
punição (f)	**rangaistus**	[raŋajstus]
comportamento (m)	**käytös**	[kæytøs]

boletim (m) escolar	**oppilaan päiväkirja**	[oppila:n pæjuæ·kirja]
lápis (m)	**lyijykynä**	[lyjy·kynæ]
borracha (f)	**kumi**	[kumi]
giz (m)	**liitu**	[li:tu]
porta-lápis (m)	**kynäkotelo**	[kynæ·kotelo]
mala, pasta, mochila (f)	**salkku**	[salkku]
caneta (f)	**kynä**	[kynæ]
caderno (m)	**vihko**	[uihko]
livro (m) didático	**oppikirja**	[oppi·kirja]
compasso (m)	**harppi**	[harppi]
traçar (vt)	**piirtää**	[pi:rtæ:]
desenho (m) técnico	**piirustus**	[pi:rustus]
poesia (f)	**runo**	[runo]
de cor	**ulkoa**	[ulkoa]
decorar (vt)	**opetella ulkoa**	[opetella ulkoa]
férias (f pl)	**loma**	[loma]
estar de férias	**olla lomalla**	[olla lomalla]
teste (m), prova (f)	**kirjallinen koe**	[kirjallinen koe]
redação (f)	**ainekirjoitus**	[ajne·kirjoitus]
ditado (m)	**sanelu**	[sanelu]
exame (m), prova (f)	**koe**	[koe]
fazer prova	**tenttiä**	[tenttiæ]
experiência (~ química)	**koe**	[koe]

143. Colégio. Universidade

academia (f)	**akatemia**	[akatemia]
universidade (f)	**yliopisto**	[yli·opisto]
faculdade (f)	**tiedekunta**	[tiede·kunta]
estudante (m)	**opiskelija**	[opiskelija]
estudante (f)	**opiskelija**	[opiskelija]
professor (m)	**opettaja**	[opettaja]
auditório (m)	**luentosali**	[luento·sali]
graduado (m)	**valmistunut**	[ualmistunut]
diploma (m)	**diplomi**	[diplomi]
tese (f)	**väitöskirja**	[uæjtøs·kirja]
estudo (obra)	**tutkimus**	[tutkimus]
laboratório (m)	**laboratorio**	[laboratorio]
palestra (f)	**luento**	[luento]
colega (m) de curso	**kurssitoveri**	[kurssi·toueri]
bolsa (f) de estudos	**opintotuki**	[opinto·tuki]
grau (m) acadêmico	**oppiarvo**	[oppi·aruo]

144. Ciências. Disciplinas

matemática (f)	**matematiikka**	[matemati:kka]
álgebra (f)	**algebra**	[algebra]
geometria (f)	**geometria**	[geometria]
astronomia (f)	**tähtitiede**	[tæhti·tiede]
biologia (f)	**biologia**	[biologia]
geografia (f)	**maantiede**	[ma:n·tiede]
geologia (f)	**geologia**	[geologia]
história (f)	**historia**	[historia]
medicina (f)	**lääketiede**	[læ:ke·tiede]
pedagogia (f)	**pedagogiikka**	[pedagogi:kka]
direito (m)	**oikeustiede**	[ojkeus·tiede]
física (f)	**fysiikka**	[fysi:kka]
química (f)	**kemia**	[kemia]
filosofia (f)	**filosofia**	[filosofia]
psicologia (f)	**psykologia**	[psykologia]

145. Sistema de escrita. Ortografia

gramática (f)	**kielioppi**	[kieli·oppi]
vocabulário (m)	**sanasto**	[sanasto]
fonética (f)	**fonetiikka**	[foneti:kka]
substantivo (m)	**substantiivi**	[substanti:ʋi]
adjetivo (m)	**adjektiivi**	[adjekti:ʋi]
verbo (m)	**verbi**	[ʋerbi]
advérbio (m)	**adverbi**	[adʋerbi]
pronome (m)	**pronomini**	[pronomini]
interjeição (f)	**interjektio**	[interjektio]
preposição (f)	**prepositio**	[prepositio]
raiz (f)	**sanan vartalo**	[sanan ʋartalo]
terminação (f)	**pääte**	[pæ:te]
prefixo (m)	**etuliite**	[etuli:te]
sílaba (f)	**tavu**	[taʋu]
sufixo (m)	**suffiksi, jälkiliite**	[suffiksi], [jælkili:te]
acento (m)	**paino**	[pajno]
apóstrofo (f)	**heittomerkki**	[hejtto·merkki]
ponto (m)	**piste**	[piste]
vírgula (f)	**pilkku**	[pilkku]
ponto e vírgula (m)	**puolipiste**	[puoli·piste]
dois pontos (m pl)	**kaksoispiste**	[kaksojs·piste]
reticências (f pl)	**pisteryhmä**	[piste·ryhmæ]
ponto (m) de interrogação	**kysymysmerkki**	[kysymys·merkki]
ponto (m) de exclamação	**huutomerkki**	[hu:to·merkki]

aspas (f pl)	**lainausmerkit**	[lɑjnɑus·merkit]
entre aspas	**lainausmerkeissä**	[lɑjnɑus·merkejssæ]
parênteses (m pl)	**sulkumerkit**	[sulku·merkit]
entre parênteses	**sulkumerkeissä**	[sulku·merkejssæ]
hífen (m)	**tavuviiva**	[tɑʋu·ʋi:ʋɑ]
travessão (m)	**ajatusviiva**	[ɑjɑtus·ʋi:ʋɑ]
espaço (m)	**väli**	[ʋæli]
letra (f)	**kirjain**	[kirjɑin]
letra (f) maiúscula	**iso kirjain**	[iso kirjɑin]
vogal (f)	**vokaali**	[ʋokɑ:li]
consoante (f)	**konsonantti**	[konsonɑntti]
frase (f)	**lause**	[lɑuse]
sujeito (m)	**subjekti**	[subjekti]
predicado (m)	**predikaatti**	[predikɑ:tti]
linha (f)	**rivi**	[riʋi]
em uma nova linha	**uudella rivillä**	[u:delɑ riʋillɑ]
parágrafo (m)	**kappale**	[kɑppɑle]
palavra (f)	**sana**	[sɑnɑ]
grupo (m) de palavras	**sanaliitto**	[sɑnɑ·li:tto]
expressão (f)	**sanonta**	[sɑnontɑ]
sinônimo (m)	**synonyymi**	[synony:mi]
antônimo (m)	**antonyymi**	[ɑntony:mi]
regra (f)	**sääntö**	[sæ:ntø]
exceção (f)	**poikkeus**	[pojkkeus]
correto (adj)	**oikea**	[ojkeɑ]
conjugação (f)	**verbien taivutus**	[ʋerbien tɑjʋutus]
declinação (f)	**nominien taivutus**	[nominien tɑjʋutus]
caso (m)	**sija**	[sijɑ]
pergunta (f)	**kysymys**	[kysymys]
sublinhar (vt)	**alleviivata**	[ɑlleʋi:ʋɑtɑ]
linha (f) pontilhada	**pisteviiva**	[piste·ʋi:ʋɑ]

146. Línguas estrangeiras

língua (f)	**kieli**	[kieli]
estrangeiro (adj)	**vieras**	[ʋierɑs]
língua (f) estrangeira	**vieras kieli**	[ʋierɑs kieli]
estudar (vt)	**opiskella**	[opiskellɑ]
aprender (vt)	**opetella**	[opetellɑ]
ler (vt)	**lukea**	[lukeɑ]
falar (vi)	**puhua**	[puɦuɑ]
entender (vt)	**ymmärtää**	[ymmærtæ:]
escrever (vt)	**kirjoittaa**	[kirjoittɑ:]
rapidamente	**nopeasti**	[nopeɑsti]
devagar, lentamente	**hitaasti**	[hitɑ:sti]

fluentemente	**sujuvasti**	[sujuʋasti]
regras (f pl)	**säännöt**	[sæ:nnøt]
gramática (f)	**kielioppi**	[kieli·oppi]
vocabulário (m)	**sanasto**	[sɑnɑsto]
fonética (f)	**fonetiikka**	[foneti:kkɑ]
livro (m) didático	**oppikirja**	[oppi·kirjɑ]
dicionário (m)	**sanakirja**	[sɑnɑ·kirjɑ]
manual (m) autodidático	**itseopiskeluopas**	[itseopiskelu·opɑs]
guia (m) de conversação	**fraasisanakirja**	[frɑ:si·sɑnɑ·kirjɑ]
fita (f) cassete	**kasetti**	[kɑsetti]
videoteipe (m)	**videokasetti**	[ʋideo·kɑsetti]
CD (m)	**CD-levy**	[sede·leʋy]
DVD (m)	**DVD-levy**	[deʋede·leʋy]
alfabeto (m)	**aakkoset**	[ɑ:kkoset]
soletrar (vt)	**kirjoittaa**	[kirjoittɑ:]
pronúncia (f)	**artikulaatio**	[ɑrtikulɑ:tio]
sotaque (m)	**korostus**	[korostus]
com sotaque	**vieraasti korostaen**	[ʋierɑ:sti korostɑen]
sem sotaque	**ilman korostusta**	[ilmɑn korostustɑ]
palavra (f)	**sana**	[sɑnɑ]
sentido (m)	**merkitys**	[merkitys]
curso (m)	**kurssi**	[kurssi]
inscrever-se (vr)	**ilmoittautua**	[ilmojttɑutuɑ]
professor (m)	**opettaja**	[opettɑjɑ]
tradução (processo)	**kääntäminen**	[kæ:ntæminen]
tradução (texto)	**käännös**	[kæ:nnøs]
tradutor (m)	**kääntäjä**	[kæ:ntæjæ]
intérprete (m)	**tulkki**	[tulkki]
poliglota (m)	**monikielinen**	[moni·kielinen]
memória (f)	**muisti**	[mujsti]

147. Personagens de contos de fadas

Papai Noel (m)	**Joulupukki**	[joulu·pukki]
Cinderela (f)	**Tuhkimo**	[tuhkimo]
sereia (f)	**merenneito**	[meren·nejto]
Netuno (m)	**Neptunus**	[neptunus]
bruxo, feiticeiro (m)	**taikuri**	[tɑjkuri]
fada (f)	**hyvä noita**	[hyʋɑ nojtɑ]
mágico (adj)	**taika-**	[tɑjkɑ]
varinha (f) mágica	**taikasauva**	[tɑjkɑ·sɑuʋɑ]
conto (m) de fadas	**satu**	[sɑtu]
milagre (m)	**ihme**	[ihme]
anão (m)	**tonttu**	[tonttu]

transformar-se em ...	**muuttua ...**	[mu:ttuɑ]
fantasma (m)	**haamu**	[hɑ:mu]
fantasma (m)	**kummitus**	[kummitus]
monstro (m)	**hirviö**	[hirʋiø]
dragão (m)	**lohikäärme**	[loɦi·kæ:rme]
gigante (m)	**jättiläinen**	[jættilæjnen]

148. Signos do Zodíaco

Áries (f)	**Oinas**	[ojnɑs]
Touro (m)	**Härkä**	[hærkæ]
Gêmeos (m pl)	**Kaksoset**	[kɑksoset]
Câncer (m)	**Krapu**	[krɑpu]
Leão (m)	**Leijona**	[leijonɑ]
Virgem (f)	**Neitsyt**	[nejtsyt]
Libra (f)	**Vaaka**	[ʋɑ:kɑ]
Escorpião (m)	**Skorpioni**	[skorpioni]
Sagitário (m)	**Jousimies**	[jousimies]
Capricórnio (m)	**Kauris**	[kɑuris]
Aquário (m)	**Vesimies**	[ʋesimies]
Peixes (pl)	**Kalat**	[kɑlɑt]
caráter (m)	**luonne**	[luonne]
traços (m pl) do caráter	**luonteenpiirteet**	[luonte:n·pi:rte:t]
comportamento (m)	**käytös**	[kæytøs]
prever a sorte	**ennustaa**	[ennustɑ:]
adivinha (f)	**ennustaja**	[ennustɑjɑ]
horóscopo (m)	**horoskooppi**	[horosko:ppi]

Artes

149. Teatro

teatro (m)	**teatteri**	[teatteri]
ópera (f)	**ooppera**	[o:ppera]
opereta (f)	**operetti**	[operetti]
balé (m)	**baletti**	[baletti]
cartaz (m)	**juliste**	[juliste]
companhia (f) de teatro	**seurue**	[seurue]
turnê (f)	**kiertue**	[kjertue]
estar em turnê	**mennä kiertueelle**	[mennæ kiertue:lle]
ensaiar (vt)	**harjoitella**	[harjoitella]
ensaio (m)	**harjoitus**	[harjoitus]
repertório (m)	**ohjelmisto**	[ohjelmisto]
apresentação (f)	**esitys**	[esitys]
espetáculo (m)	**näytelmä**	[næytelmæ]
peça (f)	**näytelmä**	[næytelmæ]
entrada (m)	**lippu**	[lippu]
bilheteira (f)	**lippukassa**	[lippu·kassa]
hall (m)	**aula**	[aula]
vestiário (m)	**narikka**	[narikka]
senha (f) numerada	**vaatelappu**	[ʋa:te·lappu]
binóculo (m)	**kiikari**	[ki:kari]
lanterninha (m)	**tarkastaja**	[tarkastaja]
plateia (f)	**permanto**	[permanto]
balcão (m)	**parveke**	[parʋeke]
primeiro balcão (m)	**ensi parvi**	[ensi parʋi]
camarote (m)	**aitio**	[ajtio]
fila (f)	**rivi**	[riʋi]
assento (m)	**paikka**	[pajkka]
público (m)	**yleisö**	[ylejsø]
espectador (m)	**katsoja**	[katsoja]
aplaudir (vi)	**taputtaa**	[taputta:]
aplauso (m)	**aplodit**	[aplodit]
ovação (f)	**suosionosoitukset**	[suosion·osojtukset]
palco (m)	**näyttämö**	[næyttæmø]
cortina (f)	**esirippu**	[esirippu]
cenário (m)	**lavastus**	[laʋastus]
bastidores (m pl)	**kulissit**	[kulissit]
cena (f)	**kohtaus**	[kohtaus]
ato (m)	**näytös**	[næutøs]
intervalo (m)	**väliaika**	[ʋæliajka]

150. Cinema

ator (m)	**näyttelijä**	[næyttelijæ]
atriz (f)	**näyttelijätär**	[næyttelijætær]
cinema (m)	**elokuvat**	[elokuʋɑt]
filme (m)	**elokuva**	[elokuʋɑ]
episódio (m)	**episodi**	[episodi]
filme (m) policial	**dekkari**	[dekkɑri]
filme (m) de ação	**toimintaelokuva**	[tojmintɑ·elokuʋɑ]
filme (m) de aventuras	**seikkailuelokuva**	[sejkkɑjlu·elokuʋɑ]
filme (m) de ficção científica	**tieteisfiktioelokuva**	[tjetesfiktio·elokuʋɑ]
filme (m) de horror	**kauhuelokuva**	[kɑuɦu·elokuʋɑ]
comédia (f)	**komedia**	[komediɑ]
melodrama (m)	**melodraama**	[melodrɑ:mɑ]
drama (m)	**draama**	[drɑ:mɑ]
filme (m) de ficção	**näytelmäelokuva**	[næytelmæ·elokuʋɑ]
documentário (m)	**dokumenttielokuva**	[dokumentti·elokuʋɑ]
desenho (m) animado	**piirrosfilmi**	[pi:rros·filmi]
cinema (m) mudo	**mykkäelokuva**	[mykkæ·elokuʋɑ]
papel (m)	**osa, rooli**	[osɑ], [ro:li]
papel (m) principal	**pääroоli**	[pæ:ro:li]
representar (vt)	**näytellä**	[næytellæ]
estrela (f) de cinema	**filmitähti**	[filmi·tæhti]
conhecido (adj)	**tunnettu**	[tunnettu]
famoso (adj)	**kuulu**	[ku:lu]
popular (adj)	**suosittu**	[suosittu]
roteiro (m)	**käsikirjoitus**	[kæsi·kirjoitus]
roteirista (m)	**käsikirjoittaja**	[kæsi·kirjoittɑjɑ]
diretor (m) de cinema	**ohjaaja**	[ohjɑ:jɑ]
produtor (m)	**elokuvatuottaja**	[elokuʋɑ·tuottɑjɑ]
assistente (m)	**avustaja**	[ɑʋustɑjɑ]
diretor (m) de fotografia	**kameramies**	[kɑmerɑmies]
dublê (m)	**stuntti**	[stuntti]
dublê (m) de corpo	**sijaisnäyttelijä**	[sijɑjs·næyttelijæ]
filmar (vt)	**elokuvata**	[elokuʋɑtɑ]
audição (f)	**koe-esiintyminen**	[koe·esi:ntyminen]
filmagem (f)	**filmaaminen**	[filmɑ:minen]
equipe (f) de filmagem	**filmausryhmä**	[filmɑus·ryhmæ]
set (m) de filmagem	**filmauskenttä**	[filmɑus·kenttæ]
câmera (f)	**elokuvakamera**	[elokuʋɑ·kɑmerɑ]
cinema (m)	**elokuvateatteri**	[elokuʋɑ·teɑtteri]
tela (f)	**valkokangas**	[ʋɑlko·kɑŋɑs]
exibir um filme	**esittää elokuvaa**	[esittæ: elokuʋɑ:]
trilha (f) sonora	**ääniraita**	[æ:ni·rɑjtɑ]
efeitos (m pl) especiais	**erikoistehosteet**	[erikojs·teɦoste:t]

legendas (f pl)	**tekstitykset**	[tekstitykset]
crédito (m)	**lopputekstit**	[loppu·tekstit]
tradução (f)	**käännös**	[kæ:nnøs]

151. Pintura

arte (f)	**taide**	[tɑjde]
belas-artes (f pl)	**kaunotaiteet**	[kɑuno·tɑjte:t]
galeria (f) de arte	**taidegalleria**	[tɑide·gɑlleriɑ]
exibição (f) de arte	**taidenäyttely**	[tɑjde·næyttely]
pintura (f)	**maalaustaide**	[mɑ:lɑus·tɑjde]
arte (f) gráfica	**taidegrafiikka**	[tɑjde·grɑfi:kkɑ]
arte (f) abstrata	**abstrakti taide**	[ɑbstrɑkti tɑjde]
impressionismo (m)	**impressionismi**	[impressionismi]
pintura (f), quadro (m)	**taulu**	[tɑulu]
desenho (m)	**piirros**	[pi:rros]
cartaz, pôster (m)	**juliste**	[juliste]
ilustração (f)	**kuva**	[kuʋɑ]
miniatura (f)	**miniatyyri**	[miniɑty:ri]
cópia (f)	**kopio**	[kopio]
reprodução (f)	**jäljennös**	[jæljennøs]
mosaico (m)	**mosaiikki**	[mosɑi:kki]
vitral (m)	**lasimaalaus**	[lɑsi·mɑ:lɑus]
afresco (m)	**fresko**	[fresko]
gravura (f)	**kaiverrus**	[kɑjʋerrus]
busto (m)	**rintakuva**	[rintɑ·kuʋɑ]
escultura (f)	**kuvanveisto**	[kuʋɑn·ʋejsto]
estátua (f)	**kuvapatsas**	[kuʋɑ·pɑtsɑs]
gesso (m)	**kipsi**	[kipsi]
em gesso (adj)	**kipsinen**	[kipsinen]
retrato (m)	**muotokuva**	[muoto·kuʋɑ]
autorretrato (m)	**omakuva**	[omɑ·kuʋɑ]
paisagem (f)	**maisemakuva**	[mɑjsemɑ·kuʋɑ]
natureza (f) morta	**asetelma**	[ɑsetelmɑ]
caricatura (f)	**pilakuva**	[pilɑ·kuʋɑ]
esboço (m)	**hahmotelma**	[hɑhmotelmɑ]
tinta (f)	**maali**	[mɑ:li]
aquarela (f)	**akvarelliväri**	[ɑkʋɑrelli·ʋæri]
tinta (f) a óleo	**öljyväri**	[øljy·ʋæri]
lápis (m)	**lyijykynä**	[lyjy·kynæ]
tinta (f) nanquim	**tussi**	[tussi]
carvão (m)	**hiili**	[hi:li]
desenhar (vt)	**piirtää**	[pi:rtæ:]
pintar (vt)	**maalata**	[mɑ:lɑtɑ]
posar (vi)	**poseerata**	[pose:rɑtɑ]
modelo (m)	**malli**	[mɑlli]

modelo (f)	**malli**	[malli]
pintor (m)	**taiteilija**	[tajtejlija]
obra (f)	**teos**	[teos]
obra-prima (f)	**mestariteos**	[mestari·teos]
estúdio (m)	**verstas**	[ʋerstas]
tela (f)	**kangas, kanvaasi**	[kaŋas], [kanʋa:si]
cavalete (m)	**maalausteline**	[ma:laus·teline]
paleta (f)	**paletti**	[paletti]
moldura (f)	**kehys**	[keɦys]
restauração (f)	**entistys**	[entistys]
restaurar (vt)	**entistää**	[entistæ:]

152. Literatura & Poesia

literatura (f)	**kirjallisuus**	[kirjallisu:s]
autor (m)	**tekijä**	[tekijæ]
pseudônimo (m)	**salanimi**	[sala·nimi]
livro (m)	**kirja**	[kirja]
volume (m)	**nide**	[nide]
índice (m)	**sisällysluettelo**	[sisællys·luettelo]
página (f)	**sivu**	[siʋu]
protagonista (m)	**päähenkilö**	[pæ:heŋkilø]
autógrafo (m)	**nimikirjoitus**	[nimi·kirjoitus]
conto (m)	**kertomus**	[kertomus]
novela (f)	**novelli**	[noʋelli]
romance (m)	**romaani**	[roma:ni]
obra (f)	**teos**	[teos]
fábula (m)	**satu**	[satu]
romance (m) policial	**salapoliisiromaani**	[sala·poli:si·roma:ni]
verso (m)	**runo**	[runo]
poesia (f)	**runous**	[runous]
poema (m)	**runoelma**	[runoelma]
poeta (m)	**runoilija**	[runojlija]
ficção (f)	**kaunokirjallisuus**	[kauno·kirjallisu:s]
ficção (f) científica	**tieteiskirjallisuus**	[tietejs·kirjallisu:s]
aventuras (f pl)	**seikkailut**	[sejkkajlut]
literatura (f) didática	**oppikirjallisuus**	[oppi·kirjallisu:s]
literatura (f) infantil	**lastenkirjallisuus**	[lasten·kirjallisu:s]

153. Circo

circo (m)	**sirkus**	[sirkus]
circo (m) ambulante	**kiertävä sirkus**	[kiertæʋæ sirkus]
programa (m)	**ohjelma**	[ohjelma]
apresentação (f)	**esitys**	[esitys]
número (m)	**numero**	[numero]

picadeiro (f)	**areena**	[are:na]
pantomima (f)	**pantomiimi**	[pantomi:mi]
palhaço (m)	**klovni**	[klouni]
acrobata (m)	**akrobaatti**	[akroba:tti]
acrobacia (f)	**voimistelutaito**	[uojmistelu·tajto]
ginasta (m)	**voimistelija**	[uojmistelija]
ginástica (f)	**voimistelu**	[uojmistelu]
salto (m) mortal	**voltti**	[uoltti]
homem (m) forte	**voimamies**	[uojmamies]
domador (m)	**kesyttäjä**	[kesyttæjæ]
cavaleiro (m) equilibrista	**ratsastaja**	[ratsastaja]
assistente (m)	**avustaja**	[auustaja]
truque (m)	**trikki**	[trikki]
truque (m) de mágica	**taikatemppu**	[tajka·temppu]
ilusionista (m)	**taikuri**	[tajkuri]
malabarista (m)	**jonglööri**	[joŋlø:ri]
fazer malabarismos	**jongleerata**	[joŋle:rata]
adestrador (m)	**kouluttaja**	[kouluttaja]
adestramento (m)	**koulutus**	[koulutus]
adestrar (vt)	**kouluttaa**	[koulutta:]

154. Música. Música popular

música (f)	**musiikki**	[musi:kki]
músico (m)	**muusikko**	[mu:sikko]
instrumento (m) musical	**soitin**	[sojtin]
tocar ...	**soittaa**	[sojtta:]
guitarra (f)	**kitara**	[kitara]
violino (m)	**viulu**	[uiulu]
violoncelo (m)	**sello**	[sello]
contrabaixo (m)	**bassoviulu**	[basso·uiulu]
harpa (f)	**harppu**	[harppu]
piano (m)	**piano**	[piano]
piano (m) de cauda	**flyygeli**	[fly:geli]
órgão (m)	**urut**	[urut]
instrumentos (m pl) de sopro	**puhallussoitimet**	[puɦallus·sojtimet]
oboé (m)	**oboe**	[oboj]
saxofone (m)	**saksofoni**	[saksofoni]
clarinete (m)	**klarinetti**	[klarinetti]
flauta (f)	**huilu**	[hujlu]
trompete (m)	**torvi**	[torui]
acordeão (m)	**pianoharmonikka**	[piano·harmonikka]
tambor (m)	**rumpu**	[rumpu]
dueto (m)	**duo**	[duo]
trio (m)	**trio**	[trio]

quarteto (m)	**kvartetti**	[kuartetti]
coro (m)	**kuoro**	[kuoro]
orquestra (f)	**orkesteri**	[orkesteri]
música (f) pop	**pop musiikki**	[pop musi:kki]
música (f) rock	**rokki**	[rokki]
grupo (m) de rock	**rokkiyhtye**	[rokki·yhtye]
jazz (m)	**jatsi**	[jatsi]
ídolo (m)	**idoli**	[idoli]
fã, admirador (m)	**ihailija**	[iɦajlija]
concerto (m)	**konsertti**	[konsertti]
sinfonia (f)	**sinfonia**	[sinfonia]
composição (f)	**sävellys**	[sæʋellys]
compor (vt)	**säveltää**	[sæʋeltæ:]
canto (m)	**laulaminen**	[lauluminen]
canção (f)	**laulu**	[laulu]
melodia (f)	**melodia**	[melodia]
ritmo (m)	**rytmi**	[rytmi]
blues (m)	**blues**	[blys]
notas (f pl)	**nuotit**	[nuotit]
batuta (f)	**tahtipuikko**	[tahti·pujkko]
arco (m)	**jousi**	[jousi]
corda (f)	**kieli**	[kieli]
estojo (m)	**kotelo**	[kotelo]

Descanso. Entretenimento. Viagens

155. Viagens

turismo (m)	**matkailu**	[matkajlu]
turista (m)	**matkailija**	[matkajlija]
viagem (f)	**matka**	[matka]
aventura (f)	**seikkailu**	[sejkkajlu]
percurso (curta viagem)	**matka**	[matka]
férias (f pl)	**loma**	[loma]
estar de férias	**olla lomalla**	[olla lomalla]
descanso (m)	**lepo**	[lepo]
trem (m)	**juna**	[juna]
de trem (chegar ~)	**junalla**	[junalla]
avião (m)	**lentokone**	[lento·kone]
de avião	**lentokoneella**	[lentokone:lla]
de carro	**autolla**	[autolla]
de navio	**laivalla**	[lajʋalla]
bagagem (f)	**matkatavara**	[matka·taʋara]
mala (f)	**matkalaukku**	[matka·laukku]
carrinho (m)	**matkatavarakärryt**	[matka·taʋarat·kærryt]
passaporte (m)	**passi**	[passi]
visto (m)	**viisumi**	[ʋi:sumi]
passagem (f)	**lippu**	[lippu]
passagem (f) aérea	**lentolippu**	[lento·lippu]
guia (m) de viagem	**opaskirja**	[opas·kirja]
mapa (m)	**kartta**	[kartta]
área (f)	**seutu**	[seutu]
lugar (m)	**paikka**	[pajkka]
exotismo (m)	**eksoottisuus**	[ekso:ttisu:s]
exótico (adj)	**eksoottinen**	[ekso:ttinen]
surpreendente (adj)	**ihmeellinen**	[ihme:llinen]
grupo (m)	**ryhmä**	[ryhmæ]
excursão (f)	**ekskursio, retki**	[ekskursio], [retki]
guia (m)	**opas**	[opas]

156. Hotel

hotel (m)	**hotelli**	[hotelli]
motel (m)	**motelli**	[motelli]
três estrelas	**kolme tähteä**	[kolme tæhteæ]

cinco estrelas	**viisi tähteä**	[ʋi:si tæhteæ]
ficar (vi, vt)	**oleskella**	[oleskellɑ]
quarto (m)	**huone**	[huone]
quarto (m) individual	**yhden hengen huone**	[yhden heŋen huone]
quarto (m) duplo	**kahden hengen huone**	[kɑhden heŋen huone]
reservar um quarto	**varata huone**	[ʋɑrɑtɑ huone]
meia pensão (f)	**puolihoito**	[puoli·hojto]
pensão (f) completa	**täysihoito**	[tæysi·hojto]
com banheira	**jossa on kylpyamme**	[jossɑ on kylpyɑmme]
com chuveiro	**on suihku**	[on sujhku]
televisão (m) por satélite	**satelliittitelevisio**	[sɑtelli:tti·teleʋisio]
ar (m) condicionado	**ilmastointilaite**	[ilmɑstojnti·lɑjte]
toalha (f)	**pyyhe**	[py:he]
chave (f)	**avain**	[ɑʋɑjn]
administrador (m)	**hallintovirkamies**	[hɑllinto·ʋirkɑ·mies]
camareira (f)	**huonesiivooja**	[huone·si:ʋo:jɑ]
bagageiro (m)	**kantaja**	[kɑntɑjɑ]
porteiro (m)	**vahtimestari**	[ʋɑhti·mestɑri]
restaurante (m)	**ravintola**	[rɑʋintolɑ]
bar (m)	**baari**	[bɑ:ri]
café (m) da manhã	**aamiainen**	[ɑ:miɑjnen]
jantar (m)	**illallinen**	[illɑllinen]
bufê (m)	**noutopöytä**	[nouto·pøytæ]
saguão (m)	**eteishalli**	[etejs·hɑlli]
elevador (m)	**hissi**	[hissi]
NÃO PERTURBE	**ÄLKÄÄ HÄIRITKÖ**	[ælkæ: hæjritkø]
PROIBIDO FUMAR!	**TUPAKOINTI KIELLETTY**	[tupɑkojnti kielletty]

157. Livros. Leitura

livro (m)	**kirja**	[kirjɑ]
autor (m)	**tekijä**	[tekijæ]
escritor (m)	**kirjailija**	[kirjɑilijɑ]
escrever (~ um livro)	**kirjoittaa**	[kirjoittɑ:]
leitor (m)	**lukija**	[lukijɑ]
ler (vt)	**lukea**	[lukeɑ]
leitura (f)	**lukeminen**	[lukeminen]
para si	**itsekseen**	[itsekse:n]
em voz alta	**ääneen**	[æ:ne:n]
publicar (vt)	**julkaista**	[julkɑjstɑ]
publicação (f)	**julkaisu**	[julkɑjsu]
editor (m)	**julkaisija**	[julkɑjsijɑ]
editora (f)	**kustantamo**	[kustɑntɑmo]
sair (vi)	**ilmestyä**	[ilmestyæ]

lançamento (m)	**julkaisu**	[julkajsu]
tiragem (f)	**painosmäärä**	[pajnos·mæ:ræ]
livraria (f)	**kirjakauppa**	[kirja·kauppa]
biblioteca (f)	**kirjasto**	[kirjasto]
novela (f)	**novelli**	[noʋelli]
conto (m)	**kertomus**	[kertomus]
romance (m)	**romaani**	[roma:ni]
romance (m) policial	**salapoliisiromaani**	[sala·poli:si·roma:ni]
memórias (f pl)	**muistelmat**	[mujstelmat]
lenda (f)	**legenda**	[legenda]
mito (m)	**myytti**	[my:tti]
poesia (f)	**runot**	[runot]
autobiografia (f)	**omaelämäkerta**	[oma·elæmækerta]
obras (f pl) escolhidas	**valitut teokset**	[ʋalitut teokset]
ficção (f) científica	**tieteiskirjallisuus**	[tietejs·kirjallisu:s]
título (m)	**nimi**	[nimi]
introdução (f)	**johdanto**	[johdanto]
folha (f) de rosto	**nimiölehti**	[nimiø·lehti]
capítulo (m)	**luku**	[luku]
excerto (m)	**katkelma**	[katkelma]
episódio (m)	**episodi**	[episodi]
enredo (m)	**juoni**	[juoni]
conteúdo (m)	**sisältö**	[sisæltø]
índice (m)	**sisällysluettelo**	[sisællys·luettelo]
protagonista (m)	**pääsankari**	[pæ:saŋkari]
volume (m)	**nide**	[nide]
capa (f)	**kansi**	[kansi]
encadernação (f)	**sidonta**	[sidonta]
marcador (m) de página	**kirjanmerkki**	[kirjan·merkki]
página (f)	**sivu**	[siʋu]
folhear (vt)	**selailla**	[selajlla]
margem (f)	**marginaalit**	[margina:lit]
anotação (f)	**merkintä**	[merkintæ]
nota (f) de rodapé	**huomautus**	[huomautus]
texto (m)	**teksti**	[teksti]
fonte (f)	**fontti, kirjasinlaji**	[fontti], [kirjasin·laji]
falha (f) de impressão	**painovirhe**	[pajno·ʋirhe]
tradução (f)	**käännös**	[kæ:nnøs]
traduzir (vt)	**kääntää**	[kæ:ntæ:]
original (m)	**alkuperäiskappale**	[alkuperæjs·kappale]
famoso (adj)	**kuulu**	[ku:lu]
desconhecido (adj)	**tuntematon**	[tuntematon]
interessante (adj)	**mielenkiintoinen**	[mielen·ki:ntojnen]
best-seller (m)	**bestseller**	[bestseller]

dicionário (m)	**sanakirja**	[sana·kirja]
livro (m) didático	**oppikirja**	[oppi·kirja]
enciclopédia (f)	**tietosanakirja**	[tieto·sana·kirja]

158. Caça. Pesca

caça (f)	**metsästys**	[metsæstys]
caçar (vi)	**metsästää**	[metsæstæ:]
caçador (m)	**metsästäjä**	[metsæstæjæ]
disparar, atirar (vi)	**ampua**	[ampua]
rifle (m)	**kivääri**	[kiʋæ:ri]
cartucho (m)	**patruuna**	[patru:na]
chumbo (m) de caça	**haulit**	[haulit]
armadilha (f)	**raudat**	[raudat]
armadilha (com corda)	**ansa**	[ansa]
pôr a armadilha	**asettaa raudat**	[asetta: raudat]
caçador (m) furtivo	**salametsästäjä**	[sala·metsæstæjæ]
caça (animais)	**riista**	[ri:sta]
cão (m) de caça	**metsästyskoira**	[metsæstys·kojra]
safári (m)	**safari**	[safari]
animal (m) empalhado	**täytetty eläin**	[tæytetty elæjn]
pescador (m)	**kalastaja**	[kalastaja]
pesca (f)	**kalastus**	[kalastus]
pescar (vt)	**kalastaa**	[kalasta:]
vara (f) de pesca	**onki**	[oŋki]
linha (f) de pesca	**siima**	[si:ma]
anzol (m)	**koukku**	[koukku]
boia (f), flutuador (m)	**koho**	[koɦo]
isca (f)	**syötti**	[syøtti]
lançar a linha	**heittää onki**	[hejttæ: oŋki]
morder (peixe)	**käydä onkeen**	[kæydæ oŋke:n]
pesca (f)	**saalis**	[sa:lis]
buraco (m) no gelo	**avanto**	[aʋanto]
rede (f)	**kalaverkko**	[kala·ʋerkko]
barco (m)	**vene**	[ʋene]
pescar com rede	**kalastaa verkoilla**	[kalasta: ʋerkojlla]
lançar a rede	**heittää verkko**	[hejttæ: ʋerkko]
puxar a rede	**vetää verkko**	[ʋetæ: ʋerkko]
baleeiro (m)	**valaanpyytäjä**	[ʋala:n·py:tæjæ]
baleeira (f)	**valaanpyyntialus**	[ʋala:n·py:ntialus]
arpão (m)	**harppuuna**	[harppu:na]

159. Jogos. Bilhar

bilhar (m)	**biljardi**	[biljardi]
sala (f) de bilhar	**biljardisali**	[biljardi·sali]

bola (f) de bilhar	**biljardipallo**	[biljardi·pallo]
embolsar uma bola	**pussittaa**	[pussitta:]
taco (m)	**biljardikeppi**	[biljardi·keppi]
caçapa (f)	**pussi**	[pussi]

160. Jogos. Jogar cartas

ouros (m pl)	**ruutu**	[ru:tu]
espadas (f pl)	**pata**	[pata]
copas (f pl)	**hertta**	[hertta]
paus (m pl)	**risti**	[risti]
ás (m)	**ässä**	[æssæ]
rei (m)	**kuningas**	[kuniŋas]
dama (f), rainha (f)	**kuningatar**	[kuniŋatar]
valete (m)	**sotamies**	[sotamies]
carta (f) de jogar	**pelikortti**	[peli·kortti]
cartas (f pl)	**kortit**	[kortit]
trunfo (m)	**valtti**	[ʋaltti]
baralho (m)	**korttipakka**	[kortti·pakka]
ponto (m)	**piste**	[piste]
dar, distribuir (vt)	**jakaa**	[jaka:]
embaralhar (vt)	**sekoittaa**	[sekojtta:]
vez, jogada (f)	**siirto**	[si:rto]
trapaceiro (m)	**korttihuijari**	[kortti·ɦuijari]

161. Casino. Roleta

cassino (m)	**kasino**	[kasino]
roleta (f)	**ruletti**	[ruletti]
aposta (f)	**panos**	[panos]
apostar (vt)	**lyödä vetoa**	[lyødæ ʋetoa]
vermelho (m)	**punainen**	[punajnen]
preto (m)	**musta**	[musta]
apostar no vermelho	**lyödä vetoa punaisesta**	[lyødæ ʋetoa punajsesta]
apostar no preto	**lyödä vetoa mustasta**	[lyødæ ʋetoa mustasta]
croupier (m, f)	**krupieeri**	[krupje:ri]
girar da roleta	**pyörittää rulettipyörää**	[pyørittæ: ruletti·pyøræ:]
regras (f pl) do jogo	**pelisäännöt**	[peli·sæ:nnøt]
ficha (f)	**pelimerkki**	[peli·merkki]
ganhar (vi, vt)	**voittaa**	[ʋojtta:]
ganho (m)	**voitto**	[ʋojtto]
perder (dinheiro)	**hävitä**	[hæʋitæ]
perda (f)	**häviö**	[hæʋiø]
jogador (m)	**pelaaja**	[pela:ja]
blackjack, vinte-e-um (m)	**Black Jack**	[blek ʤek]

jogo (m) de dados	**noppapeli**	[noppapeli]
dados (m pl)	**nopat**	[nopat]
caça-níqueis (m)	**peliautomaatti**	[peli·automa:tti]

162. Descanso. Jogos. Diversos

passear (vi)	**kävellä**	[kæʋellæ]
passeio (m)	**kävely**	[kæʋely]
viagem (f) de carro	**retki**	[retki]
aventura (f)	**seikkailu**	[sejkkajlu]
piquenique (m)	**piknikki**	[piknikki]
jogo (m)	**peli**	[peli]
jogador (m)	**pelaaja**	[pela:ja]
partida (f)	**erä**	[eræ]
colecionador (m)	**keräilijä**	[keræjlijæ]
colecionar (vt)	**keräillä**	[keræjllæ]
coleção (f)	**kokoelma**	[kokoelma]
palavras (f pl) cruzadas	**sanaristikko**	[sana·ristikko]
hipódromo (m)	**ravirata**	[raʋi·rata]
discoteca (f)	**disko**	[disko]
sauna (f)	**sauna**	[sauna]
loteria (f)	**arpajaiset**	[arpajaiset]
campismo (m)	**vaellus**	[ʋaellus]
acampamento (m)	**leiri**	[lejri]
barraca (f)	**teltta**	[teltta]
bússola (f)	**kompassi**	[kompassi]
campista (m)	**telttailija**	[telttajlija]
ver (vt), assistir à ...	**katsoa**	[katsoa]
telespectador (m)	**katsoja**	[katsoja]
programa (m) de TV	**televisiolähetys**	[teleʋisio·læɦetys]

163. Fotografia

máquina (f) fotográfica	**kamera**	[kamera]
foto, fotografia (f)	**valokuva**	[ʋalokuʋa]
fotógrafo (m)	**valokuvaaja**	[ʋalokuʋa:ja]
estúdio (m) fotográfico	**valokuvaamo**	[ʋalokuʋa:mo]
álbum (m) de fotografias	**valokuvakansio**	[ʋalokuʋa·kansio]
lente (f) fotográfica	**objektiivi**	[objekti:ʋi]
lente (f) teleobjetiva	**teleobjektiivi**	[tele·objekti:ʋi]
filtro (m)	**suodatin**	[suodatin]
lente (f)	**linssi**	[linssi]
ótica (f)	**optiikka**	[opti:kka]
abertura (f)	**himmennin**	[himmennin]

exposição (f)	**valotus**	[ʋalotus]
visor (m)	**etsin**	[etsin]
câmera (f) digital	**digitaalikamera**	[digita:li·kamera]
tripé (m)	**jalusta**	[jalusta]
flash (m)	**salamalaite**	[salama·lajte]
fotografar (vt)	**valokuvata**	[ʋalokuʋata]
tirar fotos	**kuvata**	[kuʋata]
fotografar-se (vr)	**käydä valokuvassa**	[kæydæ ʋalokuʋassa]
foco (m)	**fokus, focus**	[fokus]
focar (vt)	**tarkentaa**	[tarkenta:]
nítido (adj)	**terävä**	[teræʋæ]
nitidez (f)	**terävyys**	[teræʋy:s]
contraste (m)	**kontrasti**	[kontrasti]
contrastante (adj)	**kontrasti-**	[kontrasti]
retrato (m)	**kuva**	[kuʋa]
negativo (m)	**negatiivi**	[negati:ʋi]
filme (m)	**filmi**	[filmi]
fotograma (m)	**otos**	[otos]
imprimir (vt)	**tulostaa**	[tulosta:]

164. Praia. Natação

praia (f)	**uimaranta**	[ujma·ranta]
areia (f)	**hiekka**	[hiekka]
deserto (adj)	**autio**	[autio]
bronzeado (m)	**rusketus**	[rusketus]
bronzear-se (vr)	**ruskettua**	[ruskettua]
bronzeado (adj)	**ruskettunut**	[ruskettunut]
protetor (m) solar	**aurinkovoide**	[auriŋko·ʋojde]
biquíni (m)	**bikinit**	[bikinit]
maiô (m)	**uimapuku**	[ujma·puku]
calção (m) de banho	**uimahousut**	[ujma·housut]
piscina (f)	**uima-allas**	[ujma·allas]
nadar (vi)	**uida**	[ujda]
chuveiro (m), ducha (f)	**suihku**	[sujhku]
mudar, trocar (vt)	**vaihtaa vaatteet**	[ʋajhta: ʋa:tte:t]
toalha (f)	**pyyhe**	[py:he]
barco (m)	**vene**	[ʋene]
lancha (f)	**moottorivene**	[mo:ttori·ʋene]
esqui (m) aquático	**vesihiihto**	[ʋesi·hi:hto]
barco (m) de pedais	**vesipolkupyörä**	[ʋesi·polkupyøræ]
surf, surfe (m)	**surffaus**	[surffaus]
surfista (m)	**surffaaja**	[surffa:ja]
equipamento (m) de mergulho	**happilaite**	[happi·lajte]

pé (m pl) de pato	**räpylät**	[ræpylæt]
máscara (f)	**naamari**	[nɑ:mɑri]
mergulhador (m)	**sukeltaja**	[sukeltɑjɑ]
mergulhar (vi)	**sukeltaa**	[sukeltɑ:]
debaixo d'água	**veden alla**	[ʋeden ɑllɑ]
guarda-sol (m)	**sateenvarjo**	[sɑte:n·ʋɑrjo]
espreguiçadeira (f)	**telttatuoli**	[telttɑ·tuoli]
óculos (m pl) de sol	**aurinkolasit**	[ɑuriŋko·lɑsit]
colchão (m) de ar	**uimapatja**	[ujmɑ·pɑtjɑ]
brincar (vi)	**leikkiä**	[lejkkiæ]
ir nadar	**uida**	[ujdɑ]
bola (f) de praia	**rantapallo**	[rɑntɑ·pɑllo]
encher (vt)	**puhaltaa**	[puɦɑltɑ:]
inflável (adj)	**puhallettava**	[puɦɑllettɑʋɑ]
onda (f)	**aalto**	[ɑ:lto]
boia (f)	**poiju**	[poiju]
afogar-se (vr)	**hukkua**	[hukkuɑ]
salvar (vt)	**pelastaa**	[pelɑstɑ:]
colete (m) salva-vidas	**pelastusliivi**	[pelɑstus·li:ʋi]
observar (vt)	**tarkkailla**	[tɑrkkɑjllɑ]
salva-vidas (pessoa)	**pelastaja**	[pelɑstɑjɑ]

EQUIPAMENTO TÉCNICO. TRANSPORTES

Equipamento técnico. Transportes

165. Computador

computador (m)	**tietokone**	[tieto·kone]
computador (m) portátil	**kannettava tietokone**	[kannettaʋa tietokone]
ligar (vt)	**avata**	[aʋata]
desligar (vt)	**sammuttaa**	[sammutta:]
teclado (m)	**näppäimistö**	[næppæjmistø]
tecla (f)	**näppäin**	[næppæjn]
mouse (m)	**hiiri**	[hi:ri]
tapete (m) para mouse	**hiirimatto**	[hi:ri·matto]
botão (m)	**painike**	[pajnike]
cursor (m)	**kursori**	[kursori]
monitor (m)	**monitori**	[monitori]
tela (f)	**näyttö**	[næyttø]
disco (m) rígido	**kiintolevy, kovalevy**	[ki:nto·leʋy], [koʋa·leʋy]
capacidade (f) do disco rígido	**kiintolevyn kapasiteetti**	[ki:ntoleʋyn kapasite:tti]
memória (f)	**muisti**	[mujsti]
memória RAM (f)	**keskusmuisti**	[keskus·mujsti]
arquivo (m)	**tiedosto**	[tædosto]
pasta (f)	**kansio**	[kansio]
abrir (vt)	**avata**	[aʋata]
fechar (vt)	**sulkea**	[sulkea]
salvar (vt)	**tallentaa**	[tallenta:]
deletar (vt)	**poistaa**	[pojsta:]
copiar (vt)	**kopioida**	[kopiojda]
ordenar (vt)	**lajitella**	[lajıtella]
copiar (vt)	**siirtää**	[si:rtæ:]
programa (m)	**ohjelma**	[ohjelma]
software (m)	**ohjelmisto**	[ohjelmisto]
programador (m)	**ohjelmoija**	[ohjelmoja]
programar (vt)	**ohjelmoida**	[ohjelmojda]
hacker (m)	**hakkeri**	[hakkeri]
senha (f)	**tunnussana**	[tunnus·sana]
vírus (m)	**virus**	[ʋirus]
detectar (vt)	**löytää**	[løytæ:]
byte (m)	**tavu**	[taʋu]

megabyte (m)	**megatavu**	[mega·tauu]
dados (m pl)	**tiedot**	[tiedot]
base (f) de dados	**tietokanta**	[tieto·kanta]
cabo (m)	**kaapeli**	[ka:peli]
desconectar (vt)	**kytkeä irti**	[kytkeæ irti]
conectar (vt)	**yhdistää, liittää**	[yhdistæ:], [li:ttæ:]

166. Internet. E-mail

internet (f)	**internet, netti**	[internet], [netti]
browser (m)	**verkkoselain**	[uerkko·selajn]
motor (m) de busca	**hakukone**	[haku·kone]
provedor (m)	**internet-palveluntarjoaja**	[internet·paluelun·tarjoaja]
webmaster (m)	**webmaster**	[ueb·master]
website (m)	**nettisivusto**	[netti·siuusto]
web page (f)	**nettisivu**	[netti·siuu]
endereço (m)	**email-osoite**	[imejl·osojte]
livro (m) de endereços	**osoitekirja**	[osojte·kirja]
caixa (f) de correio	**postilaatikko**	[postila:tikko]
correio (m)	**posti**	[posti]
cheia (caixa de correio)	**täysi**	[tæysi]
mensagem (f)	**viesti**	[uiesti]
mensagens (f pl) recebidas	**saapuneet viestit**	[sa:pune:t uiestit]
mensagens (f pl) enviadas	**lähetetyt viestit**	[læɦetetyt uiestit]
remetente (m)	**lähettäjä**	[læɦettæjæ]
enviar (vt)	**lähettää**	[læɦettæ:]
envio (m)	**lähettäminen**	[læɦettæminen]
destinatário (m)	**saaja**	[sa:ja]
receber (vt)	**saada**	[sa:da]
correspondência (f)	**kirjeenvaihto**	[kirje:n·uajhto]
corresponder-se (vr)	**olla kirjeenvaihdossa**	[olla kirje:n·uajhdossa]
arquivo (m)	**tiedosto**	[tædosto]
fazer download, baixar (vt)	**tallentaa**	[tallenta:]
criar (vt)	**luoda**	[luoda]
deletar (vt)	**poistaa**	[pojsta:]
deletado (adj)	**poistettu**	[pojstettu]
conexão (f)	**yhteys**	[yhteys]
velocidade (f)	**nopeus**	[nopeus]
modem (m)	**modeemi**	[mode:mi]
acesso (m)	**pääsy**	[pæ:sy]
porta (f)	**portti**	[portti]
conexão (f)	**liittymä**	[li:ttymæ]
conectar (vi)	**liittyä**	[li:ttyæ]
escolher (vt)	**valita**	[ualita]
buscar (vt)	**etsiä**	[etsiæ]

167. Eletricidade

eletricidade (f)	**sähkö**	[sæhkø]
elétrico (adj)	**sähkö-**	[sæhkø]
planta (f) elétrica	**voimala**	[ʋojmala]
energia (f)	**energia**	[energia]
energia (f) elétrica	**sähköenergia**	[sæhkø·energia]
lâmpada (f)	**lamppu**	[lamppu]
lanterna (f)	**taskulamppu**	[tasku·lamppu]
poste (m) de iluminação	**lyhty**	[lyhty]
luz (f)	**valo**	[ʋalo]
ligar (vt)	**sytyttää**	[sytyttæ:]
desligar (vt)	**katkaista**	[katkajsta]
apagar a luz	**sammuttaa valo**	[sammutta: ʋalo]
queimar (vi)	**olla palanut**	[olla palanut]
curto-circuito (m)	**oikosulku**	[ojko·sulku]
ruptura (f)	**katkeama**	[katkeama]
contato (m)	**kontakti**	[kontakti]
interruptor (m)	**katkaisin**	[katkajsin]
tomada (de parede)	**pistorasia**	[pisto·rasia]
plugue (m)	**pistoke**	[pistoke]
extensão (f)	**jatkojohto**	[jatko·johto]
fusível (m)	**suojalaite**	[suoja·lajte]
fio, cabo (m)	**johto, johdin**	[johto], [johdin]
instalação (f) elétrica	**johdotus**	[johdotus]
ampère (m)	**ampeeri**	[ampe:ri]
amperagem (f)	**ampeeriluku**	[ampe:ri·luku]
volt (m)	**voltti**	[ʋoltti]
voltagem (f)	**jännite**	[jænnite]
aparelho (m) elétrico	**sähkölaite**	[sæhkø·lajte]
indicador (m)	**indikaattori**	[indika:ttori]
eletricista (m)	**sähkömies**	[sæhkømies]
soldar (vt)	**juottaa**	[juotta:]
soldador (m)	**juotin**	[juotin]
corrente (f) elétrica	**virta**	[ʋirta]

168. Ferramentas

ferramenta (f)	**työkalu**	[tyø·kalu]
ferramentas (f pl)	**työkalut**	[tyø·kalut]
equipamento (m)	**laitteet**	[lajtte:t]
martelo (m)	**vasara**	[ʋasara]
chave (f) de fenda	**ruuvitaltta**	[ru:ʋi·taltta]
machado (m)	**kirves**	[kirʋes]

serra (f)	**saha**	[saha]
serrar (vt)	**sahata**	[sahata]
plaina (f)	**höylä**	[høylæ]
aplainar (vt)	**höylätä**	[høylætæ]
soldador (m)	**juotin**	[juotin]
soldar (vt)	**juottaa**	[juotta:]
lima (f)	**viila**	[ʋi:la]
tenaz (f)	**hohtimet**	[hohtimet]
alicate (m)	**laakapihdit**	[la:ka·pihdit]
formão (m)	**taltta**	[taltta]
broca (f)	**pora**	[pora]
furadeira (f) elétrica	**porakone**	[pora·kone]
furar (vt)	**porata**	[porata]
faca (f)	**veitsi**	[ʋejtsi]
canivete (m)	**taskuveitsi**	[tasku·ʋejtsi]
lâmina (f)	**terä**	[teræ]
afiado (adj)	**terävä**	[teræʋæ]
cego (adj)	**tylsä**	[tylsæ]
embotar-se (vr)	**tylsistyä**	[tylsistyæ]
afiar, amolar (vt)	**teroittaa**	[terojtta:]
parafuso (m)	**pultti**	[pultti]
porca (f)	**mutteri**	[mutteri]
rosca (f)	**kierre**	[kierre]
parafuso (para madeira)	**ruuvi**	[ru:ʋi]
prego (m)	**naula**	[naula]
cabeça (f) do prego	**kanta**	[kanta]
régua (f)	**viivoitin**	[ʋi:ʋojtin]
fita (f) métrica	**mittanauha**	[mitta·nauha]
nível (m)	**vesivaaka**	[ʋesi·ʋa:ka]
lupa (f)	**suurennuslasi**	[su:rennus·lasi]
medidor (m)	**mittauslaite**	[mittaus·lajte]
medir (vt)	**mitata**	[mitata]
escala (f)	**asteikko**	[astejkko]
indicação (f), registro (m)	**lukema**	[lukema]
compressor (m)	**kompressori**	[kompressori]
microscópio (m)	**mikroskooppi**	[mikrosko:ppi]
bomba (f)	**pumppu**	[pumppu]
robô (m)	**robotti**	[robotti]
laser (m)	**laser**	[laser]
chave (f) de boca	**kiintoavain**	[ki:nto·aʋajn]
fita (f) adesiva	**teippi**	[tejppi]
cola (f)	**liima**	[li:ma]
lixa (f)	**hiomapaperi**	[hioma·paperi]
mola (f)	**jousi**	[jousi]

ímã (m)	**magneetti**	[maŋne:tti]
luva (f)	**käsineet**	[kæsine:t]
corda (f)	**nuora**	[nuora]
cabo (~ de nylon, etc.)	**nuora**	[nuora]
fio (m)	**johto, johdin**	[johto], [johdin]
cabo (~ elétrico)	**kaapeli**	[ka:peli]
marreta (f)	**leka, moukari**	[leka], [moukari]
pé de cabra (m)	**rautakanki**	[rauta·kaŋki]
escada (f) de mão	**tikapuut**	[tika·pu:t]
escada (m)	**tikkaat**	[tikka:t]
enroscar (vt)	**kiertää**	[kærtæ:]
desenroscar (vt)	**kiertää auki**	[kiertæ: auki]
apertar (vt)	**kiristää**	[kiristæ:]
colar (vt)	**liimata**	[li:mata]
cortar (vt)	**leikata**	[lejkata]
falha (f)	**vika**	[ʋika]
conserto (m)	**korjaus**	[korjaus]
consertar, reparar (vt)	**korjata**	[korjata]
regular, ajustar (vt)	**säädellä**	[sæ:dellæ]
verificar (vt)	**tarkastaa**	[tarkasta:]
verificação (f)	**tarkastus**	[tarkastus]
indicação (f), registro (m)	**lukema**	[lukema]
seguro (adj)	**luotettava**	[luotettaʋa]
complicado (adj)	**monimutkainen**	[monimutkajnen]
enferrujar (vi)	**ruostua**	[ruostua]
enferrujado (adj)	**ruosteinen**	[ruostejnen]
ferrugem (f)	**ruoste**	[ruoste]

Transportes

169. Avião

avião (m)	**lentokone**	[lento·kone]
passagem (f) aérea	**lentolippu**	[lento·lippu]
companhia (f) aérea	**lentoyhtiö**	[lento·yhtiø]
aeroporto (m)	**lentoasema**	[lento·asema]
supersônico (adj)	**yliääni-**	[yliæ:ni-]
comandante (m) do avião	**lentokoneen päällikkö**	[lento·kone:n pæ:llikkø]
tripulação (f)	**miehistö**	[mæhistø]
piloto (m)	**lentäjä**	[lentæjæ]
aeromoça (f)	**lentoemäntä**	[lento·emæntæ]
copiloto (m)	**perämies**	[peræmies]
asas (f pl)	**siivet**	[si:ʋet]
cauda (f)	**pyrstö**	[pyrstø]
cabine (f)	**ohjaamo**	[ohja:mo]
motor (m)	**moottori**	[mo:ttori]
trem (m) de pouso	**laskuteline**	[lasku·teline]
turbina (f)	**turbiini**	[turbi:ni]
hélice (f)	**propelli**	[propelli]
caixa-preta (f)	**musta laatikko**	[musta la:tikko]
coluna (f) de controle	**ohjaussauva**	[ohjaus·sauʋa]
combustível (m)	**polttoaine**	[poltto·ajne]
instruções (f pl) de segurança	**turvaohje**	[turʋa·ohje]
máscara (f) de oxigênio	**happinaamari**	[happina:mari]
uniforme (m)	**univormu**	[uniʋormu]
colete (m) salva-vidas	**pelastusliivi**	[pelastus·li:ʋi]
paraquedas (m)	**laskuvarjo**	[lasku·ʋarjo]
decolagem (f)	**ilmaannousu**	[ilma:n·nousu]
descolar (vi)	**nousta ilmaan**	[nousta ilma:n]
pista (f) de decolagem	**kiitorata**	[ki:to·rata]
visibilidade (f)	**näkyvyys**	[nækyʋy:s]
voo (m)	**lento**	[lento]
altura (f)	**korkeus**	[korkeus]
poço (m) de ar	**ilmakuoppa**	[ilma·kuoppa]
assento (m)	**paikka**	[pajkka]
fone (m) de ouvido	**kuulokkeet**	[ku:lokke:t]
mesa (f) retrátil	**tarjotin**	[tarjotin]
janela (f)	**ikkuna**	[ikkuna]
corredor (m)	**käytävä**	[kæytæʋæ]

170. Comboio

trem (m)	**juna**	[juna]
trem (m) elétrico	**sähköjuna**	[sæhkø·juna]
trem (m)	**pikajuna**	[pika·juna]
locomotiva (f) diesel	**moottoriveturi**	[mo:ttori·ʋeturi]
locomotiva (f) a vapor	**höyryveturi**	[høyry·ʋeturi]
vagão (f) de passageiros	**vaunu**	[ʋaunu]
vagão-restaurante (m)	**ravintolavaunu**	[raʋintola·ʋaunu]
carris (m pl)	**ratakiskot**	[rata·kiskot]
estrada (f) de ferro	**rautatie**	[rauta·tie]
travessa (f)	**ratapölkky**	[rata·pølkky]
plataforma (f)	**asemalaituri**	[asema·lajturi]
linha (f)	**raide**	[rajde]
semáforo (m)	**siipiopastin**	[si:pi·opastin]
estação (f)	**asema**	[asema]
maquinista (m)	**junankuljettaja**	[yneŋ·kuljettaja]
bagageiro (m)	**kantaja**	[kantaja]
hospedeiro, -a (m, f)	**vaununhoitaja**	[ʋaunun·hojtaja]
passageiro (m)	**matkustaja**	[matkustaja]
revisor (m)	**tarkastaja**	[tarkastaja]
corredor (m)	**käytävä**	[kæytæʋæ]
freio (m) de emergência	**hätäjarru**	[hætæ·jarru]
compartimento (m)	**vaununosasto**	[ʋaunun·osasto]
cama (f)	**vuode**	[ʋuode]
cama (f) de cima	**ylävuode**	[ylæ·ʋuode]
cama (f) de baixo	**alavuode**	[ala·ʋuode]
roupa (f) de cama	**vuodevaatteet**	[ʋuode·ʋa:tte:t]
passagem (f)	**lippu**	[lippu]
horário (m)	**aikataulu**	[ajka·taulu]
painel (m) de informação	**aikataulu**	[ajka·taulu]
partir (vt)	**lähteä**	[læhteæ]
partida (f)	**lähtö**	[læhtø]
chegar (vi)	**saapua**	[sa:pua]
chegada (f)	**saapuminen**	[sa:puminen]
chegar de trem	**tulla junalla**	[tulla junalla]
pegar o trem	**nousta junaan**	[nousta juna:n]
descer de trem	**nousta junasta**	[nousta junasta]
acidente (m) ferroviário	**junaturma**	[juna·turma]
descarrilar (vi)	**suistua raiteilta**	[sujstua rajtejlta]
locomotiva (f) a vapor	**höyryveturi**	[høyry·ʋeturi]
foguista (m)	**lämmittäjä**	[læmmittæjæ]
fornalha (f)	**tulipesä**	[tulipesæ]
carvão (m)	**hiili**	[hi:li]

171. Barco

navio (m)	**laiva**	[lajʋa]
embarcação (f)	**alus**	[alus]
barco (m) a vapor	**höyrylaiva**	[højry·lajʋa]
barco (m) fluvial	**jokilaiva**	[joki·lajʋa]
transatlântico (m)	**risteilijä**	[ristejlijæ]
cruzeiro (m)	**risteilijä**	[ristejlijæ]
iate (m)	**jahti**	[jahti]
rebocador (m)	**hinausköysi**	[hinaus·køysi]
barcaça (f)	**proomu**	[pro:mu]
ferry (m)	**lautta**	[lautta]
veleiro (m)	**purjealus**	[purje·alus]
bergantim (m)	**brigantiini**	[briganti:ni]
quebra-gelo (m)	**jäänmurtaja**	[jæ:n·murtaja]
submarino (m)	**sukellusvene**	[sukellus·ʋene]
bote, barco (m)	**jolla**	[jolla]
baleeira (bote salva-vidas)	**pelastusvene**	[pelastus·ʋene]
bote (m) salva-vidas	**pelastusvene**	[pelastus·ʋene]
lancha (f)	**moottorivene**	[mo:ttori·ʋene]
capitão (m)	**kapteeni**	[kapte:ni]
marinheiro (m)	**matruusi**	[matru:si]
marujo (m)	**merimies**	[merimies]
tripulação (f)	**miehistö**	[mæɦistø]
contramestre (m)	**pursimies**	[pursimies]
grumete (m)	**laivapoika**	[lajʋa·pojka]
cozinheiro (m) de bordo	**kokki**	[kokki]
médico (m) de bordo	**laivalääkäri**	[lajʋa·læ:kæri]
convés (m)	**kansi**	[kansi]
mastro (m)	**masto**	[masto]
vela (f)	**purje**	[purje]
porão (m)	**ruuma**	[ru:ma]
proa (f)	**keula**	[keula]
popa (f)	**perä**	[peræ]
remo (m)	**airo**	[ajro]
hélice (f)	**potkuri**	[potkuri]
cabine (m)	**hytti**	[hytti]
sala (f) dos oficiais	**upseerimessi**	[upse:ri·messi]
sala (f) das máquinas	**konehuone**	[kone·ɦuone]
ponte (m) de comando	**komentosilta**	[komento·silta]
sala (f) de comunicações	**radiohuone**	[radio·ɦuone]
onda (f)	**aalto**	[a:lto]
diário (m) de bordo	**laivapäiväkirja**	[lajʋa·pæjʋæ·kirja]
luneta (f)	**kaukoputki**	[kauko·putki]
sino (m)	**kello**	[kello]

bandeira (f)	**lippu**	[lippu]
cabo (m)	**köysi**	[køysi]
nó (m)	**solmu**	[solmu]
corrimão (m)	**käsipuu**	[kæsipu:]
prancha (f) de embarque	**laskusilta**	[lasku·silta]
âncora (f)	**ankkuri**	[aŋkkuri]
recolher a âncora	**nostaa ankkuri**	[nosta: aŋkkuri]
jogar a âncora	**heittää ankkuri**	[hejttæ: aŋkkuri]
amarra (corrente de âncora)	**ankkuriketju**	[aŋkkuri·ketju]
porto (m)	**satama**	[satama]
cais, amarradouro (m)	**laituri**	[lajturi]
atracar (vi)	**kiinnittyä**	[ki:nnittyæ]
desatracar (vi)	**lähteä**	[læhteæ]
viagem (f)	**matka**	[matka]
cruzeiro (m)	**laivamatka**	[lajυa·matka]
rumo (m)	**kurssi**	[kurssi]
itinerário (m)	**reitti**	[rejtti]
canal (m) de navegação	**väylä**	[υæylæ]
banco (m) de areia	**matalikko**	[matalikko]
encalhar (vt)	**ajautua matalikolle**	[ajautua matalikolle]
tempestade (f)	**myrsky**	[myrsky]
sinal (m)	**merkki**	[merkki]
afundar-se (vr)	**upota**	[upota]
Homem ao mar!	**Mies yli laidan!**	[mies yli lajdan]
SOS	**SOS**	[sos]
boia (f) salva-vidas	**pelastusrengas**	[pelastus·reŋas]

172. Aeroporto

aeroporto (m)	**lentoasema**	[lento·asema]
avião (m)	**lentokone**	[lento·kone]
companhia (f) aérea	**lentoyhtiö**	[lento·yhtiø]
controlador (m) de tráfego aéreo	**lennonjohtaja**	[lennon·johtaja]
partida (f)	**lähtö**	[læhtø]
chegada (f)	**saapuvat**	[sa:puυat]
chegar (vi)	**lentää**	[lentæ:]
hora (f) de partida	**lähtöaika**	[læhtø·ajka]
hora (f) de chegada	**saapumisaika**	[sa:pumis·ajka]
estar atrasado	**myöhästyä**	[myøhæstyæ]
atraso (m) de voo	**lennon viivästyminen**	[lennon υi:υæstyminen]
painel (m) de informação	**tiedotustaulu**	[tiedotus·taulu]
informação (f)	**tiedotus**	[tiedotus]
anunciar (vt)	**ilmoittaa**	[ilmojtta:]

voo (m)	**lento**	[lento]
alfândega (f)	**tulli**	[tulli]
funcionário (m) da alfândega	**tullimies**	[tullimies]
declaração (f) alfandegária	**tullausilmoitus**	[tullɑus·ilmojtus]
preencher (vt)	**täyttää**	[tæyttæ:]
preencher a declaração	**täyttää tullausilmoitus**	[tæyttæ: tullɑus ilmojtus]
controle (m) de passaporte	**passintarkastus**	[pɑssin·tɑrkɑstus]
bagagem (f)	**matkatavara**	[mɑtkɑ·tɑʋɑrɑ]
bagagem (f) de mão	**käsimatkatavara**	[kæsi·mɑtkɑ·tɑʋɑrɑ]
carrinho (m)	**matkatavarakärryt**	[mɑtkɑ·tɑʋɑrɑt·kærryt]
pouso (m)	**lasku**	[lɑsku]
pista (f) de pouso	**laskurata**	[lɑsku·rɑtɑ]
aterrissar (vi)	**laskeutua**	[lɑskeutuɑ]
escada (f) de avião	**laskuportaat**	[lɑsku·portɑ:t]
check-in (m)	**lähtöselvitys**	[læhtø·selʋitys]
balcão (m) do check-in	**rekisteröintitiski**	[rekisterøinti·tiski]
fazer o check-in	**ilmoittautua**	[ilmojttɑutuɑ]
cartão (m) de embarque	**koneeseennousukortti**	[kone:se:n·nousu·kortti]
portão (m) de embarque	**lentokoneen pääsy**	[lento·kone:n pæ:sy]
trânsito (m)	**kauttakulku**	[kɑuttɑ·kulku]
esperar (vi, vt)	**odottaa**	[odottɑ:]
sala (f) de espera	**odotussali**	[odotus·sɑli]
despedir-se (acompanhar)	**saattaa ulos**	[sɑ:ttɑ: ulos]
despedir-se (dizer adeus)	**hyvästellä**	[hyʋæstellæ]

173. Bicicleta. Motocicleta

bicicleta (f)	**polkupyörä**	[polku·pyøræ]
lambreta (f)	**skootteri**	[sko:tteri]
moto (f)	**moottoripyörä**	[mo:ttori·pyøræ]
ir de bicicleta	**pyöräillä**	[pyøræjllæ]
guidão (m)	**ohjaustanko**	[ohjɑus·tɑŋko]
pedal (m)	**poljin**	[poljɪn]
freios (m pl)	**jarrut**	[jɑrrut]
banco, selim (m)	**satula**	[sɑtulɑ]
bomba (f)	**pumppu**	[pumppu]
bagageiro (m) de teto	**tavarateline**	[tɑʋɑrɑ·teline]
lanterna (f)	**valo, ajovalo**	[ʋɑlo], [ɑjoʋɑlo]
capacete (m)	**kypärä**	[kypæræ]
roda (f)	**pyörä**	[pyøræ]
para-choque (m)	**siipi**	[si:pi]
aro (m)	**vanne**	[ʋɑnne]
raio (m)	**pinna**	[pinnɑ]

Carros

174. Tipos de carros

carro, automóvel (m)	**auto**	[auto]
carro (m) esportivo	**urheiluauto**	[urhejlu·auto]
limusine (f)	**limusiini**	[limousi:ni]
todo o terreno (m)	**maastoauto**	[ma:sto·auto]
conversível (m)	**avoauto**	[auo·auto]
minibus (m)	**pikkubussi**	[pikku·bussi]
ambulância (f)	**ambulanssi**	[ambulanssi]
limpa-neve (m)	**lumiaura**	[lumi·aura]
caminhão (m)	**kuorma-auto**	[kuorma·auto]
caminhão-tanque (m)	**bensiinisäiliöauto**	[bensi:ni·sæjliø·auto]
perua, van (f)	**kuomuauto**	[kuomu·auto]
caminhão-trator (m)	**vetoauto**	[ueto·auto
reboque (m)	**perävaunu**	[peræ·uaunu]
confortável (adj)	**mukava**	[mukaua]
usado (adj)	**käytetty**	[kæutetty]

175. Carros. Carroçaria

capô (m)	**konepelti**	[kone·pelti]
para-choque (m)	**lokasuoja**	[loka·suoja]
teto (m)	**katto**	[katto]
para-brisa (m)	**tuulilasi**	[tu:li·lasi]
retrovisor (m)	**taustapeili**	[tausta·pejli]
esguicho (m)	**tuulilasinpesin**	[tu:lilasin·pesin]
limpadores (m) de para-brisas	**tuulilasinpyyhkimet**	[tu:lilasin·py:hkimet]
vidro (m) lateral	**sivulasi**	[siuu·lasi]
elevador (m) do vidro	**lasinnostin**	[lasin·nostin]
antena (f)	**antenni**	[antenni]
teto (m) solar	**kattoluukku**	[katto·lu:kku]
para-choque (m)	**puskuri**	[puskuri]
porta-malas (f)	**tavaratila**	[tauara·tila]
bagageira (f)	**takräcke, kattoteline**	[takræcke], [kattoteline]
porta (f)	**ovi**	[oui]
maçaneta (f)	**kahva**	[kahua]
fechadura (f)	**lukko**	[lukko]
placa (f)	**numero**	[numero]
silenciador (m)	**vaimennin**	[uajmennin]

tanque (m) de gasolina	**bensiinitankki**	[bensi:ni·taŋkki]
tubo (m) de exaustão	**pakoputki**	[pako·putki]
acelerador (m)	**kaasu**	[ka:su]
pedal (m)	**poljin**	[poljın]
pedal (m) do acelerador	**kaasupoljin**	[ka:su·poljın]
freio (m)	**jarru**	[jarru]
pedal (m) do freio	**jarrupoljin**	[jarru·poljın]
frear (vt)	**jarruttaa**	[jarrutta:]
freio (m) de mão	**käsijarru**	[kæsi·jarru]
embreagem (f)	**kytkin**	[kytkin]
pedal (m) da embreagem	**kytkinpoljin**	[kytkin·poljın]
disco (m) de embreagem	**kytkinlevy**	[kytkin·leʋy]
amortecedor (m)	**iskari**	[iskari]
roda (f)	**rengas**	[reŋas]
pneu (m) estepe	**vararengas**	[ʋara·reŋas]
pneu (m)	**rengas**	[reŋas]
calota (f)	**pölykapseli**	[pøly·kapseli]
rodas (f pl) motrizes	**vetävät pyörät**	[ʋetæʋæt pyøræt]
de tração dianteira	**etuveto-**	[etuʋeto]
de tração traseira	**takaveto-**	[takaʋeto]
de tração às 4 rodas	**neliveto-**	[neliʋeto]
caixa (f) de mudanças	**vaihdelaatikko**	[ʋajhde·la:tikko]
automático (adj)	**automaattinen**	[automa:ttinen]
mecânico (adj)	**käsivalintainen**	[kæsiʋalintajnen]
alavanca (f) de câmbio	**vaihdetanko**	[ʋajhde·taŋko]
farol (m)	**etulyhty**	[etulyhty]
faróis (m pl)	**ajovalot**	[ajo·ʋalot]
farol (m) baixo	**lähivalot**	[læɦi·ʋalot]
farol (m) alto	**kaukovalot**	[kauko·ʋalot]
luzes (f pl) de parada	**jarruvalo**	[jarru·ʋalo]
luzes (f pl) de posição	**pysäköintivalot**	[pysækøjnti·ʋalot]
luzes (f pl) de emergência	**hätävilkut**	[hætæ·ʋilkut]
faróis (m pl) de neblina	**sumuvalot**	[sumu·ʋalot]
pisca-pisca (m)	**kääntymisvalo**	[kæ:ntymis·ʋalo]
luz (f) de marcha ré	**peruutusvalo**	[peru:tus·ʋalo]

176. Carros. Habitáculo

interior (do carro)	**sisätila**	[sisæ·tila]
de couro	**nahka-**	[nahka]
de veludo	**veluuri-**	[ʋelu:ri]
estofamento (m)	**verhoilu**	[ʋerhojlu]
indicador (m)	**koje**	[koje]
painel (m)	**kojelauta**	[koje·lauta]

velocímetro (m)	**nopeusmittari**	[nopeus·mittɑri]
ponteiro (m)	**osoitin**	[osojtin]
hodômetro, odômetro (m)	**matkamittari**	[mɑtkɑ·mittɑri]
indicador (m)	**indikaattori**	[indikɑ:ttori]
nível (m)	**taso**	[tɑso]
luz (f) de aviso	**varoitusvalo**	[ʋɑroitus·ʋɑlo]
volante (m)	**ratti**	[rɑtti]
buzina (f)	**torvi**	[torʋi]
botão (m)	**painike**	[pɑjnike]
interruptor (m)	**kytkin**	[kytkin]
assento (m)	**istuin**	[istujn]
costas (f pl) do assento	**selkänoja**	[selkænojɑ]
cabeceira (f)	**päänalunen**	[pæ:n·ɑlunen]
cinto (m) de segurança	**turvavyö**	[turʋɑ·ʋyø]
apertar o cinto	**kiinnittää turvavyö**	[ki:nnittæ: turʋɑ·ʋyø]
ajuste (m)	**säätö**	[sæ:tø]
airbag (m)	**turvatyyny**	[turʋɑ·ty:ny]
ar (m) condicionado	**ilmastointilaite**	[ilmɑstojnti·lɑjte]
rádio (m)	**radio**	[rɑdio]
leitor (m) de CD	**CD-levysoitin**	[sede·leʋysojtin]
ligar (vt)	**avata**	[ɑʋɑtɑ]
antena (f)	**antenni**	[ɑntenni]
porta-luvas (m)	**hansikaslokero**	[hɑnsikɑs·lokero]
cinzeiro (m)	**tuhkakuppi**	[tuhkɑ·kuppi]

177. Carros. Motor

motor (m)	**moottori**	[mo:ttori]
a diesel	**diesel-**	[di:sel]
a gasolina	**bensiini-**	[bensi:ni]
cilindrada (f)	**moottorin tilavuus**	[mo:ttorin tilɑʋu:s]
potência (f)	**teho**	[teɦo]
cavalo (m) de potência	**hevosvoima**	[heʋos·ʋojmɑ]
pistão (m)	**mäntä**	[mæntæ]
cilindro (m)	**sylinteri**	[sylinteri]
válvula (f)	**venttiili**	[ʋentti:li]
injetor (m)	**injektori**	[injektori]
gerador (m)	**generaattori**	[generɑ:ttori]
carburador (m)	**kaasutin**	[kɑ:sutin]
óleo (m) de motor	**koneöljy**	[kone·øljy]
radiador (m)	**jäähdytin**	[jæ:hdytin]
líquido (m) de arrefecimento	**jäähdytysneste**	[jæ:hdytys·neste]
ventilador (m)	**tuuletin**	[tu:letin]
bateria (f)	**akku**	[ɑkku]
dispositivo (m) de arranque	**startti**	[stɑrtti]

ignição (f)	**sytytys**	[sytytys]
vela (f) de ignição	**sytytystulppa**	[sytytys·tulppɑ]
terminal (m)	**liitin**	[li:tin]
terminal (m) positivo	**plus**	[plus]
terminal (m) negativo	**miinus**	[mi:nus]
fusível (m)	**sulake**	[sulɑke]
filtro (m) de ar	**ilmasuodatin**	[ilmɑ·suodɑtin]
filtro (m) de óleo	**öljysuodatin**	[øljy·suodɑtin]
filtro (m) de combustível	**polttoainesuodatin**	[polttoɑjne·suodɑtin]

178. Carros. Batidas. Reparação

acidente (m) de carro	**kolari**	[kolɑri]
acidente (m) rodoviário	**liikenneonnettomuus**	[li:kenne·onnettomu:s]
bater (~ num muro)	**törmätä**	[tørmætæ]
sofrer um acidente	**rysähtää**	[rysæhtæ:]
dano (m)	**vaurio**	[ʋɑurio]
intato	**ehjä**	[ehjæ]
pane (f)	**hajoaminen**	[hɑjoɑminen]
avariar (vi)	**mennä rikki**	[mennæ rikki]
cabo (m) de reboque	**hinausvaijeri**	[hinɑus·ʋɑijeri]
furo (m)	**reikä**	[rejkæ]
estar furado	**puhjeta**	[puhjetɑ]
encher (vt)	**pumpata**	[pumpɑtɑ]
pressão (f)	**paine**	[pɑjne]
verificar (vt)	**tarkastaa**	[tɑrkɑstɑ:]
reparo (m)	**korjaus**	[korjɑus]
oficina (f) automotiva	**autopaja, korjaamo**	[ɑutopɑjɑ], [korjɑ:mo]
peça (f) de reposição	**varaosa**	[ʋɑrɑ·osɑ]
peça (f)	**osa**	[osɑ]
parafuso (com porca)	**pultti**	[pultti]
parafuso (m)	**ruuvi**	[ru:ʋi]
porca (f)	**mutteri**	[mutteri]
arruela (f)	**aluslevy**	[ɑlus·leʋy]
rolamento (m)	**laakeri**	[lɑ:keri]
tubo (m)	**putki**	[putki]
junta, gaxeta (f)	**tiiviste**	[ti:ʋiste]
fio, cabo (m)	**johto, johdin**	[johto], [johdin]
macaco (m)	**tunkki**	[tuŋkki]
chave (f) de boca	**kiintoavain**	[ki:nto·ɑʋɑjn]
martelo (m)	**vasara**	[ʋɑsɑrɑ]
bomba (f)	**pumppu**	[pumppu]
chave (f) de fenda	**ruuvitaltta**	[ru:ʋi·tɑlttɑ]
extintor (m)	**sammutin**	[sɑmmutin]
triângulo (m) de emergência	**varoituskolmio**	[ʋɑrojtus·kolmio]

morrer (motor)	**sammua**	[sammua]
paragem, "morte" (f)	**sammutus**	[sammutus]
estar quebrado	**olla rikki**	[olla rikki]
superaquecer-se (vr)	**ylikuumentua**	[yliku:mentua]
entupir-se (vr)	**tukkeutua**	[tukkeutua]
congelar-se (vr)	**jäätyä**	[jæ:tyæ]
rebentar (vi)	**haljeta**	[haljeta]
pressão (f)	**paine**	[pajne]
nível (m)	**taso**	[taso]
frouxo (adj)	**löysä**	[løysæ]
batida (f)	**lommo**	[lommo]
ruído (m)	**poikkeava ääni**	[poikkeaʋa æ:ni]
fissura (f)	**halkeama**	[halkeama]
arranhão (m)	**naarmu**	[na:rmu]

179. Carros. Estrada

estrada (f)	**tie**	[tie]
autoestrada (f)	**moottoritie**	[mo:ttoritie]
rodovia (f)	**maantie**	[ma:ntie]
direção (f)	**suunta**	[su:nta]
distância (f)	**välimatka**	[ʋæli·matka]
ponte (f)	**silta**	[silta]
parque (m) de estacionamento	**parkkipaikka**	[parkki·pajkka]
praça (f)	**aukio**	[aukio]
nó (m) rodoviário	**eritasoliittymä**	[eritaso·li:ttymæ]
túnel (m)	**tunneli**	[tunneli]
posto (m) de gasolina	**bensiiniasema**	[bensi:ni·asema]
parque (m) de estacionamento	**parkkipaikka**	[parkki·pajkka]
bomba (f) de gasolina	**bensiinipumppu**	[bensi:ni·pumppu]
oficina (f) automotiva	**autopaja, korjaamo**	[autopaja], [korja:mo]
abastecer (vt)	**tankata**	[taŋkata]
combustível (m)	**polttoaine**	[poltto·ajne]
galão (m) de gasolina	**jerrykannu**	[jerry·kannu]
asfalto (m)	**asfaltti**	[asfaltti]
marcação (f) de estradas	**ajoratamerkintä**	[ajorata·merkintæ]
meio-fio (m)	**reunakiveys**	[reuna·kiʋeus]
guard-rail (m)	**suojakaide**	[suoja·kajde]
valeta (f)	**oja**	[oja]
acostamento (m)	**piennar**	[pænnar]
poste (m) de luz	**pylväs**	[pylʋæs]
dirigir (vt)	**ajaa**	[aja:]
virar (~ para a direita)	**kääntää**	[kæ:ntæ:]
dar retorno	**tehdä u-käännös**	[tehdæ u:kæ:nnøs]
ré (f)	**peruutusvaihde**	[peru:tus·ʋajhde]
buzinar (vi)	**tuutata**	[tu:tata]
buzina (f)	**auton tuuttaus**	[auton tu:ttaus]

atolar-se (vr)	**juuttua**	[ju:ttuɑ]
patinar (na lama)	**pyöriä tyhjää**	[pyøriæ tyhjæ:]
desligar (vt)	**sammuttaa**	[sɑmmuttɑ:]
velocidade (f)	**nopeus**	[nopeus]
exceder a velocidade	**ajaa ylinopeutta**	[ɑjɑ: ylinopeuttɑ]
multar (vt)	**sakottaa**	[sɑkottɑ:]
semáforo (m)	**liikennevalot**	[li:kenne·ʋɑlot]
carteira (f) de motorista	**ajokortti**	[ɑjo·kortti]
passagem (f) de nível	**tasoylikäytävä**	[tɑso·ylikæytæʋæ]
cruzamento (m)	**risteys**	[risteys]
faixa (f)	**suojatie**	[suojɑtæ]
curva (f)	**mutka**	[mutkɑ]
zona (f) de pedestres	**kävelykatu**	[kæʋely·kɑtu]

180. Sinais de trânsito

código (m) de trânsito	**liikennesäännöt**	[li:kenne·sæ:nnøt]
sinal (m) de trânsito	**liikennemerkki**	[li:kenne·merkki]
ultrapassagem (f)	**ohitus**	[ohitus]
curva (f)	**käännös**	[kæ:nnøs]
retorno (m)	**U-käännös**	[u:kæ:nnøs]
rotatória (f)	**Liikenneympyrä**	[li:kenne·ympyrɑ]
sentido proibido	**Kielletty ajosuunta**	[kielletty ɑjosu:ntɑ]
trânsito proibido	**Ajoneuvolla ajo kielletty**	[ɑjo·neuʋollɑ ɑjo kielletty]
proibido de ultrapassar	**Ohituskielto**	[ohitus·kielto]
estacionamento proibido	**Pysäköinti kielletty**	[pysækøinti kielletty]
paragem proibida	**Pysäyttäminen kielletty**	[pysæjttɑminen kielletty]
curva (f) perigosa	**Jyrkkä mutka**	[yrkkæ mutkɑ]
descida (f) perigosa	**Jyrkkä alamäki**	[yrkkæ ɑlɑmæki]
trânsito de sentido único	**Yksisuuntainen katu**	[yksi·su:ntɑjnen kɑtu]
faixa (f)	**Suojatie**	[suojɑtæ]
pavimento (m) escorregadio	**Liukas ajorata**	[liukɑs ɑjorɑtɑ]
conceder passagem	**Kärkikolmio**	[kærkikolmio]

PESSOAS. EVENTOS

Eventos

181. Férias. Evento

festa (f)	**juhla**	[juhla]
feriado (m) nacional	**kansallisjuhla**	[kansallis·juhla]
feriado (m)	**juhlapäivä**	[juhla·pæjuæ]
festejar (vt)	**juhlia**	[juhlia]
evento (festa, etc.)	**tapahtuma**	[tapahtuma]
evento (banquete, etc.)	**tapahtuma**	[tapahtuma]
banquete (m)	**banketti**	[baŋketti]
recepção (f)	**vastaanotto**	[uasta:notto]
festim (m)	**juhlat**	[juhlat]
aniversário (m)	**vuosipäivä**	[uuosi·pæjuæ]
jubileu (m)	**juhla, vuosipäivä**	[juhla], [uuosi·pæjuæ]
celebrar (vt)	**juhlia**	[juhlia]
Ano (m) Novo	**uusivuosi**	[u:si·uuosi]
Feliz Ano Novo!	**Hyvää uutta vuotta!**	[hyuæ: u:tta uuotta]
Papai Noel (m)	**Joulupukki**	[joulu·pukki]
Natal (m)	**Joulu**	[joulu]
Feliz Natal!	**Hyvää joulua!**	[hyuæ: joulua]
árvore (f) de Natal	**joulukuusi**	[joulu·ku:si]
fogos (m pl) de artifício	**ilotulitus**	[ilo·tulitus]
casamento (m)	**häät**	[hæ:t]
noivo (m)	**sulhanen**	[sulhanen]
noiva (f)	**morsian**	[morsian]
convidar (vt)	**kutsua**	[kutsua]
convite (m)	**kutsu, kutsukirje**	[kutsu], [kutsu·kirje]
convidado (m)	**vieras**	[uieras]
visitar (vt)	**käydä kylässä**	[kæydæ kylæssæ]
receber os convidados	**tervehtiä vieraat**	[teruehtiæ uiera:t]
presente (m)	**lahja**	[lahja]
oferecer, dar (vt)	**lahjoittaa**	[lahjoitta:]
receber presentes	**saada lahjat**	[sa:da lahjat]
buquê (m) de flores	**kukkakimppu**	[kukka·kimppu]
felicitações (f pl)	**onnittelu**	[onnittelu]
felicitar (vt)	**onnitella**	[onnitella]
cartão (m) de parabéns	**onnittelukortti**	[onnittelu·kortti]

enviar um cartão postal	**lähettää kortti**	[læɦettæ: kortti]
receber um cartão postal	**saada kortti**	[sɑ:dɑ kortti]
brinde (m)	**maljapuhe**	[mɑljɑ·puɦe]
oferecer (vt)	**kestitä**	[kestitæ]
champanhe (m)	**samppanja**	[sɑmppɑnjɑ]
divertir-se (vr)	**huvitella**	[huʋitellɑ]
diversão (f)	**ilo, hilpeys**	[ilo], [hilpeys]
alegria (f)	**ilo**	[ilo]
dança (f)	**tanssi**	[tɑnssi]
dançar (vi)	**tanssia**	[tɑnssiɑ]
valsa (f)	**valssi**	[ʋɑlssi]
tango (m)	**tango**	[tɑŋo]

182. Funerais. Enterro

cemitério (m)	**hautausmaa**	[hɑutɑusmɑ:]
sepultura (f), túmulo (m)	**hauta**	[hɑutɑ]
cruz (f)	**risti**	[risti]
lápide (f)	**hautamuistomerkki**	[hɑutɑmujsto·merkki]
cerca (f)	**aita**	[ɑjtɑ]
capela (f)	**kappeli**	[kɑppeli]
morte (f)	**kuolema**	[kuolemɑ]
morrer (vi)	**kuolla**	[kuollɑ]
defunto (m)	**vainaja**	[ʋɑjnɑjɑ]
luto (m)	**sureminen**	[sureminen]
enterrar, sepultar (vt)	**haudata**	[hɑudɑtɑ]
funerária (f)	**hautaustoimisto**	[hɑutɑus·tojmisto]
funeral (m)	**hautajaiset**	[hɑutɑjɑiset]
coroa (f) de flores	**seppele**	[seppele]
caixão (m)	**ruumisarkku**	[ru:mis·ɑrkku]
carro (m) funerário	**ruumisvaunut**	[ru:mis·ʋɑunut]
mortalha (f)	**käärinliina**	[kæ:rin·li:nɑ]
procissão (f) funerária	**hautajaissaatto**	[hɑutɑjɑis·sɑ:tto]
urna (f) funerária	**uurna**	[u:rnɑ]
crematório (m)	**krematorio**	[krematorio]
obituário (m), necrologia (f)	**muistokirjoitus**	[mujsto·kirjoitus]
chorar (vi)	**itkeä**	[itkeæ]
soluçar (vi)	**nyyhkyttää**	[ny:hkyttæ:]

183. Guerra. Soldados

pelotão (m)	**joukkue**	[joukkue]
companhia (f)	**komppania**	[komppɑniɑ]

regimento (m)	**rykmentti**	[rykmentti]
exército (m)	**armeija**	[armeja]
divisão (f)	**divisioona**	[diʋisio:na]
esquadrão (m)	**joukko**	[joukko]
hoste (f)	**armeija**	[armeja]
soldado (m)	**sotilas**	[sotilas]
oficial (m)	**upseeri**	[upse:ri]
soldado (m) raso	**sotamies**	[sotamies]
sargento (m)	**kersantti**	[kersantti]
tenente (m)	**luutnantti**	[lu:tnantti]
capitão (m)	**kapteeni**	[kapte:ni]
major (m)	**majuri**	[majuri]
coronel (m)	**eversti**	[eʋersti]
general (m)	**kenraali**	[kenra:li]
marujo (m)	**merimies**	[merimies]
capitão (m)	**kapteeni**	[kapte:ni]
contramestre (m)	**pursimies**	[pursimies]
artilheiro (m)	**tykkimies**	[tykkimies]
soldado (m) paraquedista	**desantti**	[desantti]
piloto (m)	**lentäjä**	[lentæjæ]
navegador (m)	**perämies**	[peræmies]
mecânico (m)	**konemestari**	[kone·mestari]
sapador-mineiro (m)	**pioneeri**	[pione:ri]
paraquedista (m)	**laskuvarjohyppääjä**	[lasku·ʋarjoɦyppæ:jæ]
explorador (m)	**tiedustelija**	[tiedustelija]
atirador (m) de tocaia	**tarkka-ampuja**	[tarkka·ampuja]
patrulha (f)	**partio**	[partio]
patrulhar (vt)	**partioida**	[partiojda]
sentinela (f)	**vartiomies**	[ʋartiomies]
guerreiro (m)	**soturi**	[soturi]
patriota (m)	**patriootti**	[patrio:tti]
herói (m)	**sankari**	[saŋkari]
heroína (f)	**sankaritar**	[saŋkaritar]
traidor (m)	**pettäjä, petturi**	[pettæjæ], [petturi]
trair (vt)	**pettää**	[pettæ:]
desertor (m)	**karkuri**	[karkuri]
desertar (vt)	**karata**	[karata]
mercenário (m)	**palkkasoturi**	[palkka·soturi]
recruta (m)	**alokas**	[alokas]
voluntário (m)	**vapaaehtoinen**	[ʋapa:ehtojnen]
morto (m)	**kaatunut**	[ka:tunut]
ferido (m)	**haavoittunut**	[ha:ʋojttunut]
prisioneiro (m) de guerra	**sotavanki**	[sota·ʋaŋki]

184. Guerra. Ações militares. Parte 1

guerra (f) **sota** [sotɑ]
guerrear (vt) **sotia** [sotiɑ]
guerra (f) civil **kansalaissota** [kɑnsɑlɑjs·sotɑ]

perfidamente **petollisesti** [petollisesti]
declaração (f) de guerra **sodanjulistus** [sodɑn·julistus]
declarar guerra **julistaa** [julistɑ:]
agressão (f) **aggressio** [ɑggressio]
atacar (vt) **hyökätä** [hyøkætæ]

invadir (vt) **hyökätä** [hyøkætæ]
invasor (m) **hyökkääjä** [hyøkkæ:jæ]
conquistador (m) **valloittaja** [ʋɑllojttɑjɑ]

defesa (f) **puolustus** [puolustus]
defender (vt) **puolustaa** [puolustɑ:]
defender-se (vr) **puolustautua** [puolustɑutuɑ]

inimigo (m) **vihollinen** [ʋiɦollinen]
adversário (m) **vastustaja** [ʋɑstustɑjɑ]
inimigo (adj) **vihollisen** [ʋiɦollisen]

estratégia (f) **strategia** [strɑtegiɑ]
tática (f) **taktiikka** [tɑkti:kkɑ]

ordem (f) **käsky** [kæsky]
comando (m) **komento** [komento]
ordenar (vt) **käskeä** [kæskeæ]
missão (f) **tehtävä** [tehtæʋæ]
secreto (adj) **salainen** [sɑlɑjnen]

batalha (f), combate (m) **taistelu** [tɑistelu]
batalha (f) **kamppailu** [kɑmppɑjlu]
combate (m) **taistelu** [tɑistelu]
ataque (m) **hyökkäys** [hyøkkæys]
assalto (m) **rynnäkkö** [rynnækkø]
assaltar (vt) **rynnätä** [rynnætæ]
assédio, sítio (m) **piiritys** [pi:ritys]

ofensiva (f) **hyökkäys** [hyøkkæys]
tomar à ofensiva **hyökätä** [hyøkætæ]

retirada (f) **vetäytyminen** [ʋetæytyminen]
retirar-se (vr) **vetäytyä** [ʋetæytyæ]

cerco (m) **motti** [motti]
cercar (vt) **motittaa** [motittɑ:]

bombardeio (m) **pommitus** [pommitus]
lançar uma bomba **heittää pommi** [hejttæ: pommi]
bombardear (vt) **pommittaa** [pommittɑ:]
explosão (f) **räjähdys** [ræjæhdys]
tiro (m) **laukaus** [lɑukɑus]

dar um tiro	**laukaista**	[laukajsta]
tiroteio (m)	**ammunta**	[ammunta]
apontar para ...	**tähdätä**	[tæhdætæ]
apontar (vt)	**suunnata**	[su:nnata]
acertar (vt)	**osua**	[osua]
afundar (~ um navio, etc.)	**upottaa**	[upotta:]
brecha (f)	**aukko**	[aukko]
afundar-se (vr)	**upota**	[upota]
frente (m)	**rintama**	[rintama]
evacuação (f)	**evakuointi**	[evakuojnti]
evacuar (vt)	**evakuoida**	[evakuojda]
trincheira (f)	**taisteluhauta**	[tajstelu·hauta]
arame (m) enfarpado	**piikkilanka**	[pi:kki·laŋka]
barreira (f) anti-tanque	**este**	[este]
torre (f) de vigia	**torni**	[torni]
hospital (m) militar	**sotilassairaala**	[sotilas·sajra:la]
ferir (vt)	**haavoittaa**	[ha:vojtta:]
ferida (f)	**haava**	[ha:va]
ferido (m)	**haavoittunut**	[ha:vojttunut]
ficar ferido	**haavoittua**	[ha:vojttua]
grave (ferida ~)	**vakava**	[vakava]

185. Guerra. Ações militares. Parte 2

cativeiro (m)	**sotavankeus**	[sotavaŋkeus]
capturar (vt)	**ottaa vangiksi**	[otta: vaŋiksi]
estar em cativeiro	**olla sotavankeudessa**	[olla sotavaŋkeudessa]
ser aprisionado	**joutua sotavankeuteen**	[joutua sotavaŋkeute:n]
campo (m) de concentração	**keskitysleiri**	[keskitys·lejri]
prisioneiro (m) de guerra	**sotavanki**	[sota·vaŋki]
escapar (vi)	**karata**	[karata]
trair (vt)	**pettää**	[pettæ:]
traidor (m)	**pettäjä, petturi**	[pettæjæ], [petturi]
traição (f)	**petos**	[petos]
fuzilar, executar (vt)	**teloittaa ampumalla**	[telojtta: ampumalla]
fuzilamento (m)	**ampuminen**	[ampuminen]
equipamento (m)	**varustus**	[varustus]
insígnia (f) de ombro	**epoletti**	[epoletti]
máscara (f) de gás	**kaasunaamari**	[ka:su·na:mari]
rádio (m)	**kenttäradio**	[kenttæ·radio]
cifra (f), código (m)	**salakirjoitus**	[sala·kirjoitus]
conspiração (f)	**salaileminen**	[salajleminen]
senha (f)	**tunnussana**	[tunnus·sana]
mina (f)	**miina**	[mi:na]

minar (vt) **miinoittaa** [mi:nojtta:]
campo (m) minado **miinakenttä** [mi:na·kenttæ]

alarme (m) aéreo **ilmahälytys** [ilma·hælytys]
alarme (m) **hälytys** [hælytys]
sinal (m) **signaali** [signa:li]
sinalizador (m) **signaaliohjus** [signa:li·ohjus]

quartel-general (m) **esikunta** [esikunta]
reconhecimento (m) **tiedustelu** [tiedustelu]
situação (f) **tilanne** [tilanne]
relatório (m) **raportti** [raportti]
emboscada (f) **väijytys** [υæjytys]
reforço (m) **vahvistus** [υahυistus]

alvo (m) **maali** [ma:li]
campo (m) de tiro **ampuma-ala** [ampuma·ala]
manobras (f pl) **sotaharjoitus** [sota·harjoitus]

pânico (m) **paniikki** [pani:kki]
devastação (f) **hävitys** [hæυitys]
ruínas (f pl) **hävitykset** [hæυitykset]
destruir (vt) **hävittää** [hæυittæ:]

sobreviver (vi) **jäädä eloon** [jæ:dæ elo:n]
desarmar (vt) **riisua aseista** [ri:sua asejsta]
manusear (vt) **käyttää** [kæyttæ:]

Sentido! **Asento!** [asento]
Descansar! **Lepo!** [lepo]

façanha (f) **urotyö** [urotyø]
juramento (m) **vala** [υala]
jurar (vi) **vannoa** [υannoa]

condecoração (f) **palkinto** [palkinto]
condecorar (vt) **palkita** [palkita]
medalha (f) **mitali** [mitali]
ordem (f) **kunniamerkki** [kunnia·merkki]

vitória (f) **voitto** [υojtto]
derrota (f) **tappio** [tappio]
armistício (m) **välirauha** [υæli·rauha]

bandeira (f) **standaari** [standa:ri]
glória (f) **kunnia** [kunnia]
parada (f) **paraati** [para:ti]
marchar (vi) **marssia** [marssia]

186. Armas

arma (f) **ase** [ase]
arma (f) de fogo **ampuma-ase** [ampuma·ase]
arma (f) branca **teräase** [teræase]

arma (f) química	**kemiallinen ase**	[kemiallinen ase]
nuclear (adj)	**ydin-**	[ydin]
arma (f) nuclear	**ydinase**	[ydin·ase]
bomba (f)	**pommi**	[pommi]
bomba (f) atômica	**ydinpommi**	[ydin·pommi]
pistola (f)	**pistooli**	[pisto:li]
rifle (m)	**kivääri**	[kiʋæ:ri]
semi-automática (f)	**konepistooli**	[kone·pisto:li]
metralhadora (f)	**konekivääri**	[kone·kiʋæ:ri]
boca (f)	**suu**	[su:]
cano (m)	**piippu**	[pi:ppu]
calibre (m)	**kaliiperi**	[kali:peri]
gatilho (m)	**liipaisin**	[li:pajsin]
mira (f)	**tähtäin**	[tæhtæjn]
carregador (m)	**lipas**	[lipas]
coronha (f)	**perä**	[peræ]
granada (f) de mão	**käsikranaatti**	[kæsi·krana:tti]
explosivo (m)	**räjähdysaine**	[ræjæhdys·ajne]
bala (f)	**luoti**	[luoti]
cartucho (m)	**patruuna**	[patru:na]
carga (f)	**panos**	[panos]
munições (f pl)	**ampumatarvikkeet**	[ampuma·tarʋikke:t]
bombardeiro (m)	**pommikone**	[pommi·kone]
avião (m) de caça	**hävittäjä**	[hæʋittæjæ]
helicóptero (m)	**helikopteri**	[helikopteri]
canhão (m) antiaéreo	**ilmatorjuntatykki**	[ilmatorjunta·tykki]
tanque (m)	**panssarivaunu**	[panssari·ʋaunu]
canhão (de um tanque)	**tykki**	[tykki]
artilharia (f)	**tykistö**	[tykistø]
canhão (m)	**tykki**	[tykki]
fazer a pontaria	**suunnata**	[su:nnata]
projétil (m)	**ammus**	[ammus]
granada (f) de morteiro	**kranaatti**	[krana:tti]
morteiro (m)	**kranaatinheitin**	[krana:tin·hejtin]
estilhaço (m)	**sirpale**	[sirpale]
submarino (m)	**sukellusvene**	[sukellus·ʋene]
torpedo (m)	**torpedo**	[torpedo]
míssil (m)	**raketti**	[raketti]
carregar (uma arma)	**ladata**	[ladata]
disparar, atirar (vi)	**ampua**	[ampua]
apontar para ...	**tähdätä**	[tæhdætæ]
baioneta (f)	**pistin**	[pistin]
espada (f)	**pistomiekka**	[pisto·miekka]
sabre (m)	**sapeli**	[sapeli]

lança (f)	**keihäs**	[kejhæs]
arco (m)	**jousi**	[jousi]
flecha (f)	**nuoli**	[nuoli]
mosquete (m)	**musketti**	[musketti]
besta (f)	**jalkajousi**	[jalka·jousi]

187. Povos da antiguidade

primitivo (adj)	**alkukantainen**	[alkukantajnen]
pré-histórico (adj)	**esihistoriallinen**	[esiɦistoriallinen]
antigo (adj)	**muinainen**	[mujnajnen]
Idade (f) da Pedra	**kivikausi**	[kiʋi·kausi]
Idade (f) do Bronze	**pronssikausi**	[pronssi·kausi]
Era (f) do Gelo	**jääkausi**	[jæ:kausi]
tribo (f)	**heimo**	[hejmo]
canibal (m)	**ihmissyöjä**	[ihmis·syøjæ]
caçador (m)	**metsästäjä**	[metsæstæjæ]
caçar (vi)	**metsästää**	[metsæstæ:]
mamute (m)	**mammutti**	[mammutti]
caverna (f)	**luola**	[luola]
fogo (m)	**tuli**	[tuli]
fogueira (f)	**nuotio**	[nuotio]
pintura (f) rupestre	**kalliomaalaus**	[kallio·ma:laus]
ferramenta (f)	**työväline**	[tyø·ʋæline]
lança (f)	**keihäs**	[kejhæs]
machado (m) de pedra	**kivikirves**	[kiʋi·kirʋes]
guerrear (vt)	**sotia**	[sotia]
domesticar (vt)	**kesyttää**	[kesyttæ:]
ídolo (m)	**epäjumala**	[epæ·jumala]
adorar, venerar (vt)	**palvoa**	[palʋoa]
superstição (f)	**taikausko**	[tajka·usko]
ritual (m)	**riitti**	[ri:tti]
evolução (f)	**evoluutio**	[eʋolu:tio]
desenvolvimento (m)	**kehitys**	[keɦitys]
extinção (f)	**katoaminen**	[katoaminen]
adaptar-se (vr)	**sopeutua**	[sopeutua]
arqueologia (f)	**arkeologia**	[arkeologia]
arqueólogo (m)	**arkeologi**	[arkeologi]
arqueológico (adj)	**muinaistieteellinen**	[mujnajs·tiete:llinen]
escavação (sítio)	**kaivauskohde**	[kajʋaus·kohde]
escavações (f pl)	**kaivaus**	[kajʋaus]
achado (m)	**löytö**	[løytø]
fragmento (m)	**katkelma**	[katkelma]

188. Idade média

povo (m)	**kansa**	[kɑnsɑ]
povos (m pl)	**kansat**	[kɑnsɑt]
tribo (f)	**heimo**	[hejmo]
tribos (f pl)	**heimot**	[hejmot]
bárbaros (pl)	**barbaarit**	[bɑrbɑ:rit]
galeses (pl)	**gallialaiset**	[gɑlliɑlɑjset]
godos (pl)	**gootit**	[go:tit]
eslavos (pl)	**slaavit**	[slɑ:ʋit]
viquingues (pl)	**viikingit**	[ʋi:kiŋit]
romanos (pl)	**roomalaiset**	[ro:mɑlɑjset]
romano (adj)	**roomalainen**	[ro:mɑlɑjnen]
bizantinos (pl)	**bysanttilaiset**	[bysɑnttilɑjset]
Bizâncio	**Bysantti**	[bysɑntti]
bizantino (adj)	**bysanttilainen**	[bysɑnttilɑjnen]
imperador (m)	**keisari**	[kejsɑri]
líder (m)	**päällikkö**	[pæ:llikkø]
poderoso (adj)	**voimakas**	[ʋojmɑkɑs]
rei (m)	**kuningas**	[kuniŋɑs]
governante (m)	**hallitsija**	[hɑllitsijɑ]
cavaleiro (m)	**ritari**	[ritɑri]
senhor feudal (m)	**feodaaliherra**	[feodɑ:li·herrɑ]
feudal (adj)	**feodaali-**	[feodɑ:li]
vassalo (m)	**vasalli**	[ʋɑsɑlli]
duque (m)	**herttua**	[herttuɑ]
conde (m)	**jaarli**	[jɑ:rli]
barão (m)	**paroni**	[pɑroni]
bispo (m)	**piispa**	[pi:spɑ]
armadura (f)	**haarniska**	[hɑ:rniskɑ]
escudo (m)	**kilpi**	[kilpi]
espada (f)	**miekka**	[miekkɑ]
viseira (f)	**visiiri**	[ʋisi:ri]
cota (f) de malha	**silmukkapanssari**	[silmukkɑ·pɑnssɑri]
cruzada (f)	**ristiretki**	[risti·retki]
cruzado (m)	**ristiretkeläinen**	[ristiretke·læjnen]
território (m)	**alue**	[ɑlue]
atacar (vt)	**hyökätä**	[hyøkætæ]
conquistar (vt)	**valloittaa**	[ʋɑllojttɑ:]
ocupar, invadir (vt)	**miehittää**	[miehittæ:]
assédio, sítio (m)	**piiritys**	[pi:ritys]
sitiado (adj)	**piiritetty**	[pi:ritetty]
assediar, sitiar (vt)	**piirittää**	[pi:rittæ:]
inquisição (f)	**inkvisitio**	[iŋkʋisitio]
inquisidor (m)	**inkvisiittori**	[iŋkʋisi:ttori]

tortura (f)	**kidutus**	[kidutus]
cruel (adj)	**julma**	[julma]
herege (m)	**harhaoppinen**	[harhaoppinen]
heresia (f)	**harhaoppi**	[harha·oppi]
navegação (f) marítima	**merenkulku**	[mereŋ·kulku]
pirata (m)	**merirosvo**	[meri·rosʋo]
pirataria (f)	**merirosvous**	[meri·rosʋous]
abordagem (f)	**entraus**	[entraus]
presa (f), butim (m)	**saalis**	[sa:lis]
tesouros (m pl)	**aarteet**	[a:rte:t]
descobrimento (m)	**löytö**	[løytø]
descobrir (novas terras)	**avata**	[aʋata]
expedição (f)	**retki**	[retki]
mosqueteiro (m)	**muskettisoturi**	[musketti·soturi]
cardeal (m)	**kardinaali**	[kardina:li]
heráldica (f)	**heraldiikka**	[heraldi:kka]
heráldico (adj)	**heraldinen**	[heraldinen]

189. Líder. Chefe. Autoridades

rei (m)	**kuningas**	[kuniŋas]
rainha (f)	**kuningatar**	[kuniŋatar]
real (adj)	**kuningas-**	[kuniŋas]
reino (m)	**kuningaskunta**	[kuniŋas·kunta]
príncipe (m)	**prinssi**	[prinssi]
princesa (f)	**prinsessa**	[prinsessa]
presidente (m)	**presidentti**	[presidentti]
vice-presidente (m)	**varapresidentti**	[ʋara·presidentti]
senador (m)	**senaattori**	[sena:ttori]
monarca (m)	**monarkki**	[monarkki]
governante (m)	**hallitsija**	[hallitsija]
ditador (m)	**diktaattori**	[dikta:ttori]
tirano (m)	**tyranni**	[tyranni]
magnata (m)	**magnaatti**	[magna:tti]
diretor (m)	**johtaja**	[johtaja]
chefe (m)	**esimies**	[esimies]
gerente (m)	**johtaja**	[johtaja]
patrão (m)	**pomo**	[pomo]
dono (m)	**omistaja**	[omistaja]
líder (m)	**johtaja**	[johtaja]
chefe (m)	**johtaja**	[johtaja]
autoridades (f pl)	**viranomaiset**	[ʋiranomajset]
superiores (m pl)	**esimiehet**	[esimiehet]
governador (m)	**kuvernööri**	[kuʋernø:ri]
cônsul (m)	**konsuli**	[konsuli]

diplomata (m)	**diplomaatti**	[diploma:tti]
Presidente (m) da Câmara	**kaupunginjohtaja**	[kaupuŋin·johtaja]
xerife (m)	**seriffi**	[seriffi]
imperador (m)	**keisari**	[kejsari]
czar (m)	**tsaari**	[tsa:ri]
faraó (m)	**farao**	[farao]
cã, khan (m)	**kaani**	[ka:ni]

190. Estrada. Caminho. Direções

estrada (f)	**tie**	[tie]
via (f)	**tie**	[tie]
rodovia (f)	**maantie**	[ma:ntie]
autoestrada (f)	**moottoritie**	[mo:ttoritie]
estrada (f) nacional	**kantatie**	[kantatie]
estrada (f) principal	**päätie**	[pæ:tie]
estrada (f) de terra	**kylätie**	[kylæ·tie]
trilha (f)	**polku**	[polku]
pequena trilha (f)	**polku**	[polku]
Onde?	**Missä?**	[missæ]
Para onde?	**Mihin?**	[mihin]
De onde?	**Mistä?**	[mistæ]
direção (f)	**suunta**	[su:nta]
indicar (~ o caminho)	**osoittaa**	[osojtta:]
para a esquerda	**vasemmalle**	[υasemmalle]
para a direita	**oikealle**	[ojkealle]
em frente	**suoraan**	[suora:n]
para trás	**takaisin**	[takajsin]
curva (f)	**mutka**	[mutka]
virar (~ para a direita)	**kääntää**	[kæ:ntæ:]
dar retorno	**tehdä u-käännös**	[tehdæ u:kæ:nnøs]
estar visível	**näkyä**	[nækyæ]
aparecer (vi)	**ilmestyä**	[ilmestyæ]
paragem (pausa)	**seisaus**	[seisaus]
descansar (vi)	**levätä**	[leυætæ]
descanso, repouso (m)	**lepo**	[lepo]
perder-se (vr)	**eksyä**	[eksyæ]
conduzir a ... (caminho)	**viedä, johtaa**	[υiedæ], [johta:]
chegar a ...	**tulla ulos**	[tulla ulos]
trecho (m)	**osa**	[osa]
asfalto (m)	**asfaltti**	[asfaltti]
meio-fio (m)	**reunakiveys**	[reuna·kiυeus]

valeta (f)	**oja**	[oja]
tampa (f) de esgoto	**jätevesikaivo**	[jæteʋesi·kajʋo]
acostamento (m)	**piennar**	[pænnar]
buraco (m)	**kuoppa**	[kuoppa]
ir (a pé)	**mennä**	[mennæ]
ultrapassar (vt)	**ohittaa**	[ohitta:]
passo (m)	**askel**	[askel]
a pé	**jalkaisin**	[jalkajsin]
bloquear (vt)	**estää pääsy**	[estæ: pæ:sy]
cancela (f)	**puomi**	[puomi]
beco (m) sem saída	**umpikuja**	[umpikuja]

191. Violação da lei. Criminosos. Parte 1

bandido (m)	**rosvo**	[rosʋo]
crime (m)	**rikos**	[rikos]
criminoso (m)	**rikollinen**	[rikollinen]
ladrão (m)	**varas**	[ʋaras]
roubar (vt)	**varastaa**	[ʋarasta:]
furto, roubo (m)	**varkaus**	[ʋarkaus]
furto (m)	**varkaus**	[ʋarkaus]
raptar, sequestrar (vt)	**kidnapata**	[kidnapata]
sequestro (m)	**ihmisryöstö**	[ihmis·ryøstø]
sequestrador (m)	**ihmisryöstäjä**	[ihmis·ryøstæjæ]
resgate (m)	**lunnaat**	[lunna:t]
pedir resgate	**vaatia lunnaat**	[ʋa:tia lunna:t]
roubar (vt)	**ryöstää**	[ryøstæ:]
assalto, roubo (m)	**ryöstö**	[ryøstø]
assaltante (m)	**ryöstäjä**	[ryøstæjæ]
extorquir (vt)	**kiristää**	[kiristæ:]
extorsionário (m)	**kiristäjä**	[kiristæjæ]
extorsão (f)	**kiristys**	[kiristys]
matar, assassinar (vt)	**murhata**	[murhata]
homicídio (m)	**murha**	[murha]
homicida, assassino (m)	**murhaaja**	[murha:ja]
tiro (m)	**laukaus**	[laukaus]
dar um tiro	**laukaista**	[laukajsta]
matar a tiro	**ampua alas**	[ampua alas]
disparar, atirar (vi)	**ampua**	[ampua]
tiroteio (m)	**ammunta**	[ammunta]
incidente (m)	**tapahtuma**	[tapahtuma]
briga (~ de rua)	**tappelu**	[tappelu]
vítima (f)	**uhri**	[uhri]

danificar (vt)	**vaurioittaa**	[ʋauriojttaː]
dano (m)	**vahinko**	[ʋaɦiŋko]
cadáver (m)	**ruumis**	[ruːmis]
grave (adj)	**törkeä**	[tørkeæ]
atacar (vt)	**hyökätä**	[hyøkætæ]
bater (espancar)	**lyödä**	[lyødæ]
espancar (vt)	**hakata**	[hakata]
tirar, roubar (dinheiro)	**rosvota**	[rosʋota]
esfaquear (vt)	**puukottaa**	[puːkottaː]
mutilar (vt)	**vammauttaa**	[ʋammauttaː]
ferir (vt)	**haavoittaa**	[haːʋojttaː]
chantagem (f)	**kiristys**	[kiristys]
chantagear (vt)	**kiristää**	[kiristæː]
chantagista (m)	**kiristäjä**	[kiristæjæ]
extorsão (f)	**suojelurahan kiristys**	[suojeluraɦan kiristys]
extorsionário (m)	**kiristäjä**	[kiristæjæ]
gângster (m)	**gangsteri**	[gaŋsteri]
máfia (f)	**mafia**	[mafia]
punguista (m)	**taskuvaras**	[tasku·ʋaras]
assaltante, ladrão (m)	**murtovaras**	[murto·ʋaras]
contrabando (m)	**salakuljetus**	[sala·kuljetus]
contrabandista (m)	**salakuljettaja**	[sala·kuljettaja]
falsificação (f)	**väärennös**	[ʋæːrennøs]
falsificar (vt)	**väärentää**	[ʋæːrentæː]
falsificado (adj)	**väärennetty**	[ʋæːrennetty]

192. Violação da lei. Criminosos. Parte 2

estupro (m)	**raiskaus**	[rajskaus]
estuprar (vt)	**raiskata**	[rajskata]
estuprador (m)	**raiskaaja**	[rajskaːja]
maníaco (m)	**maanikko**	[maːnikko]
prostituta (f)	**prostituoitu**	[prostituojtu]
prostituição (f)	**prostituutio**	[prostituːtio]
cafetão (m)	**sutenööri**	[sutenøːri]
drogado (m)	**narkomaani**	[narkomaːni]
traficante (m)	**huumekauppias**	[huːme·kauppias]
explodir (vt)	**räjäyttää**	[ræjæyttæː]
explosão (f)	**räjähdys**	[ræjæhdys]
incendiar (vt)	**sytyttää**	[sytyttæː]
incendiário (m)	**tuhopolttaja**	[tuɦo·polttaja]
terrorismo (m)	**terrorismi**	[terrorismi]
terrorista (m)	**terroristi**	[terroristi]
refém (m)	**panttivanki**	[pantti·ʋaŋki]
enganar (vt)	**pettää**	[pettæː]

engano (m)	**petos**	[petos]
vigarista (m)	**huijari**	[huijari]
subornar (vt)	**lahjoa**	[lahjoa]
suborno (atividade)	**lahjonta**	[lahjonta]
suborno (dinheiro)	**lahjus**	[lahjus]
veneno (m)	**myrkky**	[myrkky]
envenenar (vt)	**myrkyttää**	[myrkyttæ:]
envenenar-se (vr)	**myrkyttää itsensä**	[myrkyttæ: itsensa]
suicídio (m)	**itsemurha**	[itse·murha]
suicida (m)	**itsemurhaaja**	[itse·murha:ja]
ameaçar (vt)	**uhata**	[uhata]
ameaça (f)	**uhkaus**	[uhkaus]
atentar contra a vida de ...	**tehdä murhayritys**	[tehdæ murhayritys]
atentado (m)	**murhayritys**	[murha·yritys]
roubar (um carro)	**viedä**	[ʋiedæ]
sequestrar (um avião)	**kaapata**	[ka:pata]
vingança (f)	**kosto**	[kosto]
vingar (vt)	**kostaa**	[kosta:]
torturar (vt)	**kiduttaa**	[kidutta:]
tortura (f)	**kidutus**	[kidutus]
atormentar (vt)	**piinata**	[pi:nata]
pirata (m)	**merirosvo**	[meri·rosʋo]
desordeiro (m)	**huligaani**	[huliga:ni]
armado (adj)	**aseellinen**	[ase:llinen]
violência (f)	**väkivalta**	[ʋækiʋalta]
ilegal (adj)	**laiton**	[lajton]
espionagem (f)	**vakoilu**	[ʋakojlu]
espionar (vi)	**vakoilla**	[ʋakojlla]

193. Polícia. Lei. Parte 1

justiça (sistema de ~)	**oikeus**	[ojkeus]
tribunal (m)	**tuomioistuin**	[tuomiojstuin]
juiz (m)	**tuomari**	[tuomari]
jurados (m pl)	**valamiehistö**	[ʋalamie·histø]
tribunal (m) do júri	**valamiesoikeus**	[ʋalamies·ojkeus]
julgar (vt)	**tuomita**	[tuomita]
advogado (m)	**asianajaja**	[asianajaja]
réu (m)	**syytetty**	[sy:tetty]
banco (m) dos réus	**syytettyjen penkki**	[sy:tettyjen peŋkki]
acusação (f)	**syyte**	[sy:te]
acusado (m)	**syytetty**	[sy:tetty]

sentença (f)	**tuomio**	[tuomio]
sentenciar (vt)	**tuomita**	[tuomita]
culpado (m)	**syypää**	[sy:pæ:]
punir (vt)	**rangaista**	[raŋajsta]
punição (f)	**rangaistus**	[raŋajstus]
multa (f)	**sakko**	[sakko]
prisão (f) perpétua	**elinkautinen vankeustuomio**	[eliŋkautinen ʋaŋkeus·tuomio]
pena (f) de morte	**kuolemanrangaistus**	[kuoleman·raŋajstus]
cadeira (f) elétrica	**sähkötuoli**	[sæhkø·tuoli]
forca (f)	**hirsipuu**	[hirsipu:]
executar (vt)	**teloittaa**	[telojtta:]
execução (f)	**teloitus**	[telojtus]
prisão (f)	**vankila**	[ʋaŋkila]
cela (f) de prisão	**selli**	[selli]
escolta (f)	**saattovartio**	[sa:tto·ʋartio]
guarda (m) prisional	**vanginvartija**	[ʋaŋin·ʋartija]
preso, prisioneiro (m)	**vanki**	[ʋaŋki]
algemas (f pl)	**käsiraudat**	[kæsi·raudat]
algemar (vt)	**panna käsirautoihin**	[panna kæsi·rautojhin]
fuga, evasão (f)	**karkaus**	[karkaus]
fugir (vi)	**karata**	[karata]
desaparecer (vi)	**kadota**	[kadota]
soltar, libertar (vt)	**vapauttaa**	[ʋapautta:]
anistia (f)	**armahdus**	[armahdus]
polícia (instituição)	**poliisi**	[poli:si]
polícia (m)	**poliisi**	[poli:si]
delegacia (f) de polícia	**poliisiasema**	[poli:si·asema]
cassetete (m)	**kumipamppu**	[kumi·pamppu]
megafone (m)	**megafoni**	[megafoni]
carro (m) de patrulha	**vartioauto**	[ʋartio·auto]
sirene (f)	**sireeni**	[sire:ni]
ligar a sirene	**käynnistää sireeni**	[kæynnistæ: sire:ni]
toque (m) da sirene	**sireenin ulvonta**	[sire:nin ulʋonta]
cena (f) do crime	**tapahtumapaikka**	[tapahtuma·pajkka]
testemunha (f)	**todistaja**	[todistaja]
liberdade (f)	**vapaus**	[ʋapaus]
cúmplice (m)	**rikoskumppani**	[rikos·kumppani]
escapar (vi)	**paeta**	[paeta]
traço (não deixar ~s)	**jälki**	[jælki]

194. Polícia. Lei. Parte 2

procura (f)	**etsintä**	[etsintæ]
procurar (vt)	**etsiä**	[etsiæ]

suspeita (f) **epäily** [epæjly]
suspeito (adj) **epäilyttävä** [epæjlyttæʋæ]
parar (veículo, etc.) **pysäyttää** [pysæyttæ:]
deter (fazer parar) **pidättää** [pidættæ:]

caso (~ criminal) **asia** [ɑsiɑ]
investigação (f) **tutkinta** [tutkintɑ]
detetive (m) **etsivä** [etsiʋæ]
investigador (m) **rikostutkija** [rikos·tutkijɑ]
versão (f) **hypoteesi** [hypote:si]

motivo (m) **motiivi** [moti:ʋi]
interrogatório (m) **kuulustelu** [ku:lustelu]
interrogar (vt) **kuulustella** [ku:lustellɑ]
questionar (vt) **kuulustella** [ku:lustellɑ]
verificação (f) **tarkastus** [tɑrkɑstus]

batida (f) policial **ratsia** [rɑtsiɑ]
busca (f) **etsintä** [etsintæ]
perseguição (f) **takaa-ajo** [tɑkɑ:ɑjo]
perseguir (vt) **ajaa takaa** [ɑjɑ: tɑkɑ:]
seguir, rastrear (vt) **jäljittää** [jæljittæ:]

prisão (f) **vangitseminen** [ʋɑŋitseminen]
prender (vt) **vangita** [ʋɑŋitɑ]
pegar, capturar (vt) **ottaa kiinni** [ottɑ: ki:nni]
captura (f) **vangitseminen** [ʋɑŋitseminen]

documento (m) **asiakirja** [ɑsiɑ·kirjɑ]
prova (f) **todiste** [todiste]
provar (vt) **todistaa** [todistɑ:]
pegada (f) **jalanjälki** [jɑlɑn·jælki]
impressões (f pl) digitais **sormenjäljet** [sormen·jæljet]
prova (f) **todiste** [todiste]

álibi (m) **alibi** [ɑlibi]
inocente (adj) **syytön** [sy:tøn]
injustiça (f) **epäoikeudenmukaisuus** [epæojkeuden·mukɑjsu:s]
injusto (adj) **epäoikeudenmukainen** [epæojkeuden·mukɑjnen]

criminal (adj) **rikollinen** [rikollinen]
confiscar (vt) **takavarikoida** [tɑkɑʋɑrikojdɑ]
droga (f) **huume** [hu:me]
arma (f) **ase** [ɑse]
desarmar (vt) **riisua aseista** [ri:suɑ ɑsejstɑ]
ordenar (vt) **käskeä** [kæskeæ]
desaparecer (vi) **kadota** [kɑdotɑ]

lei (f) **laki** [lɑki]
legal (adj) **laillinen** [lɑjllinen]
ilegal (adj) **laiton** [lɑjton]

responsabilidade (f) **vastuu** [ʋɑstu:]
responsável (adj) **vastuunalainen** [ʋɑstu:nɑlɑjnen]

NATUREZA

A Terra. Parte 1

195. Espaço sideral

espaço, cosmo (m)	**avaruus**	[aʋaru:s]
espacial, cósmico (adj)	**avaruus-**	[aʋaru:s]
espaço (m) cósmico	**avaruus**	[aʋaru:s]
mundo (m)	**maailma**	[ma:jlma]
universo (m)	**maailmankaikkeus**	[ma:ilman·kajkkeus]
galáxia (f)	**galaksi**	[galaksi]
estrela (f)	**tähti**	[tæhti]
constelação (f)	**tähtikuvio**	[tæhti·kuʋio]
planeta (m)	**planeetta**	[plane:tta]
satélite (m)	**satelliitti**	[satelli:tti]
meteorito (m)	**meteoriitti**	[meteori:tti]
cometa (m)	**pyrstötähti**	[pyrstø·tæhti]
asteroide (m)	**asteroidi**	[asterojdi]
órbita (f)	**kiertorata**	[kierto·rata]
girar (vi)	**kiertää**	[kærtæ:]
atmosfera (f)	**ilmakehä**	[ilmakeɦæ]
Sol (m)	**Aurinko**	[auriŋko]
Sistema (m) Solar	**Aurinkokunta**	[auriŋko·kunta]
eclipse (m) solar	**auringonpimennys**	[auriŋon·pimeŋys]
Terra (f)	**Maa**	[ma:]
Lua (f)	**Kuu**	[ku:]
Marte (m)	**Mars**	[mars]
Vênus (f)	**Venus**	[ʋenus]
Júpiter (m)	**Jupiter**	[jupiter]
Saturno (m)	**Saturnus**	[saturnus]
Mercúrio (m)	**Merkurius**	[merkurius]
Urano (m)	**Uranus**	[uranus]
Netuno (m)	**Neptunus**	[neptunus]
Plutão (m)	**Pluto**	[pluto]
Via Láctea (f)	**Linnunrata**	[linnun·rata]
Ursa Maior (f)	**Otava**	[otaʋa]
Estrela Polar (f)	**Pohjantähti**	[pohjan·tæhti]
marciano (m)	**marsilainen**	[marsilajnen]
extraterrestre (m)	**avaruusolio**	[aʋaru:soljo]

alienígena (m)	**avaruusolento**	[aʊaru:s·olento]
disco (m) voador	**lentävä lautanen**	[lentæʊæ lautanen]
espaçonave (f)	**avaruusalus**	[aʊaru:s·alus]
estação (f) orbital	**avaruusasema**	[aʊaru:s·asema]
lançamento (m)	**startti**	[startti]
motor (m)	**moottori**	[mo:ttori]
bocal (m)	**suutin**	[su:tin]
combustível (m)	**polttoaine**	[poltto·ajne]
cabine (f)	**ohjaamo**	[ohja:mo]
antena (f)	**antenni**	[antenni]
vigia (f)	**valoventtiili**	[ʊaloʊentti:li]
bateria (f) solar	**aurinkokennosto**	[auriŋko·keŋosto]
traje (m) espacial	**avaruuspuku**	[aʊaru:s·puku]
imponderabilidade (f)	**painottomuus**	[pajnottomu:s]
oxigênio (m)	**happi**	[happi]
acoplagem (f)	**telakointi**	[telakojnti]
fazer uma acoplagem	**tehdä telakointi**	[tehdæ telakojnti]
observatório (m)	**observatorio**	[obserʊatorio]
telescópio (m)	**teleskooppi**	[telesko:ppi]
observar (vt)	**tarkkailla**	[tarkkajlla]
explorar (vt)	**tutkia**	[tutkia]

196. A Terra

Terra (f)	**Maa**	[ma:]
globo terrestre (Terra)	**maapallo**	[ma:pallo]
planeta (m)	**planeetta**	[plane:tta]
atmosfera (f)	**ilmakehä**	[ilmakehæ]
geografia (f)	**maantiede**	[ma:n·tiede]
natureza (f)	**luonto**	[luonto]
globo (mapa esférico)	**karttapallo**	[kartta·pallo]
mapa (m)	**kartta**	[kartta]
atlas (m)	**atlas**	[atlas]
Europa (f)	**Eurooppa**	[euro:ppa]
Ásia (f)	**Aasia**	[a:sia]
África (f)	**Afrikka**	[afrikka]
Austrália (f)	**Australia**	[australia]
América (f)	**Amerikka**	[amerikka]
América (f) do Norte	**Pohjois-Amerikka**	[pohjois·amerikka]
América (f) do Sul	**Etelä-Amerikka**	[etelæ·amerikka]
Antártida (f)	**Etelämanner**	[etelæmanner]
Ártico (m)	**Arktis**	[arktis]

197. Pontos cardeais

norte (m)	**pohjola**	[pohjola]
para norte	**pohjoiseen**	[pohjoise:n]
no norte	**pohjoisessa**	[pohjoisessa]
do norte (adj)	**pohjois-, pohjoinen**	[pohjois], [pohjoinen]
sul (m)	**etelä**	[etelæ]
para sul	**etelään**	[etelæ:n]
no sul	**etelässä**	[etelæssæ]
do sul (adj)	**etelä-, eteläinen**	[etelæ], [etelæjnen]
oeste, ocidente (m)	**länsi**	[lænsi]
para oeste	**länteen**	[lænte:n]
no oeste	**lännessä**	[lænnessæ]
ocidental (adj)	**länsi-, läntinen**	[lænsi], [læntinen]
leste, oriente (m)	**itä**	[itæ]
para leste	**itään**	[itæ:n]
no leste	**idässä**	[idæssæ]
oriental (adj)	**itä-, itäinen**	[itæ], [itæjnen]

198. Mar. Oceano

mar (m)	**meri**	[meri]
oceano (m)	**valtameri**	[ʋalta·meri]
golfo (m)	**lahti**	[lahti]
estreito (m)	**salmi**	[salmi]
terra (f) firme	**maa**	[ma:]
continente (m)	**manner**	[manner]
ilha (f)	**saari**	[sa:ri]
península (f)	**niemimaa**	[niemi·ma:]
arquipélago (m)	**saaristo**	[sa:risto]
baía (f)	**lahti, poukama**	[lahti], [poukama]
porto (m)	**satama**	[satama]
lagoa (f)	**laguuni**	[lagu:ni]
cabo (m)	**niemi**	[niemi]
atol (m)	**atolli**	[atolli]
recife (m)	**riutta**	[riutta]
coral (m)	**koralli**	[koralli]
recife (m) de coral	**koralliriutta**	[koralli·riutta]
profundo (adj)	**syvä**	[syʋæ]
profundidade (f)	**syvyys**	[syʋy:s]
abismo (m)	**syvänne**	[syʋænne]
fossa (f) oceânica	**hauta**	[hauta]
corrente (f)	**virta**	[ʋirta]
banhar (vt)	**huuhdella**	[hu:hdella]
litoral (m)	**merenranta**	[meren·ranta]

costa (f)	**rannikko**	[rannikko]
maré (f) alta	**vuoksi**	[ʋuoksi]
refluxo (m)	**laskuvesi**	[lasku·ʋesi]
restinga (f)	**matalikko**	[matalikko]
fundo (m)	**pohja**	[pohja]
onda (f)	**aalto**	[ɑ:lto]
crista (f) da onda	**aallonharja**	[ɑ:llon·harja]
espuma (f)	**vaahto**	[ʋɑ:hto]
tempestade (f)	**myrsky**	[myrsky]
furacão (m)	**hirmumyrsky**	[hirmu·myrsky]
tsunami (m)	**tsunami**	[tsunami]
calmaria (f)	**tyyni**	[ty:yni]
calmo (adj)	**rauhallinen**	[rauɦallinen]
polo (m)	**napa**	[napa]
polar (adj)	**napa-, polaarinen**	[napa], [pola:rinen]
latitude (f)	**leveyspiiri**	[leʋeys·pi:ri]
longitude (f)	**pituus**	[pitu:s]
paralela (f)	**leveyspiiri**	[leʋeys·pi:ri]
equador (m)	**päiväntasaaja**	[pæjuæn·tasa:ja]
céu (m)	**taivas**	[tajʋas]
horizonte (m)	**horisontti**	[horisontti]
ar (m)	**ilma**	[ilma]
farol (m)	**majakka**	[majakka]
mergulhar (vi)	**sukeltaa**	[sukelta:]
afundar-se (vr)	**upota**	[upota]
tesouros (m pl)	**aarteet**	[ɑ:rte:t]

199. Nomes de Mares e Oceanos

Oceano (m) Atlântico	**Atlantin valtameri**	[atlantin ʋalta meri]
Oceano (m) Índico	**Intian valtameri**	[intian ʋalta·meri]
Oceano (m) Pacífico	**Tyynimeri**	[ty:ni·meri]
Oceano (m) Ártico	**Pohjoinen jäämeri**	[pohjoinen jæ:meri]
Mar (m) Negro	**Mustameri**	[musta·meri]
Mar (m) Vermelho	**Punainenmeri**	[punajnen·meri]
Mar (m) Amarelo	**Keltainenmeri**	[keltajnen·meri]
Mar (m) Branco	**Vienanmeri**	[ʋjenan·meri]
Mar (m) Cáspio	**Kaspianmeri**	[kaspian·meri]
Mar (m) Morto	**Kuollutmeri**	[kuollut·meri]
Mar (m) Mediterrâneo	**Välimeri**	[ʋæli·meri]
Mar (m) Egeu	**Egeanmeri**	[egean·meri]
Mar (m) Adriático	**Adrianmeri**	[adrian·meri]
Mar (m) Arábico	**Arabianmeri**	[arabian·meri]
Mar (m) do Japão	**Japaninmeri**	[japanin·meri]

Mar (m) de Bering	**Beringinmeri**	[beriŋin·meri]
Mar (m) da China Meridional	**Etelä-Kiinan meri**	[etelæ·ki:nan meri]
Mar (m) de Coral	**Korallimeri**	[koralli·meri]
Mar (m) de Tasman	**Tasmaninmeri**	[tasmanin·meri]
Mar (m) do Caribe	**Karibianmeri**	[karibian·meri]
Mar (m) de Barents	**Barentsinmeri**	[barentsin·meri]
Mar (m) de Kara	**Karanmeri**	[karan·meri]
Mar (m) do Norte	**Pohjanmeri**	[pohjan·meri]
Mar (m) Báltico	**Itämeri**	[itæ·meri]
Mar (m) da Noruega	**Norjanmeri**	[norjan·meri]

200. Montanhas

montanha (f)	**vuori**	[ʋuori]
cordilheira (f)	**vuorijono**	[ʋuori·jono]
serra (f)	**vuorenharjanne**	[ʋuoren·harjanne]
cume (m)	**huippu**	[hujppu]
pico (m)	**vuorenhuippu**	[ʋuoren·hujppu]
pé (m)	**juuri**	[ju:ri]
declive (m)	**rinne**	[rinne]
vulcão (m)	**tulivuori**	[tuli·ʋuori]
vulcão (m) ativo	**toimiva tulivuori**	[tojmiʋa tuli·ʋuori]
vulcão (m) extinto	**sammunut tulivuori**	[sammunut tuli·ʋuori]
erupção (f)	**purkaus**	[purkaus]
cratera (f)	**kraatteri**	[kra:teri]
magma (m)	**magma**	[magma]
lava (f)	**laava**	[la:ʋa]
fundido (lava ~a)	**sulaa, hehkuva**	[sula:], [hehkuʋa]
cânion, desfiladeiro (m)	**kanjoni**	[kanjoni]
garganta (f)	**rotko**	[rotko]
fenda (f)	**halkeama**	[halkeama]
precipício (m)	**kuilu**	[kujlu]
passo, colo (m)	**sola**	[sola]
planalto (m)	**ylätasanko**	[ylæ·tasaŋko]
falésia (f)	**kalju**	[kalju]
colina (f)	**mäki**	[mæki]
geleira (f)	**jäätikkö**	[jæ:tikkø]
cachoeira (f)	**vesiputous**	[ʋesi·putous]
gêiser (m)	**geisir**	[gejsir]
lago (m)	**järvi**	[jærʋi]
planície (f)	**tasanko**	[tasaŋko]
paisagem (f)	**maisema**	[majsema]
eco (m)	**kaiku**	[kajku]
alpinista (m)	**vuorikiipeilijä**	[ʋuori·ki:pejlijæ]

escalador (m)	**vuorikiipeilijä**	[ʋuori·ki:pejlijæ]
conquistar (vt)	**valloittaa**	[ʋallojtta:]
subida, escalada (f)	**nousu**	[nousu]

201. Nomes de montanhas

Alpes (m pl)	**Alpit**	[alpit]
Monte Branco (m)	**Mont Blanc**	[monblaŋ]
Pirineus (m pl)	**Pyreneet**	[pyrine:t]
Cárpatos (m pl)	**Karpaatit**	[karpa:tit]
Urais (m pl)	**Ural**	[ural]
Cáucaso (m)	**Kaukasus**	[kaukasus]
Elbrus (m)	**Elbrus**	[elbrus]
Altai (m)	**Altai**	[altaj]
Tian Shan (m)	**Tienšan**	[tien·ʃan]
Pamir (m)	**Pamir**	[pamir]
Himalaia (m)	**Himalaja**	[himalaja]
monte Everest (m)	**Mount Everest**	[maunt eʋerest]
Cordilheira (f) dos Andes	**Andit**	[andit]
Kilimanjaro (m)	**Kilimanjaro**	[kilimanjaro]

202. Rios

rio (m)	**joki**	[joki]
fonte, nascente (f)	**lähde**	[læhde]
leito (m) de rio	**uoma**	[uoma]
bacia (f)	**joen vesistö**	[joen ʋesistø]
desaguar no ...	**laskea**	[laskea]
afluente (m)	**sivujoki**	[siʋu·joki]
margem (do rio)	**ranta**	[ranta]
corrente (f)	**virta**	[ʋirta]
rio abaixo	**myötävirtaan**	[myøtæʋirta:n]
rio acima	**ylävirtaan**	[ylæ·ʋirta:n]
inundação (f)	**tulva**	[tulʋa]
cheia (f)	**kevättulva**	[keʋæt·tulʋa]
transbordar (vi)	**tulvia**	[tulʋia]
inundar (vt)	**upottaa**	[upotta:]
banco (m) de areia	**matalikko**	[matalikko]
corredeira (f)	**koski**	[koski]
barragem (f)	**pato**	[pato]
canal (m)	**kanava**	[kanaʋa]
reservatório (m) de água	**vedensäiliö**	[ʋeden·sæjliø]
eclusa (f)	**sulku**	[sulku]
corpo (m) de água	**vesistö**	[ʋesistø]

pântano (m)	**suo**	[suo]
lamaçal (m)	**hete**	[hete]
redemoinho (m)	**vesipyörre**	[ʋesi·pyørre]
riacho (m)	**puro**	[puro]
potável (adj)	**juoma-**	[yoma]
doce (água)	**makea**	[makea]
gelo (m)	**jää**	[jæ:]
congelar-se (vr)	**jäätyä**	[jæ:tyæ]

203. Nomes de rios

rio Sena (m)	**Seine**	[sen]
rio Loire (m)	**Loire**	[lua:r]
rio Tâmisa (m)	**Thames**	[tæms]
rio Reno (m)	**Rein**	[rejn]
rio Danúbio (m)	**Tonava**	[tonaʋa]
rio Volga (m)	**Volga**	[ʋolga]
rio Don (m)	**Don**	[don]
rio Lena (m)	**Lena**	[lena]
rio Amarelo (m)	**Keltainenjoki**	[keltajnen·joki]
rio Yangtzé (m)	**Jangtse**	[jaŋtse]
rio Mekong (m)	**Mekong**	[mekoŋ]
rio Ganges (m)	**Ganges**	[gaŋes]
rio Nilo (m)	**Niili**	[ni:li]
rio Congo (m)	**Kongo**	[koŋo]
rio Cubango (m)	**Okavango**	[okaʋaŋo]
rio Zambeze (m)	**Sambesi**	[sambesi]
rio Limpopo (m)	**Limpopo**	[limpopo]
rio Mississippi (m)	**Mississippi**	[mississippi]

204. Floresta

floresta (f), bosque (m)	**metsä**	[metsæ]
florestal (adj)	**metsä-**	[metsæ]
mata (f) fechada	**tiheikkö**	[tiɦejkkø]
arvoredo (m)	**lehto**	[lehto]
clareira (f)	**aho**	[aɦo]
matagal (m)	**tiheikkö**	[tiɦejkkø]
mato (m), caatinga (f)	**pensasaro**	[pensas·aro]
pequena trilha (f)	**polku**	[polku]
ravina (f)	**rotko**	[rotko]
árvore (f)	**puu**	[pu:]
folha (f)	**lehti**	[lehti]

folhagem (f)	**lehvistö**	[lehʋistø]
queda (f) das folhas	**lehdenlähtö**	[lehden·læhtø]
cair (vi)	**karista**	[kɑristɑ]
topo (m)	**latva**	[lɑtʋɑ]
ramo (m)	**oksa**	[oksɑ]
galho (m)	**oksa**	[oksɑ]
botão (m)	**silmu**	[silmu]
agulha (f)	**neulanen**	[neulɑnen]
pinha (f)	**käpy**	[kæpy]
buraco (m) de árvore	**pesäkolo**	[pesæ·kolo]
ninho (m)	**pesä**	[pesæ]
toca (f)	**kolo**	[kolo]
tronco (m)	**runko**	[ruŋko]
raiz (f)	**juuri**	[ju:ri]
casca (f) de árvore	**kuori**	[kuori]
musgo (m)	**sammal**	[sɑmmɑl]
arrancar pela raiz	**juuria**	[ju:riɑ]
cortar (vt)	**hakata**	[hɑkɑtɑ]
desflorestar (vt)	**kaataa puita**	[kɑ:tɑ: pujtɑ]
toco, cepo (m)	**kanto**	[kɑnto]
fogueira (f)	**nuotio**	[nuotio]
incêndio (m) florestal	**metsäpalo**	[metsæ·pɑlo]
apagar (vt)	**sammuttaa**	[sɑmmuttɑ:]
guarda-parque (m)	**metsänvartija**	[metsæn·ʋɑrtijɑ]
proteção (f)	**suojelu**	[suojelu]
proteger (a natureza)	**suojella**	[suojellɑ]
caçador (m) furtivo	**salametsästäjä**	[sɑlɑ·metsæstæjæ]
armadilha (f)	**raudat**	[rɑudɑt]
colher (cogumelos)	**sienestää**	[sienestæ:]
colher (bagas)	**marjastaa**	[mɑrjɑstɑ:]
perder-se (vr)	**eksyä**	[eksyæ]

205. Recursos naturais

recursos (m pl) naturais	**luonnonvarat**	[luonnon·ʋɑrɑt]
minerais (m pl)	**fossiiliset resurssit**	[fossi:liset resurssit]
depósitos (m pl)	**esiintymä**	[esi:ntymæ]
jazida (f)	**kenttä**	[kenttæ]
extrair (vt)	**louhia**	[louhiɑ]
extração (f)	**kaivostoiminta**	[kɑjʋos·tojmintɑ]
minério (m)	**malmi**	[mɑlmi]
mina (f)	**kaivos**	[kɑjʋos]
poço (m) de mina	**kaivos**	[kɑjʋos]
mineiro (m)	**kaivosmies**	[kɑjʋosmies]
gás (m)	**kaasu**	[kɑ:su]
gasoduto (m)	**maakaasuputki**	[mɑ:kɑ:su·putki]

petróleo (m)	**öljy**	[øljy]
oleoduto (m)	**öljyjohto**	[øljy·johto]
poço (m) de petróleo	**öljynporausreikä**	[øljyn·poraus·rejkæ]
torre (f) petrolífera	**öljynporaustorni**	[øljyn·poraus·torni]
petroleiro (m)	**tankkilaiva**	[taŋkki·lajʋa]
areia (f)	**hiekka**	[hiekka]
calcário (m)	**kalkkikivi**	[kalkki·kiʋi]
cascalho (m)	**sora**	[sora]
turfa (f)	**turve**	[turʋe]
argila (f)	**savi**	[saʋi]
carvão (m)	**hiili**	[hi:li]
ferro (m)	**rauta**	[rauta]
ouro (m)	**kulta**	[kulta]
prata (f)	**hopea**	[hopea]
níquel (m)	**nikkeli**	[nikkeli]
cobre (m)	**kupari**	[kupari]
zinco (m)	**sinkki**	[siŋkki]
manganês (m)	**mangaani**	[maŋa:ni]
mercúrio (m)	**elohopea**	[elo·hopea]
chumbo (m)	**lyijy**	[lyjy]
mineral (m)	**mineraali**	[minera:li]
cristal (m)	**kristalli**	[kristalli]
mármore (m)	**marmori**	[marmori]
urânio (m)	**uraani**	[ura:ni]

A Terra. Parte 2

206. Tempo

tempo (m)	**sää**	[sæ:]
previsão (f) do tempo	**sääennuste**	[sæ:ennuste]
temperatura (f)	**lämpötila**	[læmpøtila]
termômetro (m)	**lämpömittari**	[læmpø·mittari]
barômetro (m)	**ilmapuntari**	[ilma·puntari]
úmido (adj)	**kostea**	[kostea]
umidade (f)	**kosteus**	[kosteus]
calor (m)	**helle**	[helle]
tórrido (adj)	**kuuma**	[ku:ma]
está muito calor	**on kuumaa**	[on ku:ma:]
está calor	**on lämmintä**	[on læmmintæ]
quente (morno)	**lämmin**	[læmmin]
está frio	**on kylmää**	[on kylmæ:]
frio (adj)	**kylmä**	[kylmæ]
sol (m)	**aurinko**	[auriŋko]
brilhar (vi)	**paistaa**	[pajsta:]
de sol, ensolarado	**aurinkoinen**	[auriŋkojnen]
nascer (vi)	**nousta**	[nousta]
pôr-se (vr)	**istuutua**	[istu:tua]
nuvem (f)	**pilvi**	[pilʋi]
nublado (adj)	**pilvinen**	[pilʋinen]
nuvem (f) preta	**sadepilvi**	[sade·pilʋi]
escuro, cinzento (adj)	**hämärä**	[hæmæræ]
chuva (f)	**sade**	[sade]
está a chover	**sataa vettä**	[sata: ʋettæ]
chuvoso (adj)	**sateinen**	[satejnen]
chuviscar (vi)	**vihmoa**	[ʋihmoa]
chuva (f) torrencial	**kaatosade**	[ka:to·sade]
aguaceiro (m)	**rankkasade**	[raŋkka·sade]
forte (chuva, etc.)	**rankka**	[raŋkka]
poça (f)	**lätäkkö**	[lætækkø]
molhar-se (vr)	**tulla märäksi**	[tulla mæræksi]
nevoeiro (m)	**sumu**	[sumu]
de nevoeiro	**sumuinen**	[sumujnen]
neve (f)	**lumi**	[lumi]
está nevando	**sataa lunta**	[sata: lunta]

207. Tempo extremo. Catástrofes naturais

trovoada (f)	**ukkonen**	[ukkonen]
relâmpago (m)	**salama**	[salama]
relampejar (vi)	**välkkyä**	[ʋælkkyæ]
trovão (m)	**ukkonen**	[ukkonen]
trovejar (vi)	**jyristä**	[yristæ]
está trovejando	**ukkonen jyrisee**	[ukkonen yrise:]
granizo (m)	**raesade**	[raesade]
está caindo granizo	**sataa rakeita**	[sata: rakejta]
inundar (vt)	**upottaa**	[upotta:]
inundação (f)	**tulva**	[tuluɑ]
terremoto (m)	**maanjäristys**	[ma:n·jaristys]
abalo, tremor (m)	**maantärähdys**	[ma:n·tæræhdys]
epicentro (m)	**episentrumi**	[episentrumi]
erupção (f)	**purkaus**	[purkaus]
lava (f)	**laava**	[la:ʋa]
tornado (m)	**pyörremyrsky**	[pyørre·myrsky]
tornado (m)	**tornado**	[tornado]
tufão (m)	**taifuuni**	[tajfu:ni]
furacão (m)	**hirmumyrsky**	[hirmu·myrsky]
tempestade (f)	**myrsky**	[myrsky]
tsunami (m)	**tsunami**	[tsunami]
ciclone (m)	**sykloni**	[sykloni]
mau tempo (m)	**koiranilma**	[kojran·ilma]
incêndio (m)	**palo**	[palo]
catástrofe (f)	**katastrofi**	[katastrofi]
meteorito (m)	**meteoriitti**	[meteori:tti]
avalanche (f)	**lumivyöry**	[lumi·ʋyøry]
deslizamento (m) de neve	**lumivyöry**	[lumi·ʋyøry]
nevasca (f)	**pyry**	[pyry]
tempestade (f) de neve	**pyry**	[pyry]

208. Ruídos. Sons

silêncio (m)	**hiljaisuus**	[hiljaisu:s]
som (m)	**ääni**	[æ:ni]
ruído, barulho (m)	**melu**	[melu]
fazer barulho	**meluta**	[meluta]
ruidoso, barulhento (adj)	**meluisa**	[melujsa]
alto	**äänekkäästi**	[æ:nekkæ:sti]
alto (ex. voz ~a)	**äänekäs**	[æ:nekæs]
constante (ruído, etc.)	**jatkuva**	[jatkuʋa]

grito (m)	**huuto**	[hu:to]
gritar (vi)	**huutaa**	[hu:ta:]
sussurro (m)	**kuiskaus**	[kujskaus]
sussurrar (vi, vt)	**kuiskata**	[kujskata]
latido (m)	**haukunta**	[haukunta]
latir (vi)	**haukkua**	[haukkua]
gemido (m)	**vaikerointi**	[ʋajkerojnti]
gemer (vi)	**vaikeroida**	[ʋajkerojda]
tosse (f)	**yskä**	[yskæ]
tossir (vi)	**yskiä**	[yskiæ]
assobio (m)	**vihellys**	[ʋiɦellys]
assobiar (vi)	**viheltää**	[ʋiɦeltæ:]
batida (f)	**koputus**	[koputus]
bater (à porta)	**koputtaa**	[koputta:]
estalar (vi)	**ritistä**	[ritistæ]
estalido (m)	**ryske**	[ryske]
sirene (f)	**sireeni**	[sire:ni]
apito (m)	**tehtaan pilli**	[tehta:n pilli]
apitar (vi)	**puhaltaa**	[puɦalta:]
buzina (f)	**auton tuuttaus**	[auton tu:ttaus]
buzinar (vi)	**tuutata**	[tu:tata]

209. Inverno

inverno (m)	**talvi**	[talʋi]
de inverno	**talvinen**	[talʋinen]
no inverno	**talvella**	[talʋella]
neve (f)	**lumi**	[lumi]
está nevando	**sataa lunta**	[sata: lunta]
queda (f) de neve	**lumikuuro**	[lumi·ku:ro]
amontoado (m) de neve	**lumikinos**	[lumi·kinos]
floco (m) de neve	**lumihiutale**	[lumi·hiutale]
bola (f) de neve	**lumipallo**	[lumi·pallo]
boneco (m) de neve	**lumiukko**	[lumi·ukko]
sincelo (m)	**jääpuikko**	[jæ:pujkko]
dezembro (m)	**joulukuu**	[jouluku:]
janeiro (m)	**tammikuu**	[tammiku:]
fevereiro (m)	**helmikuu**	[helmiku:]
gelo (m)	**pakkanen**	[pakkanen]
gelado (tempo ~)	**pakkas-**	[pakkas]
abaixo de zero	**nollan alapuolella**	[nollan alapuolella]
primeira geada (f)	**halla**	[halla]
geada (f) branca	**huurre**	[hu:rre]
frio (m)	**kylmyys**	[kylmy:s]

está frio	**on kylmää**	[on kylmæ:]
casaco (m) de pele	**turkki**	[turkki]
mitenes (f pl)	**lapaset**	[lɑpɑset]
adoecer (vi)	**sairastua**	[sɑjrɑstuɑ]
resfriado (m)	**vilustuminen**	[ʋilustuminen]
ficar resfriado	**vilustua**	[ʋilustuɑ]
gelo (m)	**jää**	[jæ:]
gelo (m) na estrada	**iljanne**	[iljɑnne]
congelar-se (vr)	**jäätyä**	[jæ:tyæ]
bloco (m) de gelo	**jäälohkare**	[jæ:lohkɑre]
esqui (m)	**sukset**	[sukset]
esquiador (m)	**hiihtäjä**	[hi:htæjæ]
esquiar (vi)	**hiihdellä**	[hi:hdellæ]
patinar (vi)	**luistella**	[luistellɑ]

Fauna

210. Mamíferos. Predadores

predador (m)	**peto**	[peto]
tigre (m)	**tiikeri**	[ti:keri]
leão (m)	**leijona**	[leijona]
lobo (m)	**susi**	[susi]
raposa (f)	**kettu**	[kettu]
jaguar (m)	**jaguaari**	[jagua:ri]
leopardo (m)	**leopardi**	[leopardi]
chita (f)	**gepardi**	[gepardi]
pantera (f)	**pantteri**	[pantteri]
puma (m)	**puuma**	[pu:ma]
leopardo-das-neves (m)	**lumileopardi**	[lumi·leopardi]
lince (m)	**ilves**	[ilʋes]
coiote (m)	**kojootti**	[kojo:tti]
chacal (m)	**sakaali**	[saka:li]
hiena (f)	**hyeena**	[hye:na]

211. Animais selvagens

animal (m)	**eläin**	[elæjn]
besta (f)	**peto**	[peto]
esquilo (m)	**orava**	[oraʋa]
ouriço (m)	**siili**	[si:li]
lebre (f)	**jänis**	[jænis]
coelho (m)	**kaniini**	[kani:ni]
texugo (m)	**mäyrä**	[mæuræ]
guaxinim (m)	**pesukarhu**	[pesu·karhu]
hamster (m)	**hamsteri**	[hamsteri]
marmota (f)	**murmeli**	[murmeli]
toupeira (f)	**maamyyrä**	[ma:my:ræ]
rato (m)	**hiiri**	[hi:ri]
ratazana (f)	**rotta**	[rotta]
morcego (m)	**lepakko**	[lepakko]
arminho (m)	**kärppä**	[kærppæ]
zibelina (f)	**soopeli**	[so:peli]
marta (f)	**näätä**	[næ:tæ]
doninha (f)	**lumikko**	[lumikko]
visom (m)	**minkki**	[miŋkki]

castor (m)	**majava**	[majaʋa]
lontra (f)	**saukko**	[saukko]
cavalo (m)	**hevonen**	[heʋonen]
alce (m)	**hirvi**	[hirʋi]
veado (m)	**poro**	[poro]
camelo (m)	**kameli**	[kameli]
bisão (m)	**biisoni**	[bi:soni]
auroque (m)	**visentti**	[ʋisentti]
búfalo (m)	**puhveli**	[puhʋeli]
zebra (f)	**seepra**	[se:pra]
antílope (m)	**antilooppi**	[antilo:ppi]
corça (f)	**metsäkauris**	[metsæ·kauris]
gamo (m)	**kuusipeura**	[ku:si·peura]
camurça (f)	**gemssi**	[gemssi]
javali (m)	**villisika**	[ʋilli·sika]
baleia (f)	**valas**	[ʋalas]
foca (f)	**hylje**	[hylje]
morsa (f)	**mursu**	[mursu]
urso-marinho (m)	**merikarhu**	[meri·karhu]
golfinho (m)	**delfiini**	[delfi:ni]
urso (m)	**karhu**	[karhu]
urso (m) polar	**jääkarhu**	[jæ:karhu]
panda (m)	**panda**	[panda]
macaco (m)	**apina**	[apina]
chimpanzé (m)	**simpanssi**	[simpanssi]
orangotango (m)	**oranki**	[oraŋki]
gorila (m)	**gorilla**	[gorilla]
macaco (m)	**makaki**	[makaki]
gibão (m)	**gibboni**	[gibboni]
elefante (m)	**norsu**	[norsu]
rinoceronte (m)	**sarvikuono**	[sarʋi·kuono]
girafa (f)	**kirahvi**	[kirahʋi]
hipopótamo (m)	**virtahepo**	[ʋirta·hepo]
canguru (m)	**kenguru**	[keŋuru]
coala (m)	**pussikarhu**	[pussi·karhu]
mangusto (m)	**faaraorotta**	[fa:rao·rotta]
chinchila (f)	**sinsilla**	[sinsilla]
cangambá (f)	**haisunäätä**	[hajsunæ:tæ]
porco-espinho (m)	**piikkisika**	[pi:kki·sika]

212. Animais domésticos

gata (f)	**kissa**	[kissa]
gato (m) macho	**kollikissa**	[kolli·kissa]
cão (m)	**koira**	[kojra]

cavalo (m)	**hevonen**	[heʋonen]
garanhão (m)	**ori**	[ori]
égua (f)	**tamma**	[tamma]
vaca (f)	**lehmä**	[lehmæ]
touro (m)	**sonni**	[sonni]
boi (m)	**härkä**	[hærkæ]
ovelha (f)	**lammas**	[lammas]
carneiro (m)	**pässi**	[pæssi]
cabra (f)	**vuohi**	[ʋuoɦi]
bode (m)	**pukki**	[pukki]
burro (m)	**aasi**	[ɑ:si]
mula (f)	**muuli**	[mu:li]
porco (m)	**sika**	[sika]
leitão (m)	**porsas**	[porsas]
coelho (m)	**kaniini**	[kani:ni]
galinha (f)	**kana**	[kana]
galo (m)	**kukko**	[kukko]
pata (f), pato (m)	**ankka**	[aŋkka]
pato (m)	**urosankka**	[uros·aŋkka]
ganso (m)	**hanhi**	[hanhi]
peru (m)	**uroskalkkuna**	[uros·kalkkuna]
perua (f)	**kalkkuna**	[kalkkuna]
animais (m pl) domésticos	**kotieläimet**	[koti·elæjmet]
domesticado (adj)	**kesy**	[kesy]
domesticar (vt)	**kesyttää**	[kesyttæ:]
criar (vt)	**kasvattaa**	[kasʋatta:]
fazenda (f)	**farmi**	[farmi]
aves (f pl) domésticas	**siipikarja**	[si:pi·karja]
gado (m)	**karja**	[karja]
rebanho (m), manada (f)	**lauma**	[lauma]
estábulo (m)	**hevostalli**	[heʋos·talli]
chiqueiro (m)	**sikala**	[sikala]
estábulo (m)	**navetta**	[naʋetta]
coelheira (f)	**kanikoppi**	[kani·koppi]
galinheiro (m)	**kanala**	[kanala]

213. Cães. Raças de cães

cão (m)	**koira**	[kojra]
cão pastor (m)	**paimenkoira**	[pajmeŋ·kojra]
pastor-alemão (m)	**saksanpaimenkoira**	[saksan·pajmeŋ·kojra]
poodle (m)	**villakoira**	[ʋilla·kojra]
linguicinha (m)	**mäyräkoira**	[mæuræ·kojra]
buldogue (m)	**bulldoggi**	[bulldoggi]

boxer (m)	**bokseri**	[bokseri]
mastim (m)	**mastiffi**	[mastiffi]
rottweiler (m)	**rottweiler**	[rottuajler]
dóberman (m)	**dobermanni**	[dobermanni]
basset (m)	**basset**	[basset]
pastor inglês (m)	**bobtail, lampuri**	[bobtejl], [læmpuri]
dálmata (m)	**dalmatiankoira**	[dalmatiani·kojra]
cocker spaniel (m)	**cockerspanieli**	[kokker·spanieli]
terra-nova (m)	**newfoundlandinkoira**	[njufaundlandiŋ·kojra]
são-bernardo (m)	**bernhardinkoira**	[bernhardin·kojra]
husky (m) siberiano	**siperianhusky**	[siperian·husky]
Chow-chow (m)	**kiinanpystykorva**	[ki:nanpysty·korua]
spitz alemão (m)	**kääpiöpystykorva**	[kæ:piøpysty·korua]
pug (m)	**mopsi**	[mopsi]

214. Sons produzidos pelos animais

latido (m)	**haukunta**	[haukunta]
latir (vi)	**haukkua**	[haukkua]
miar (vi)	**naukua**	[naukua]
ronronar (vi)	**kehrätä**	[kehrætæ]
mugir (vaca)	**ammua**	[ammua]
bramir (touro)	**mylviä**	[myluiæ]
rosnar (vi)	**möristä**	[møristæ]
uivo (m)	**ulvonta**	[uluonta]
uivar (vi)	**ulvoa**	[uluoa]
ganir (vi)	**inistä**	[inistæ]
balir (vi)	**määkiä**	[mæ:kiæ]
grunhir (vi)	**röhkiä**	[røhkiæ]
guinchar (vi)	**vinkua**	[uiŋkua]
coaxar (sapo)	**kurnuttaa**	[kurnutta:]
zumbir (inseto)	**surista**	[surista]
ziziar (vi)	**sirittää**	[siritttæ:]

215. Animais jovens

cria (f), filhote (m)	**pentu**	[pentu]
gatinho (m)	**kissanpentu**	[kissan·pentu]
ratinho (m)	**hiirenpoika**	[hi:ren·pojka]
cachorro (m)	**koiranpentu**	[kojran·pentu]
filhote (m) de lebre	**jäniksenpoika**	[jæniksen·pojka]
coelhinho (m)	**kaniininpoikanen**	[kani:nin·pojkanen]
lobinho (m)	**sudenpentu**	[suden·pentu]
filhote (m) de raposa	**ketunpentu**	[ketun·pentu]

filhote (m) de urso	**karhunpentu**	[karhun·pentu]
filhote (m) de leão	**leijonanpentu**	[leijonan·pentu]
filhote (m) de tigre	**tiikerinpentu**	[ti:kerin·pentu]
filhote (m) de elefante	**norsunpoikanen**	[norsun·pojkanen]
leitão (m)	**porsas**	[porsas]
bezerro (m)	**vasikka**	[ʋasikka]
cabrito (m)	**kili**	[kili]
cordeiro (m)	**karitsa**	[karitsa]
filhote (m) de veado	**poronvasa**	[poron·ʋasa]
cria (f) de camelo	**kamelin varsa**	[kamelin ʋarsa]
filhote (m) de serpente	**käärmeenpoikanen**	[kæ:rme:n·pojkanen]
filhote (m) de rã	**sammakonpoikanen**	[sammakon·pojkanen]
cria (f) de ave	**linnunpoika**	[linnun·pojka]
pinto (m)	**kananpoika**	[kanan·pojka]
patinho (m)	**ankanpoikanen**	[aŋkan·pojkanen]

216. Pássaros

pássaro (m), ave (f)	**lintu**	[lintu]
pombo (m)	**kyyhky**	[ky:hky]
pardal (m)	**varpunen**	[ʋarpunen]
chapim-real (m)	**tiainen**	[tiajnen]
pega-rabuda (f)	**harakka**	[harakka]
corvo (m)	**korppi**	[korppi]
gralha-cinzenta (f)	**varis**	[ʋaris]
gralha-de-nuca-cinzenta (f)	**naakka**	[na:kka]
gralha-calva (f)	**mustavaris**	[musta·ʋaris]
pato (m)	**ankka**	[aŋkka]
ganso (m)	**hanhi**	[hanhi]
faisão (m)	**fasaani**	[fasa:ni]
águia (f)	**kotka**	[kotka]
açor (m)	**haukka**	[haukka]
falcão (m)	**jalohaukka**	[jalo·haukka]
abutre (m)	**korppikotka**	[korppi·kotka]
condor (m)	**kondori**	[kondori]
cisne (m)	**joutsen**	[joutsen]
grou (m)	**kurki**	[kurki]
cegonha (f)	**haikara**	[hajkara]
papagaio (m)	**papukaija**	[papukaija]
beija-flor (m)	**kolibri**	[kolibri]
pavão (m)	**riikinkukko**	[ri:kiŋ·kukko]
avestruz (m)	**strutsi**	[strutsi]
garça (f)	**haikara**	[hajkara]
flamingo (m)	**flamingo**	[flamiŋo]
pelicano (m)	**pelikaani**	[pelika:ni]

rouxinol (m)	**satakieli**	[sata·kieli]
andorinha (f)	**pääskynen**	[pæ:skynen]
tordo-zornal (m)	**rastas**	[rastas]
tordo-músico (m)	**laulurastas**	[laulu·rastas]
melro-preto (m)	**mustarastas**	[musta·rastas]
andorinhão (m)	**tervapääsky**	[terυa·pæ:sky]
cotovia (f)	**leivonen**	[lejυonen]
codorna (f)	**viiriäinen**	[υi:riæjnen]
pica-pau (m)	**tikka**	[tikka]
cuco (m)	**käki**	[kæki]
coruja (f)	**pöllö**	[pøllø]
bufo-real (m)	**huuhkaja**	[hu:hkaja]
tetraz-grande (m)	**metso**	[metso]
tetraz-lira (m)	**teeri**	[te:ri]
perdiz-cinzenta (f)	**peltopyy**	[pelto·py:]
estorninho (m)	**kottarainen**	[kottarajnen]
canário (m)	**kanarialintu**	[kanaria·lintu]
galinha-do-mato (f)	**pyy**	[py:]
tentilhão (m)	**peippo**	[pejppo]
dom-fafe (m)	**punatulkku**	[puna·tulkku]
gaivota (f)	**lokki**	[lokki]
albatroz (m)	**albatrossi**	[albatrossi]
pinguim (m)	**pingviini**	[piŋυi:ni]

217. Pássaros. Canto e sons

cantar (vi)	**laulaa**	[laula:]
gritar, chamar (vi)	**huutaa**	[hu:ta:]
cantar (o galo)	**kiekua**	[kiekua]
cocorocó (m)	**kukkokiekuu**	[kukkokieku:]
cacarejar (vi)	**kotkottaa**	[kotkotta:]
crocitar (vi)	**raakkua**	[ra:kkua]
grasnar (vi)	**vaakkua**	[υa:kkua]
piar (vi)	**piipittää**	[pi:pittæ:]
chilrear, gorjear (vi)	**sirkuttaa**	[sirkutta:]

218. Peixes. Animais marinhos

brema (f)	**lahna**	[lahna]
carpa (f)	**karppi**	[karppi]
perca (f)	**ahven**	[ahυen]
siluro (m)	**monni**	[monni]
lúcio (m)	**hauki**	[hauki]
salmão (m)	**lohi**	[lohi]
esturjão (m)	**sampi**	[sampi]

arenque (m)	**silli**	[silli]
salmão (m) do Atlântico	**merilohi**	[meri·lohi]
cavala, sarda (f)	**makrilli**	[makrilli]
solha (f), linguado (m)	**kampela**	[kampela]
lúcio perca (m)	**kuha**	[kuha]
bacalhau (m)	**turska**	[turska]
atum (m)	**tonnikala**	[tonnikala]
truta (f)	**taimen**	[tajmen]
enguia (f)	**ankerias**	[aŋkerias]
raia (f) elétrica	**rausku**	[rausku]
moreia (f)	**mureena**	[mure:na]
piranha (f)	**punapiraija**	[puna·piraija]
tubarão (m)	**hai**	[haj]
golfinho (m)	**delfiini**	[delfi:ni]
baleia (f)	**valas**	[ʋalas]
caranguejo (m)	**taskurapu**	[tasku·rapu]
água-viva (f)	**meduusa**	[medu:sa]
polvo (m)	**meritursas**	[meri·tursas]
estrela-do-mar (f)	**meritähti**	[meri·tæhti]
ouriço-do-mar (m)	**merisiili**	[meri·si:li]
cavalo-marinho (m)	**merihevonen**	[meri·heʋonen]
ostra (f)	**osteri**	[osteri]
camarão (m)	**katkarapu**	[katkarapu]
lagosta (f)	**hummeri**	[hummeri]
lagosta (f)	**langusti**	[laŋusti]

219. Anfíbios. Répteis

cobra (f)	**käärme**	[kæ:rme]
venenoso (adj)	**myrkky-, myrkyllinen**	[myrkky], [myrkyllinen]
víbora (f)	**kyy**	[ky:]
naja (f)	**silmälasikäärme**	[silmælasi·kæ:rme]
píton (m)	**pyton**	[pyton]
jiboia (f)	**jättiläiskäärme**	[jættilæjs·kæ:rme]
cobra-de-água (f)	**turhakäärme**	[turha·kæ:rme]
cascavel (f)	**kalkkarokäärme**	[kalkkaro·kæ:rme]
anaconda (f)	**anakonda**	[anakonda]
lagarto (m)	**lisko**	[lisko]
iguana (f)	**iguaani**	[igua:ni]
varano (m)	**varaani**	[ʋara:ni]
salamandra (f)	**salamanteri**	[salamanteri]
camaleão (m)	**kameleontti**	[kameleontti]
escorpião (m)	**skorpioni**	[skorpioni]
tartaruga (f)	**kilpikonna**	[kilpi·konna]
rã (f)	**sammakko**	[sammakko]

sapo (m)	**konna**	[konna]
crocodilo (m)	**krokotiili**	[krokoti:li]

220. Insetos

inseto (m)	**hyönteinen**	[hyøntejnen]
borboleta (f)	**perhonen**	[perhonen]
formiga (f)	**muurahainen**	[mu:rahajnen]
mosca (f)	**kärpänen**	[kærpænen]
mosquito (m)	**hyttynen**	[hyttynen]
escaravelho (m)	**kovakuoriainen**	[kova·kuoriajnen]
vespa (f)	**ampiainen**	[ampiajnen]
abelha (f)	**mehiläinen**	[mehilæjnen]
mamangaba (f)	**kimalainen**	[kimalajnen]
moscardo (m)	**kiiliäinen**	[ki:liæjnen]
aranha (f)	**hämähäkki**	[hæmæhækki]
teia (f) de aranha	**hämähäkinseitti**	[hæmæhækin·sejtti]
libélula (f)	**sudenkorento**	[sudeŋ·korento]
gafanhoto (m)	**hepokatti**	[hepokatti]
traça (f)	**yöperhonen**	[yø·perhonen]
barata (f)	**torakka**	[torakka]
carrapato (m)	**punkki**	[puŋkki]
pulga (f)	**kirppu**	[kirppu]
borrachudo (m)	**mäkärä**	[mækæræ]
gafanhoto (m)	**kulkusirkka**	[kulku·sirkka]
caracol (m)	**etana**	[etana]
grilo (m)	**sirkka**	[sirkka]
pirilampo, vaga-lume (m)	**kiiltomato**	[ki:lto·mato]
joaninha (f)	**leppäkerttu**	[leppæ·kerttu]
besouro (m)	**turilas**	[turilas]
sanguessuga (f)	**juotikas**	[juotikas]
lagarta (f)	**toukka**	[toukka]
minhoca (f)	**kastemato**	[kaste·mato]
larva (f)	**toukka**	[toukka]

221. Animais. Partes do corpo

bico (m)	**nokka**	[nokka]
asas (f pl)	**siivet**	[si:uet]
pata (f)	**käpälä**	[kæpælæ]
plumagem (f)	**höyhenpeite**	[høyhen·pejte]
pena, pluma (f)	**höyhen**	[høyhen]
crista (f)	**töyhtö**	[tøyhtø]
brânquias, guelras (f pl)	**kidukset**	[kidukset]
ovas (f pl)	**kutea**	[kutea]

larva (f)	**toukka**	[toukka]
barbatana (f)	**evä**	[euæ]
escama (f)	**suomut**	[suomut]
presa (f)	**torahammas**	[tora·hammas]
pata (f)	**tassu, käpälä**	[tassu], [kæpælæ]
focinho (m)	**kuono**	[kuono]
boca (f)	**kita**	[kita]
cauda (f), rabo (m)	**häntä**	[hæntæ]
bigodes (m pl)	**viikset**	[ui:kset]
casco (m)	**kavio**	[kauio]
corno (m)	**sarvi**	[sarui]
carapaça (f)	**panssari**	[panssari]
concha (f)	**kotilo**	[kotilo]
casca (f) de ovo	**kuori**	[kuori]
pelo (m)	**karva**	[karua]
pele (f), couro (m)	**vuota**	[uuota]

222. Ações dos animais

voar (vi)	**lentää**	[lentæ:]
dar voltas	**kaarrella**	[ka:rrella]
voar (para longe)	**lentää pois**	[lentæ: pojs]
bater as asas	**räpyttää**	[ræpyttæ:]
bicar (vi)	**nokkia**	[nokkia]
incubar (vt)	**hautoa munat**	[hautoa munat]
sair do ovo	**kuoriutua**	[kuoriutua]
fazer o ninho	**rakentaa pesä**	[rakenta: pesæ]
rastejar (vi)	**ryömiä**	[ryømiæ]
picar (vt)	**pistää**	[pistæ:]
morder (cachorro, etc.)	**purra**	[purra]
cheirar (vt)	**nuuskia**	[nu:skia]
latir (vi)	**haukkua**	[haukkua]
silvar (vi)	**sihistä**	[sihistæ]
assustar (vt)	**pelottaa**	[pelotta:]
atacar (vt)	**hyökätä**	[hyøkætæ]
roer (vt)	**jyrsiä**	[yrsiæ]
arranhar (vt)	**raapia**	[ra:pia]
esconder-se (vr)	**piileskellä**	[pi:leskellæ]
brincar (vi)	**leikkiä**	[lejkkiæ]
caçar (vi)	**metsästää**	[metsæstæ:]
hibernar (vi)	**horrostaa**	[horrosta:]
extinguir-se (vr)	**kuolla sukupuuttoon**	[kuolla sukupu:tto:n]

223. Animais. Habitats

hábitat (m)	**elinympäristö**	[elin·ympæristø]
migração (f)	**muuttoliike**	[mu:ttoli:ke]
montanha (f)	**vuori**	[ʋuori]
recife (m)	**riutta**	[riutta]
falésia (f)	**kalju**	[kalju]
floresta (f)	**metsä**	[metsæ]
selva (f)	**viidakko**	[ʋi:dakko]
savana (f)	**savanni**	[saʋanni]
tundra (f)	**tundra**	[tundra]
estepe (f)	**aro**	[aro]
deserto (m)	**aavikko**	[a:ʋikko]
oásis (m)	**keidas**	[kejdas]
mar (m)	**meri**	[meri]
lago (m)	**järvi**	[jærʋi]
oceano (m)	**valtameri**	[ʋalta·meri]
pântano (m)	**suo**	[suo]
de água doce	**makeavetinen**	[makea·ʋetinen]
lagoa (f)	**lampi, lammikko**	[lampi], [lammikko]
rio (m)	**joki**	[joki]
toca (f) do urso	**karhunpesä**	[karhun·pesæ]
ninho (m)	**pesä**	[pesæ]
buraco (m) de árvore	**pesäkolo**	[pesæ·kolo]
toca (f)	**kolo**	[kolo]
formigueiro (m)	**muurahaiskeko**	[mu:raɦajs·keko]

224. Cuidados com os animais

jardim (m) zoológico	**eläintarha**	[elæjn·tarha]
reserva (f) natural	**rauhoitusalue**	[rauɦojtus·alue]
viveiro (m)	**pentutehtailu**	[pentu·tehtailu]
jaula (f) de ar livre	**suuri häkki**	[su:ri hækki]
jaula, gaiola (f)	**häkki**	[hækki]
casinha (f) de cachorro	**koppi**	[koppi]
pombal (m)	**kyyhkyslakka**	[ky:hkys·lakka]
aquário (m)	**akvaario**	[akʋa:rio]
delfinário (m)	**delfinaario**	[delfina:rio]
criar (vt)	**kasvattaa**	[kasʋatta:]
cria (f)	**jälkeläiset**	[jælkelæjset]
domesticar (vt)	**kesyttää**	[kesyttæ:]
adestrar (vt)	**kouluttaa**	[koulutta:]
ração (f)	**ruoka**	[ruoka]
alimentar (vt)	**ruokkia**	[ruokkia]

loja (f) de animais	**eläinkauppa**	[elæjŋ·kauppa]
focinheira (m)	**kuonokoppa**	[kuono·koppa]
coleira (f)	**kaulapanta**	[kaula·panta]
nome (do animal)	**nimi**	[nimi]
pedigree (m)	**sukutaulu**	[suku·taulu]

225. Animais. Diversos

alcateia (f)	**lauma**	[lauma]
bando (pássaros)	**parvi**	[parʋi]
cardume (peixes)	**kalaparvi**	[kala·parʋi]
manada (cavalos)	**lauma**	[lauma]
macho (m)	**uros**	[uros]
fêmea (f)	**naaras**	[na:ras]
faminto (adj)	**nälkäinen**	[nælkæjnen]
selvagem (adj)	**villi**	[ʋilli]
perigoso (adj)	**vaarallinen**	[ʋa:rallinen]

226. Cavalos

cavalo (m)	**hevonen**	[heʋonen]
raça (f)	**rotu**	[rotu]
potro (m)	**varsa**	[ʋarsa]
égua (f)	**tamma**	[tamma]
mustangue (m)	**mustangi**	[mustaŋi]
pônei (m)	**poni**	[poni]
cavalo (m) de tiro	**kuormahevonen**	[kuorma·heʋonen]
crina (f)	**harja**	[harja]
rabo (m)	**häntä**	[hæntæ]
casco (m)	**kavio**	[kaʋio]
ferradura (f)	**hevosenkenkä**	[heʋoseŋ·keŋkæ]
ferrar (vt)	**kengittää**	[keŋittæ:]
ferreiro (m)	**seppä**	[seppæ]
sela (f)	**satula**	[satula]
estribo (m)	**jalustin**	[jalustin]
brida (f)	**suitset**	[suitset]
rédeas (f pl)	**ohjakset**	[ohjakset]
chicote (m)	**ruoska**	[ruoska]
cavaleiro (m)	**ratsastaja**	[ratsastaja]
colocar sela	**satuloida**	[satulojda]
montar no cavalo	**nousta satulaan**	[nousta satula:n]
galope (m)	**laukka**	[laukka]
galopar (vi)	**ajaa laukkaa**	[aja: laukka:]

trote (m)	**ravi**	[raʋi]
a trote	**ravia**	[raʋia]
cavalo (m) de corrida	**ratsu, kilpahevonen**	[ratsu], [kilpa·ɦeʋonen]
corridas (f pl)	**ratsastuskilpailut**	[ratsastus·kilpajlut]
estábulo (m)	**hevostalli**	[heʋos·talli]
alimentar (vt)	**ruokkia**	[ruokkia]
feno (m)	**heinä**	[hejnæ]
dar água	**juottaa**	[juotta:]
limpar (vt)	**puhdistaa**	[puhdista:]
carroça (f)	**hevoskärryt**	[heʋos·kærryt]
pastar (vi)	**olla laitumella**	[olla lajtumella]
relinchar (vi)	**hirnua**	[hirnua]
dar um coice	**potkaista**	[potkajsta]

Flora

227. Árvores

árvore (f)	**puu**	[pu:]
decídua (adj)	**lehti-**	[lehti]
conífera (adj)	**havu-**	[haʋu]
perene (adj)	**ikivihreä**	[ikiʋihrea]
macieira (f)	**omenapuu**	[omena·pu:]
pereira (f)	**päärynäpuu**	[pæ:rynæ·pu:]
cerejeira (f)	**linnunkirsikkapuu**	[linnun·kirsikkapu:]
ginjeira (f)	**hapankirsikkapuu**	[hapan·kirsikkapu:]
ameixeira (f)	**luumupuu**	[lu:mu·pu:]
bétula (f)	**koivu**	[kojʋu]
carvalho (m)	**tammi**	[tammi]
tília (f)	**lehmus**	[lehmus]
choupo-tremedor (m)	**haapa**	[ha:pa]
bordo (m)	**vaahtera**	[ʋa:htera]
espruce (m)	**kuusipuu**	[ku:si·pu:]
pinheiro (m)	**mänty**	[mænty]
alerce, lariço (m)	**lehtikuusi**	[lehti·ku:si]
abeto (m)	**jalokuusi**	[jaloku:si]
cedro (m)	**setri**	[setri]
choupo, álamo (m)	**poppeli**	[poppeli]
tramazeira (f)	**pihlaja**	[pihlaja]
salgueiro (m)	**paju**	[paju]
amieiro (m)	**leppä**	[leppæ]
faia (f)	**pyökki**	[pyøkki]
ulmeiro, olmo (m)	**jalava**	[jalaʋa]
freixo (m)	**saarni**	[sa:rni]
castanheiro (m)	**kastanja**	[kastanja]
magnólia (f)	**magnolia**	[magnolia]
palmeira (f)	**palmu**	[palmu]
cipreste (m)	**sypressi**	[sypressi]
mangue (m)	**mangrove**	[maŋroʋe]
embondeiro, baobá (m)	**apinanleipäpuu**	[apinan·lejpæpu:]
eucalipto (m)	**eukalyptus**	[eukalyptus]
sequoia (f)	**punapuu**	[puna·pu:]

228. Arbustos

arbusto (m)	**pensas**	[pensas]
arbusto (m), moita (f)	**pensaikko**	[pensajkko]

videira (f)	**viinirypäleet**	[ʋi:ni·rypæle:t]
vinhedo (m)	**viinitarha**	[ʋi:ni·tarha]
framboeseira (f)	**vadelma**	[ʋadelma]
groselheira-negra (f)	**mustaherukka**	[musta·ɦerukka]
groselheira-vermelha (f)	**punaherukka**	[puna·ɦerukka]
groselheira (f) espinhosa	**karviainen**	[karʋiajnen]
acácia (f)	**akasia**	[akasia]
bérberis (f)	**happomarja**	[happomarja]
jasmim (m)	**jasmiini**	[jasmi:ni]
junípero (m)	**kataja**	[kataja]
roseira (f)	**ruusupensas**	[ru:su·pensas]
roseira (f) brava	**villiruusu**	[ʋilli·ru:su]

229. Cogumelos

cogumelo (m)	**sieni**	[sieni]
cogumelo (m) comestível	**ruokasieni**	[ruoka·sieni]
cogumelo (m) venenoso	**myrkkysieni**	[myrkky·sieni]
chapéu (m)	**lakki**	[lakki]
pé, caule (m)	**jalka**	[jalka]
boleto, porcino (m)	**herkkutatti**	[herkkutatti]
boleto (m) alaranjado	**punikkitatti**	[punikki·tatti]
boleto (m) de bétula	**lehmäntatti**	[lehmæn·tatti]
cantarelo (m)	**keltavahvero**	[kelta·ʋahʋero]
rússula (f)	**hapero**	[hapero]
morchella (f)	**huhtasieni**	[huhtasieni]
agário-das-moscas (m)	**kärpässieni**	[kærpæssieni]
cicuta (f) verde	**kavalakärpässieni**	[kaʋala·kærpæssieni]

230. Frutos. Bagas

fruta (f)	**hedelmä**	[hedelmæ]
frutas (f pl)	**hedelmät**	[hedelmæt]
maçã (f)	**omena**	[omena]
pera (f)	**päärynä**	[pæ:rynæ]
ameixa (f)	**luumu**	[lu:mu]
morango (m)	**mansikka**	[mansikka]
ginja (f)	**hapankirsikka**	[hapan·kirsikka]
cereja (f)	**linnunkirsikka**	[linnun·kirsikka]
uva (f)	**viinirypäleet**	[ʋi:ni·rypæle:t]
framboesa (f)	**vadelma**	[ʋadelma]
groselha (f) negra	**mustaherukka**	[musta·ɦerukka]
groselha (f) vermelha	**punaherukka**	[puna·ɦerukka]
groselha (f) espinhosa	**karviainen**	[karʋiajnen]
oxicoco (m)	**karpalo**	[karpalo]

laranja (f)	**appelsiini**	[appelsi:ni]
tangerina (f)	**mandariini**	[mandari:ni]
abacaxi (m)	**ananas**	[ananas]
banana (f)	**banaani**	[bana:ni]
tâmara (f)	**taateli**	[ta:teli]
limão (m)	**sitruuna**	[sitru:na]
damasco (m)	**aprikoosi**	[apriko:si]
pêssego (m)	**persikka**	[persikka]
quiuí (m)	**kiivi**	[ki:ʋi]
toranja (f)	**greippi**	[grejppi]
baga (f)	**marja**	[marja]
bagas (f pl)	**marjat**	[marjat]
arando (m) vermelho	**puolukka**	[puolukka]
morango-silvestre (m)	**ahomansikka**	[aho·mansikka]
mirtilo (m)	**mustikka**	[mustikka]

231. Flores. Plantas

flor (f)	**kukka**	[kukka]
buquê (m) de flores	**kukkakimppu**	[kukka·kimppu]
rosa (f)	**ruusu**	[ru:su]
tulipa (f)	**tulppani**	[tulppani]
cravo (m)	**neilikka**	[nejlikka]
gladíolo (m)	**miekkalilja**	[miekkalilja]
centáurea (f)	**kaunokki**	[kaunokki]
campainha (f)	**kissankello**	[kissan·kello]
dente-de-leão (m)	**voikukka**	[ʋoj·kukka]
camomila (f)	**päivänkakkara**	[pæjuæn·kakkara]
aloé (m)	**aaloe**	[a:loe]
cacto (m)	**kaktus**	[kaktus]
fícus (m)	**fiikus**	[fi:kus]
lírio (m)	**lilja**	[lilja]
gerânio (m)	**kurjenpolvi**	[kurjen·polʋi]
jacinto (m)	**hyasintti**	[hyasintti]
mimosa (f)	**mimosa**	[mimosa]
narciso (m)	**narsissi**	[narsissi]
capuchinha (f)	**koristekrassi**	[koriste·krassi]
orquídea (f)	**orkidea**	[orkidea]
peônia (f)	**pioni**	[pioni]
violeta (f)	**orvokki**	[orʋokki]
amor-perfeito (m)	**keto-orvokki**	[keto·orʋokki]
não-me-esqueças (m)	**lemmikki**	[lemmikki]
margarida (f)	**kaunokainen**	[kaunokajnen]
papoula (f)	**unikko**	[unikko]
cânhamo (m)	**hamppu**	[hamppu]

hortelã, menta (f)	**minttu**	[minttu]
lírio-do-vale (m)	**kielo**	[kielo]
campânula-branca (f)	**lumikello**	[lumi·kello]
urtiga (f)	**nokkonen**	[nokkonen]
azedinha (f)	**suolaheinä**	[suolɑ·ɦejnæ]
nenúfar (m)	**lumme**	[lumme]
samambaia (f)	**saniainen**	[sɑniɑjnen]
líquen (m)	**jäkälä**	[jækælæ]
estufa (f)	**talvipuutarha**	[tɑlʋi·pu:tɑrhɑ]
gramado (m)	**nurmikko**	[nurmikko]
canteiro (m) de flores	**kukkapenkki**	[kukkɑ·peŋkki]
planta (f)	**kasvi**	[kɑsʋi]
grama (f)	**ruoho**	[ruoɦo]
folha (f) de grama	**heinänkorsi**	[hejnæŋ·korsi]
folha (f)	**lehti**	[lehti]
pétala (f)	**terälehti**	[teræ·lehti]
talo (m)	**varsi**	[ʋɑrsi]
tubérculo (m)	**mukula**	[mukulɑ]
broto, rebento (m)	**itu**	[itu]
espinho (m)	**piikki**	[pi:kki]
florescer (vi)	**kukkia**	[kukkiɑ]
murchar (vi)	**kuihtua**	[kujhtuɑ]
cheiro (m)	**tuoksu**	[tuoksu]
cortar (flores)	**leikata**	[lejkɑtɑ]
colher (uma flor)	**repiä**	[repiæ]

232. Cereais, grãos

grão (m)	**vilja**	[ʋiljɑ]
cereais (plantas)	**viljat**	[ʋiljɑt]
espiga (f)	**tähkä**	[tæhkæ]
trigo (m)	**vehnä**	[ʋehnæ]
centeio (m)	**ruis**	[rujs]
aveia (f)	**kaura**	[kɑurɑ]
painço (m)	**hirssi**	[hirssi]
cevada (f)	**ohra**	[ohrɑ]
milho (m)	**maissi**	[mɑjssi]
arroz (m)	**riisi**	[ri:si]
trigo-sarraceno (m)	**tattari**	[tɑttɑri]
ervilha (f)	**herne**	[herne]
feijão (m) roxo	**pavut**	[pɑʋut]
soja (f)	**soija**	[soijɑ]
lentilha (f)	**linssi**	[linssi]
feijão (m)	**pavut**	[pɑʋut]

233. Vegetais. Verduras

vegetais (m pl)	**vihannekset**	[ʋihannekset]
verdura (f)	**lehtikasvikset**	[lehti·kasʋikset]
tomate (m)	**tomaatti**	[toma:tti]
pepino (m)	**kurkku**	[kurkku]
cenoura (f)	**porkkana**	[porkkana]
batata (f)	**peruna**	[peruna]
cebola (f)	**sipuli**	[sipuli]
alho (m)	**valkosipuli**	[ʋalko·sipuli]
couve (f)	**kaali**	[ka:li]
couve-flor (f)	**kukkakaali**	[kukka·ka:li]
couve-de-bruxelas (f)	**brysselinkaali**	[brysseliŋ·ka:li]
brócolis (m pl)	**parsakaali**	[parsa·ka:li]
beterraba (f)	**punajuuri**	[puna·ju:ri]
berinjela (f)	**munakoiso**	[muna·kojso]
abobrinha (f)	**kesäkurpitsa**	[kesæ·kurpitsa]
abóbora (f)	**kurpitsa**	[kurpitsa]
nabo (m)	**nauris**	[nauris]
salsa (f)	**persilja**	[persilja]
endro, aneto (m)	**tilli**	[tilli]
alface (f)	**lehtisalaatti**	[lehti·sala:tti]
aipo (m)	**selleri**	[selleri]
aspargo (m)	**parsa**	[parsa]
espinafre (m)	**pinaatti**	[pina:tti]
ervilha (f)	**herne**	[herne]
feijão (~ soja, etc.)	**pavut**	[paʋut]
milho (m)	**maissi**	[majssi]
feijão (m) roxo	**pavut**	[paʋut]
pimentão (m)	**paprika**	[paprika]
rabanete (m)	**retiisi**	[reti:si]
alcachofra (f)	**artisokka**	[artisokka]

GEOGRAFIA REGIONAL

Países. Nacionalidades

234. Europa Ocidental

Europa (f)	**Eurooppa**	[euro:ppa]
União (f) Europeia	**Euroopan unioni**	[euro:pan unioni]
europeu (m)	**eurooppalainen**	[euro:ppalajnen]
europeu (adj)	**eurooppalainen**	[euro:ppalajnen]
Áustria (f)	**Itävalta**	[itæʋalta]
austríaco (m)	**itävaltainen**	[itæʋaltajnen]
austríaca (f)	**itävaltainen**	[itæʋaltajnen]
austríaco (adj)	**itävaltainen**	[itæʋaltajnen]
Grã-Bretanha (f)	**Iso-Britannia**	[iso·britannia]
Inglaterra (f)	**Englanti**	[eŋlanti]
inglês (m)	**englantilainen**	[eŋlantilajnen]
inglesa (f)	**englantilainen**	[eŋlantilajnen]
inglês (adj)	**englantilainen**	[eŋlantilajnen]
Bélgica (f)	**Belgia**	[belgia]
belga (m)	**belgialainen**	[belgialajnen]
belga (f)	**belgialainen**	[belgialajnen]
belga (adj)	**belgialainen**	[belgialajnen]
Alemanha (f)	**Saksa**	[saksa]
alemão (m)	**saksalainen**	[saksalajnen]
alemã (f)	**saksalainen**	[saksalajnen]
alemão (adj)	**saksalainen**	[saksalajnen]
Países Baixos (m pl)	**Alankomaat**	[alaŋkoma:t]
Holanda (f)	**Hollanti**	[hollanti]
holandês (m)	**hollantilainen**	[hollantilajnen]
holandesa (f)	**hollantilainen**	[hollantilajnen]
holandês (adj)	**hollantilainen**	[hollantilajnen]
Grécia (f)	**Kreikka**	[krejkka]
grego (m)	**kreikkalainen**	[krejkkalajnen]
grega (f)	**kreikkalainen**	[krejkkalajnen]
grego (adj)	**kreikkalainen**	[krejkkalajnen]
Dinamarca (f)	**Tanska**	[tanska]
dinamarquês (m)	**tanskalainen**	[tanskalajnen]
dinamarquesa (f)	**tanskalainen**	[tanskalajnen]
dinamarquês (adj)	**tanskalainen**	[tanskalajnen]
Irlanda (f)	**Irlanti**	[irlanti]
irlandês (m)	**irlantilainen**	[irlantilajnen]

irlandesa (f)	**irlantilainen**	[irlantilajnen]
irlandês (adj)	**irlantilainen**	[irlantilajnen]
Islândia (f)	**Islanti**	[islanti]
islandês (m)	**islantilainen**	[islantilajnen]
islandesa (f)	**islantilainen**	[islantilajnen]
islandês (adj)	**islantilainen**	[islantilajnen]
Espanha (f)	**Espanja**	[espanja]
espanhol (m)	**espanjalainen**	[espanjalajnen]
espanhola (f)	**espanjalainen**	[espanjalajnen]
espanhol (adj)	**espanjalainen**	[espanjalajnen]
Itália (f)	**Italia**	[italia]
italiano (m)	**italialainen**	[italialajnen]
italiana (f)	**italialainen**	[italialajnen]
italiano (adj)	**italialainen**	[italialajnen]
Chipre (m)	**Kypros**	[kypros]
cipriota (m)	**kyproslainen**	[kyproslajnen]
cipriota (f)	**kyproslainen**	[kyproslajnen]
cipriota (adj)	**kyproslainen**	[kyproslajnen]
Malta (f)	**Malta**	[malta]
maltês (m)	**maltalainen**	[maltalajnen]
maltesa (f)	**maltalainen**	[maltalajnen]
maltês (adj)	**maltalainen**	[maltalajnen]
Noruega (f)	**Norja**	[norja]
norueguês (m)	**norjalainen**	[norjalajnen]
norueguesa (f)	**norjalainen**	[norjalajnen]
norueguês (adj)	**norjalainen**	[norjalajnen]
Portugal (m)	**Portugali**	[portugali]
português (m)	**portugalilainen**	[portugalilajnen]
portuguesa (f)	**portugalilainen**	[portugalilajnen]
português (adj)	**portugalilainen**	[portugalilajnen]
Finlândia (f)	**Suomi**	[suomi]
finlandês (m)	**suomalainen**	[suomalajnen]
finlandesa (f)	**suomalainen**	[suomalajnen]
finlandês (adj)	**suomalainen**	[suomalajnen]
França (f)	**Ranska**	[ranska]
francês (m)	**ranskalainen**	[ranskalajnen]
francesa (f)	**ranskalainen**	[ranskalajnen]
francês (adj)	**ranskalainen**	[ranskalajnen]
Suécia (f)	**Ruotsi**	[ruotsi]
sueco (m)	**ruotsalainen**	[ruotsalajnen]
sueca (f)	**ruotsalainen**	[ruotsalajnen]
sueco (adj)	**ruotsalainen**	[ruotsalajnen]
Suíça (f)	**Sveitsi**	[sʋejtsi]
suíço (m)	**sveitsiläinen**	[sʋejtsilæjnen]
suíça (f)	**sveitsiläinen**	[sʋejtsilæjnen]

suíço (adj)	**sveitsiläinen**	[suejtsilæjnen]
Escócia (f)	**Skotlanti**	[skotlanti]
escocês (m)	**skotlantilainen**	[skotlantilajnen]
escocesa (f)	**skotlantilainen**	[skotlantilajnen]
escocês (adj)	**skotlantilainen**	[skotlantilajnen]
Vaticano (m)	**Vatikaanivaltio**	[uatika:ni·ualtio]
Liechtenstein (m)	**Liechtenstein**	[lihtenʃtajn]
Luxemburgo (m)	**Luxemburg**	[lyksemburg]
Mônaco (m)	**Monaco**	[monako]

235. Europa Central e de Leste

Albânia (f)	**Albania**	[albania]
albanês (m)	**albanialainen**	[albanialajnen]
albanesa (f)	**albanialainen**	[albanialajnen]
albanês (adj)	**albanialainen**	[albanialajnen]
Bulgária (f)	**Bulgaria**	[bulgaria]
búlgaro (m)	**bulgarialainen**	[bulgarialajnen]
búlgara (f)	**bulgarialainen**	[bulgarialajnen]
búlgaro (adj)	**bulgarialainen**	[bulgarialajnen]
Hungria (f)	**Unkari**	[uŋkari]
húngaro (m)	**unkarilainen**	[uŋkarilajnen]
húngara (f)	**unkarilainen**	[uŋkarilajnen]
húngaro (adj)	**unkarilainen**	[uŋkarilajnen]
Letônia (f)	**Latvia**	[latuia]
letão (m)	**latvialainen**	[latuialajnen]
letã (f)	**latvialainen**	[latuialajnen]
letão (adj)	**latvialainen**	[latuialajnen]
Lituânia (f)	**Liettua**	[liettua]
lituano (m)	**liettualainen**	[liettualajnen]
lituana (f)	**liettualainen**	[liettualajnen]
lituano (adj)	**liettualainen**	[liettualajnen]
Polônia (f)	**Puola**	[puola]
polonês (m)	**puolalainen**	[puolalajnen]
polonesa (f)	**puolalainen**	[puolalajnen]
polonês (adj)	**puolalainen**	[puolalajnen]
Romênia (f)	**Romania**	[romania]
romeno (m)	**romanialainen**	[romanialajnen]
romena (f)	**romanialainen**	[romanialajnen]
romeno (adj)	**romanialainen**	[romanialajnen]
Sérvia (f)	**Serbia**	[serbia]
sérvio (m)	**serbialainen**	[serbialajnen]
sérvia (f)	**serbialainen**	[serbialajnen]
sérvio (adj)	**serbialainen**	[serbialajnen]
Eslováquia (f)	**Slovakia**	[slouakia]
eslovaco (m)	**slovakki**	[slouakki]

eslovaca (f)	**slovakki**	[slovakki]
eslovaco (adj)	**slovakialainen**	[slovakialajnen]
Croácia (f)	**Kroatia**	[kroatia]
croata (m)	**kroatialainen**	[kroatialajnen]
croata (f)	**kroatialainen**	[kroatialajnen]
croata (adj)	**kroatialainen**	[kroatialajnen]
República (f) Checa	**Tšekki**	[tʃekki]
checo (m)	**tšekkiläinen**	[tʃekkilæjnen]
checa (f)	**tšekkiläinen**	[tʃekkilæjnen]
checo (adj)	**tšekkiläinen**	[tʃekkilæjnen]
Estônia (f)	**Viro**	[viro]
estônio (m)	**virolainen**	[virolajnen]
estônia (f)	**virolainen**	[virolajnen]
estônio (adj)	**virolainen**	[virolajnen]
Bósnia e Herzegovina (f)	**Bosnia ja Hertsegovina**	[bosnia ja hertsegovina]
Macedônia (f)	**Makedonia**	[makedonia]
Eslovênia (f)	**Slovenia**	[slovenia]
Montenegro (m)	**Montenegro**	[monte·negro]

236. Países da ex-URSS

Azerbaijão (m)	**Azerbaidžan**	[azerbajdʒan]
azeri (m)	**azerbaidžanilainen**	[azerbajdʒanialajnen]
azeri (f)	**azerbaidžanilainen**	[azerbajdʒanialajnen]
azeri, azerbaijano (adj)	**azerbaidžanilainen**	[azerbajdʒanialajnen]
Armênia (f)	**Armenia**	[armeniæ]
armênio (m)	**armenialainen**	[armenialajnen]
armênia (f)	**armenialainen**	[armenialajnen]
armênio (adj)	**armenialainen**	[armenialajnen]
Belarus	**Valko-Venäjä**	[valko·venæjæ]
bielorrusso (m)	**valkovenäläinen**	[valko·venælæjnen]
bielorrussa (f)	**valkovenäläinen**	[valko·venælæjnen]
bielorrusso (adj)	**valkovenäläinen**	[valko·venælæjnen]
Geórgia (f)	**Georgia**	[georgia]
georgiano (m)	**georgialainen**	[georgialajnen]
georgiana (f)	**georgialainen**	[georgialajnen]
georgiano (adj)	**georgialainen**	[georgialajnen]
Cazaquistão (m)	**Kazakstan**	[kazakstan]
cazaque (m)	**kazakki**	[kazakki]
cazaque (f)	**kazakki**	[kazakki]
cazaque (adj)	**kazakki**	[kazakki]
Quirguistão (m)	**Kirgisia**	[kirgisia]
quirguiz (m)	**kirgiisi**	[kirgi:si]
quirguiz (f)	**kirgiisi**	[kirgi:si]
quirguiz (adj)	**kirgiisi**	[kirgi:si]

Moldávia (f)	**Moldova**	[moldoʋɑ]
moldavo (m)	**moldovalainen**	[moldoʋɑlɑjnen]
moldava (f)	**moldovalainen**	[moldoʋɑlɑjnen]
moldavo (adj)	**moldovalainen**	[moldoʋɑlɑjnen]
Rússia (f)	**Venäjä**	[ʋenæjæ]
russo (m)	**venäläinen**	[ʋenælæjnen]
russa (f)	**venäläinen**	[ʋenælæjnen]
russo (adj)	**venäläinen**	[ʋenælæjnen]
Tajiquistão (m)	**Tadžhikistan**	[tɑʤikistɑn]
tajique (m)	**tadžikki**	[tɑʤikki]
tajique (f)	**tadžikki**	[tɑʤikki]
tajique (adj)	**tadžikki**	[tɑʤikki]
Turquemenistão (m)	**Turkmenistan**	[turkmenistɑn]
turcomeno (m)	**turkmeeni**	[turkme:ni]
turcomena (f)	**turkmeeni**	[turkme:ni]
turcomeno (adj)	**turkmeeni**	[turkme:ni]
Uzbequistão (f)	**Uzbekistan**	[uzbekistɑn]
uzbeque (m)	**uzbekki**	[uzbekki]
uzbeque (f)	**uzbekki**	[uzbekki]
uzbeque (adj)	**uzbekki**	[uzbekki]
Ucrânia (f)	**Ukraina**	[ukrɑjnɑ]
ucraniano (m)	**ukrainalainen**	[ukrɑinɑlɑjnen]
ucraniana (f)	**ukrainalainen**	[ukrɑinɑlɑjnen]
ucraniano (adj)	**ukrainalainen**	[ukrɑinɑlɑjnen]

237. Asia

Ásia (f)	**Aasia**	[ɑ:siɑ]
asiático (adj)	**aasialainen**	[ɑ:siɑlɑjnen]
Vietnã (m)	**Vietnam**	[ʋjetnɑm]
vietnamita (m)	**vietnamilainen**	[ʋjetnɑmilɑjnen]
vietnamita (f)	**vietnamilainen**	[ʋjetnɑmilɑjnen]
vietnamita (adj)	**vietnamilainen**	[ʋjetnɑmilɑjnen]
Índia (f)	**Intia**	[intiɑ]
indiano (m)	**intialainen**	[intiɑlɑjnen]
indiana (f)	**intialainen**	[intiɑlɑjnen]
indiano (adj)	**intialainen**	[intiɑlɑjnen]
Israel (m)	**Israel**	[israel]
israelense (m)	**israelilainen**	[israelilɑjnen]
israelita (f)	**israelilainen**	[israelilɑjnen]
israelense (adj)	**israelilainen**	[israelilɑjnen]
judeu (m)	**juutalainen**	[ju:tɑlɑjnen]
judia (f)	**juutalainen**	[ju:tɑlɑjnen]
judeu (adj)	**juutalainen**	[ju:tɑlɑjnen]
China (f)	**Kiina**	[ki:nɑ]

chinês (m)	**kiinalainen**	[ki:nalajnen]
chinesa (f)	**kiinalainen**	[ki:nalajnen]
chinês (adj)	**kiinalainen**	[ki:nalajnen]
coreano (m)	**korealainen**	[korealajnen]
coreana (f)	**korealainen**	[korealajnen]
coreano (adj)	**korealainen**	[korealajnen]
Líbano (m)	**Libanon**	[libanon]
libanês (m)	**libanonilainen**	[libanonilajnen]
libanesa (f)	**libanonilainen**	[libanonilajnen]
libanês (adj)	**libanonilainen**	[libanonilajnen]
Mongólia (f)	**Mongolia**	[moŋolia]
mongol (m)	**mongoli**	[moŋoli]
mongol (f)	**mongoli**	[moŋoli]
mongol (adj)	**mongolilainen**	[moŋolilajnen]
Malásia (f)	**Malesia**	[malesia]
malaio (m)	**malaiji**	[malaiji]
malaia (f)	**malaiji**	[malaiji]
malaio (adj)	**malaijilainen**	[malaijilajnen]
Paquistão (m)	**Pakistan**	[pakistan]
paquistanês (m)	**pakistanilainen**	[pakistanilajnen]
paquistanesa (f)	**pakistanilainen**	[pakistanilajnen]
paquistanês (adj)	**pakistanilainen**	[pakistanilajnen]
Arábia (f) Saudita	**Saudi-Arabia**	[saudi·arabia]
árabe (m)	**arabi**	[arabi]
árabe (f)	**arabi**	[arabi]
árabe (adj)	**arabi-, arabialainen**	[arabi], [arabialajnen]
Tailândia (f)	**Thaimaa**	[thajma:]
tailandês (m)	**thaimaalainen**	[thajma:lajnen]
tailandesa (f)	**thaimaalainen**	[thajma:lajnen]
tailandês (adj)	**thaimaalainen**	[thajma:lajnen]
Taiwan (m)	**Taiwan**	[tajʋan]
taiwanês (m)	**taiwanilainen**	[tajʋanilajnen]
taiwanesa (f)	**taiwanilainen**	[tajʋanilajnen]
taiwanês (adj)	**taiwanilainen**	[tajʋanilajnen]
Turquia (f)	**Turkki**	[turkki]
turco (m)	**turkkilainen**	[turkkilajnen]
turca (f)	**turkkilainen**	[turkkilajnen]
turco (adj)	**turkkilainen**	[turkkilajnen]
Japão (m)	**Japani**	[japani]
japonês (m)	**japanilainen**	[japanilajnen]
japonesa (f)	**japanilainen**	[japanilajnen]
japonês (adj)	**japanilainen**	[japanilajnen]
Afeganistão (m)	**Afganistan**	[afganistan]
Bangladesh (m)	**Bangladesh**	[baŋladeʃ]
Indonésia (f)	**Indonesia**	[indonesia]

Jordânia (f)	**Jordania**	[jordania]
Iraque (m)	**Irak**	[irak]
Irã (m)	**Iran**	[iran]
Camboja (f)	**Kambodža**	[kambodʒa]
Kuwait (m)	**Kuwait**	[kuʋajt]
Laos (m)	**Laos**	[laos]
Birmânia (f)	**Myanmar**	[myanmar]
Nepal (m)	**Nepal**	[nepal]
Emirados Árabes Unidos	**Arabiemiirikuntien liitto**	[arabi·emi:ri·kuntien li:tto]
Síria (f)	**Syyria**	[sy:ria]
Palestina (f)	**Palestiinalaishallinto**	[palesti:nalajs·hallinto]
Coreia (f) do Sul	**Etelä-Korea**	[etelæ·korea]
Coreia (f) do Norte	**Pohjois-Korea**	[pohjois·korea]

238. América do Norte

Estados Unidos da América	**Yhdysvallat**	[yhdys·ʋallat]
americano (m)	**amerikkalainen**	[amerikkalajnen]
americana (f)	**amerikkalainen**	[amerikkalajnen]
americano (adj)	**amerikkalainen**	[amerikkalajnen]
Canadá (m)	**Kanada**	[kanada]
canadense (m)	**kanadalainen**	[kanadalajnen]
canadense (f)	**kanadalainen**	[kanadalajnen]
canadense (adj)	**kanadalainen**	[kanadalajnen]
México (m)	**Meksiko**	[meksiko]
mexicano (m)	**meksikolainen**	[meksikolajnen]
mexicana (f)	**meksikolainen**	[meksikolajnen]
mexicano (adj)	**meksikolainen**	[meksikolajnen]

239. América Central do Sul

Argentina (f)	**Argentiina**	[argenti:na]
argentino (m)	**argentiinalainen**	[argenti:nalajnen]
argentina (f)	**argentiinalainen**	[argenti:nalajnen]
argentino (adj)	**argentiinalainen**	[argenti:nalajnen]
Brasil (m)	**Brasilia**	[brasilia]
brasileiro (m)	**brasilialainen**	[brasilialajnen]
brasileira (f)	**brasilialainen**	[brasilialajnen]
brasileiro (adj)	**brasilialainen**	[brasilialajnen]
Colômbia (f)	**Kolumbia**	[kolumbia]
colombiano (m)	**kolumbialainen**	[kolumbialajnen]
colombiana (f)	**kolumbialainen**	[kolumbialajnen]
colombiano (adj)	**kolumbialainen**	[kolumbialajnen]
Cuba (f)	**Kuuba**	[ku:ba]
cubano (m)	**kuubalainen**	[ku:balajnen]

cubana (f) **kuubalainen** [ku:balajnen]
cubano (adj) **kuubalainen** [ku:balajnen]

Chile (m) **Chile** [ʧile]
chileno (m) **chileläinen** [ʧilelæjnen]
chilena (f) **chileläinen** [ʧilelæjnen]
chileno (adj) **chileläinen** [ʧilelæjnen]

Bolívia (f) **Bolivia** [boliʋia]
Venezuela (f) **Venezuela** [ʋenezuela]
Paraguai (m) **Paraguay** [paraguaj]
Peru (m) **Peru** [peru]

Suriname (m) **Suriname** [suriname]
Uruguai (m) **Uruguay** [uruguaj]
Equador (m) **Ecuador** [ekuador]

Bahamas (f pl) **Bahama** [bahama]
Haiti (m) **Haiti** [haiti]
República Dominicana **Dominikaaninen tasavalta** [dominika:ninen tasaʋalta]
Panamá (m) **Panama** [panama]
Jamaica (f) **Jamaika** [jamajka]

240. Africa

Egito (m) **Egypti** [egypti]
egípcio (m) **egyptiläinen** [egyptilæjnen]
egípcia (f) **egyptiläinen** [egyptilæjnen]
egípcio (adj) **egyptiläinen** [egyptilæjnen]

Marrocos **Marokko** [marokko]
marroquino (m) **marokkolainen** [marokkolajnen]
marroquina (f) **marokkolainen** [marokkolajnen]
marroquino (adj) **marokkolainen** [marokkolajnen]

Tunísia (f) **Tunisia** [tunisia]
tunisiano (m) **tunisialainen** [tunisialajnen]
tunisiana (f) **tunisialainen** [tunisialajnen]
tunisiano (adj) **tunisialainen** [tunisialajnen]

Gana (f) **Ghana** [gana]
Zanzibar (m) **Sansibar** [sansibar]
Quênia (f) **Kenia** [kenia]
Líbia (f) **Libya** [libya]
Madagascar (m) **Madagaskar** [madagaskar]

Namíbia (f) **Namibia** [namibiæ]
Senegal (m) **Senegal** [senegal]
Tanzânia (f) **Tansania** [tansania]
África (f) do Sul **Etelä-Afrikka** [etelæ·afrikka]

africano (m) **afrikkalainen** [afrikkalajnen]
africana (f) **afrikkalainen** [afrikkalajnen]
africano (adj) **afrikkalainen** [afrikkalajnen]

241. Austrália. Oceania

Austrália (f)	**Australia**	[australia]
australiano (m)	**australialainen**	[australialajnen]
australiana (f)	**australialainen**	[australialajnen]
australiano (adj)	**australialainen**	[australialajnen]
Nova Zelândia (f)	**Uusi-Seelanti**	[u:si·se:lanti]
neozelandês (m)	**uusiseelantilainen**	[u:si·se:lantilajnen]
neozelandesa (f)	**uusiseelantilainen**	[u:si·se:lantilajnen]
neozelandês (adj)	**uusiseelantilainen**	[u:si·se:lantilajnen]
Tasmânia (f)	**Tasmania**	[tasmania]
Polinésia (f) Francesa	**Ranskan Polynesia**	[ranskan polynesia]

242. Cidades

Amesterdã, Amsterdã	**Amsterdam**	[amsterdam]
Ancara	**Ankara**	[aŋkara]
Atenas	**Ateena**	[ate:na]
Bagdade	**Bagdad**	[bagdad]
Bancoque	**Bangkok**	[baŋkok]
Barcelona	**Barcelona**	[barselona]
Beirute	**Beirut**	[bejrut]
Berlim	**Berliini**	[berli:ni]
Bonn	**Bonn**	[bonn]
Bordéus	**Bordeaux**	[bordo]
Bratislava	**Bratislava**	[bratislaʋa]
Bruxelas	**Bryssel**	[bryssel]
Bucareste	**Bukarest**	[bukarest]
Budapeste	**Budapest**	[budapest]
Cairo	**Kairo**	[kajro]
Calcutá	**Kalkutta**	[kalkutta]
Chicago	**Chicago**	[ʧikago]
Cidade do México	**México**	[meksiko]
Copenhague	**Kööpenhamina**	[kø:penhamina]
Dar es Salaam	**Dar es Salaam**	[dar es sala:m]
Deli	**Delhi**	[deli]
Dubai	**Dubai**	[dubaj]
Dublim	**Dublin**	[dublin]
Düsseldorf	**Düsseldorf**	[dysseldorf]
Estocolmo	**Tukholma**	[tukholma]
Florença	**Firenze**	[firentse]
Frankfurt	**Frankfurt**	[fraŋkfurt]
Genebra	**Geneve**	[geneʋe]
Haia	**Haag**	[ha:g]
Hamburgo	**Hampuri**	[hampuri]
Hanói	**Hanoi**	[hanoj]

Havana	**Havanna**	[havanna]
Helsinque	**Helsinki**	[helsiŋki]
Hiroshima	**Hiroshima**	[hiroʃima]
Hong Kong	**Hongkong**	[hoŋkoŋ]
Istambul	**Istanbul**	[istanbul]
Jerusalém	**Jerusalem**	[jerusalem]
Kiev, Quieve	**Kiova**	[kiova]
Kuala Lumpur	**Kuala Lumpur**	[kuala lumpur]
Lion	**Lyon**	[ljon]
Lisboa	**Lissabon**	[lissabon]
Londres	**Lontoo**	[lonto:]
Los Angeles	**Los Angeles**	[los aŋeles]
Madrid	**Madrid**	[madrid]
Marselha	**Marseille**	[marsejlle]
Miami	**Miami**	[majami]
Montreal	**Montreal**	[montreal]
Moscou	**Moskova**	[moskova]
Mumbai	**Mumbai**	[mumbaj]
Munique	**München**	[mynhen]
Nairóbi	**Nairobi**	[najrobi]
Nápoles	**Napoli**	[napoli]
Nice	**Nizza**	[nitsa]
Nova York	**New York**	[nju jork]
Oslo	**Oslo**	[oslo]
Ottawa	**Ottawa**	[ottava]
Paris	**Pariisi**	[pari:si]
Pequim	**Peking**	[pekiŋ]
Praga	**Praha**	[praɦa]
Rio de Janeiro	**Rio de Janeiro**	[rio de janejro]
Roma	**Rooma**	[ro:ma]
São Petersburgo	**Pietari**	[pietari]
Seul	**Soul**	[soul]
Singapura	**Singapore**	[siŋapore]
Sydney	**Sydney**	[sidnej]
Taipé	**Taipei**	[tajpej]
Tóquio	**Tokio**	[tokio]
Toronto	**Toronto**	[toronto]
Varsóvia	**Varsova**	[varsova]
Veneza	**Venetsia**	[venetsia]
Viena	**Wien**	[vien]
Washington	**Washington**	[vaʃiŋton]
Xangai	**Shanghai**	[ʃaŋhaj]

243. Política. Governo. Parte 1

política (f)	**politiikka**	[politi:kka]
político (adj)	**poliittinen**	[poli:ttinen]

político (m)	**poliitikko**	[poli:tikko]
estado (m)	**valtio**	[ʋaltio]
cidadão (m)	**kansalainen**	[kansalajnen]
cidadania (f)	**kansalaisuus**	[kansalajsu:s]
brasão (m) de armas	**kansallinen vaakuna**	[kansallinen ʋa:kuna]
hino (m) nacional	**kansallishymni**	[kansallis·hymni]
governo (m)	**hallitus**	[hallitus]
Chefe (m) de Estado	**valtionpäämies**	[ʋaltion·pæ:mies]
parlamento (m)	**parlamentti**	[parlamentti]
partido (m)	**puolue**	[puolue]
capitalismo (m)	**kapitalismi**	[kapitalismi]
capitalista (adj)	**kapitalistinen**	[kapitalistinen]
socialismo (m)	**sosialismi**	[sosialismi]
socialista (adj)	**sosialistinen**	[sosialistinen]
comunismo (m)	**kommunismi**	[kommunismi]
comunista (adj)	**kommunistinen**	[kommunistinen]
comunista (m)	**kommunisti**	[kommunisti]
democracia (f)	**demokratia**	[demokratia]
democrata (m)	**demokraatti**	[demokra:tti]
democrático (adj)	**demokraattinen**	[demokra:ttinen]
Partido (m) Democrático	**demokraattinen puolue**	[demokra:ttinen puolue]
liberal (m)	**liberaali**	[libera:li]
liberal (adj)	**liberaali**	[libera:li]
conservador (m)	**konservatiivi**	[konserʋati:ʋi]
conservador (adj)	**konservatiivinen**	[konserʋati:ʋinen]
república (f)	**tasavalta**	[tasa·ʋalta]
republicano (m)	**republikaani**	[republika:ni]
Partido (m) Republicano	**republikaanipuolue**	[republika:ni·puolue]
eleições (f pl)	**vaalit**	[ʋa:lit]
eleger (vt)	**valita**	[ʋalita]
eleitor (m)	**valitsijamies**	[ʋalitsijamies]
campanha (f) eleitoral	**vaalikampanja**	[ʋa:li·kampanja]
votação (f)	**äänestys**	[æ:nestys]
votar (vi)	**äänestää**	[æ:nestæ:]
sufrágio (m)	**äänioikeus**	[æ:niojkeus]
candidato (m)	**ehdokas**	[ehdokas]
candidatar-se (vi)	**asettua ehdokkaaksi**	[asettua ehdokka:ksi]
campanha (f)	**kampanja**	[kampanja]
da oposição	**oppositio-**	[oppositio]
oposição (f)	**oppositio**	[oppositio]
visita (f)	**vierailu**	[ʋierajlu]
visita (f) oficial	**virallinen vierailu**	[ʋirallinen ʋierajlu]

internacional (adj)	**kansainvälinen**	[kansajnʋælinen]
negociações (f pl)	**neuvottelut**	[neuʋottelut]
negociar (vi)	**käydä neuvotteluja**	[kæydæ neuʋotteluja]

244. Política. Governo. Parte 2

sociedade (f)	**yhteiskunta**	[yhtejs·kunta]
constituição (f)	**perustuslaki**	[perustus·laki]
poder (ir para o ~)	**valta**	[ʋalta]
corrupção (f)	**korruptio**	[korruptjo]
lei (f)	**laki**	[laki]
legal (adj)	**laillinen**	[lajllinen]
justeza (f)	**oikeudenmukaisuus**	[ojkeuden·mukajsu:s]
justo (adj)	**oikeudenmukainen**	[ojkeuden·mukajnen]
comitê (m)	**komitea**	[komitea]
projeto-lei (m)	**lakiehdotus**	[laki·ehdotus]
orçamento (m)	**budjetti**	[budjetti]
política (f)	**politiikka**	[politi:kka]
reforma (f)	**reformi**	[reformi]
radical (adj)	**radikaali**	[radika:li]
força (f)	**voima**	[ʋojma]
poderoso (adj)	**voimakas**	[ʋojmakas]
partidário (m)	**puolustaja**	[puolustaja]
influência (f)	**vaikutus**	[ʋajkutus]
regime (m)	**hallinto**	[hallinto]
conflito (m)	**konflikti**	[konflikti]
conspiração (f)	**salaliitto**	[salali:tto]
provocação (f)	**provokaatio**	[proʋoka:tio]
derrubar (vt)	**kukistaa**	[kukista:]
derrube (m), queda (f)	**vallankaappaus**	[ʋallan·ka:ppaus]
revolução (f)	**vallankumous**	[ʋallan·kumous]
golpe (m) de Estado	**kumous**	[kumous]
golpe (m) militar	**sotilasvallankaappaus**	[sotilas·ʋallan·ka:ppaus]
crise (f)	**kriisi**	[kri:si]
recessão (f) econômica	**taantuma**	[ta:ntuma]
manifestante (m)	**mielenosoittaja**	[mielen·osojttaja]
manifestação (f)	**mielenosoitus**	[mielen·osojtus]
lei (f) marcial	**sotatilalaki**	[sotatila·laki]
base (f) militar	**tukikohta**	[tuki·kohta]
estabilidade (f)	**vakaus**	[ʋakaus]
estável (adj)	**vakaa**	[ʋaka:]
exploração (f)	**hyväksikäyttö**	[hyʋæksi·kæyttø]
explorar (vt)	**käyttää hyväksi**	[kæyttæ: hyʋæksi]
racismo (m)	**rasismi**	[rasismi]

racista (m)	**rasisti**	[rasisti]
fascismo (m)	**fasismi**	[fasismi]
fascista (m)	**fasisti**	[fasisti]

245. Países. Diversos

estrangeiro (m)	**ulkomaalainen**	[ulkoma:lajnen]
estrangeiro (adj)	**ulkomainen**	[ulkomajnen]
no estrangeiro	**ulkomailla**	[ulkomajlla]
emigrante (m)	**maastamuuttaja**	[ma:sta·mu:ttaja]
emigração (f)	**maastamuutto**	[ma:sta·mu:tto]
emigrar (vi)	**muuttaa maasta**	[mu:tta: ma:sta]
Ocidente (m)	**länsi**	[lænsi]
Oriente (m)	**itä**	[itæ]
Extremo Oriente (m)	**Kaukoitä**	[kaukojtæ]
civilização (f)	**sivilisaatio**	[siʋilisa:tio]
humanidade (f)	**ihmiskunta**	[ihmis·kunta]
mundo (m)	**maailma**	[ma:jlma]
paz (f)	**rauha**	[rauɦa]
mundial (adj)	**maailmanlaajuinen**	[ma:jlmanla:juinen]
pátria (f)	**synnyinmaa**	[synnyjn·ma:]
povo (população)	**kansa**	[kansa]
população (f)	**väestö**	[ʋæestø]
gente (f)	**ihmiset**	[ihmiset]
nação (f)	**kansakunta**	[kansa·kunta]
geração (f)	**sukupolvi**	[suku·polʋi]
território (m)	**alue**	[alue]
região (f)	**seutu**	[seutu]
estado (m)	**osavaltio**	[osa·ʋaltio]
tradição (f)	**perinne**	[perinne]
costume (m)	**tapa**	[tapa]
ecologia (f)	**ekologia**	[ekologia]
índio (m)	**intiaani**	[intia:ni]
cigano (m)	**mustalainen**	[mustalajnen]
cigana (f)	**mustalainen**	[mustalajnen]
cigano (adj)	**mustalainen**	[mustalajnen]
império (m)	**keisarikunta**	[kejsari·kunta]
colônia (f)	**kolonia**	[kolonia]
escravidão (f)	**orjuus**	[orju:s]
invasão (f)	**maahanhyökkäys**	[ma:han·hyøkkæys]
fome (f)	**nälänhätä**	[nælæn·hætæ]

246. Grupos religiosos mais importantes. Confissões

religião (f)	**uskonto**	[uskonto]
religioso (adj)	**uskonnollinen**	[uskonnollinen]

crença (f)	**usko**	[usko]
crer (vt)	**uskoa**	[uskoa]
crente (m)	**uskovainen**	[uskoʋajnen]
ateísmo (m)	**ateismi**	[ateismi]
ateu (m)	**ateisti**	[ateisti]
cristianismo (m)	**Kristinusko**	[kristinusko]
cristão (m)	**kristitty**	[kristitty]
cristão (adj)	**kristillinen**	[kristillinen]
catolicismo (m)	**Katolilaisuus**	[katolilajsu:s]
católico (m)	**katolilainen**	[katolilajnen]
católico (adj)	**katolinen**	[katolinen]
protestantismo (m)	**Protestanttisuus**	[protestanttisu:s]
Igreja (f) Protestante	**Protestanttinen Kirkko**	[protestanttinen kirkko]
protestante (m)	**protestantti**	[protestantti]
ortodoxia (f)	**Ortodoksisuus**	[ortodoksisu:s]
Igreja (f) Ortodoxa	**Ortodoksinen kirkko**	[ortodoksinen kirkko]
ortodoxo (m)	**ortodoksi**	[ortodoksi]
presbiterianismo (m)	**Presbyteerinen kirkko**	[presbyte:rinen kirkko]
Igreja (f) Presbiteriana	**Presbyteerikirkko**	[presbyte:ri·kirkko]
presbiteriano (m)	**presbyteeri**	[presbyte:ri]
luteranismo (m)	**Luterilainen Kirkko**	[luterilajnen kirkko]
luterano (m)	**luterilainen**	[luterilajnen]
Igreja (f) Batista	**Baptismi**	[baptismi]
batista (m)	**baptisti**	[baptisti]
Igreja (f) Anglicana	**Anglikaaninen Kirkko**	[aŋlika:ninen kirkko]
anglicano (m)	**anglikaaninen**	[aŋlika:ninen]
mormonismo (m)	**Mormonismi**	[mormonismi]
mórmon (m)	**mormoni**	[mormoni]
Judaísmo (m)	**Juutalaisuus**	[ju:talajsu:s]
judeu (m)	**juutalainen**	[ju:talajnen]
budismo (m)	**Buddhalaisuus**	[buddhalajsu:s]
budista (m)	**buddhalainen**	[buddhalajnen]
hinduísmo (m)	**Hindulaisuus**	[hindulajsu:s]
hindu (m)	**hindulainen**	[hindulajnen]
Islã (m)	**Islam**	[islam]
muçulmano (m)	**muslimi**	[muslimi]
muçulmano (adj)	**islamilainen**	[islamilajnen]
xiismo (m)	**Šiialaisuus**	[ʃi:alajsu:s]
xiita (m)	**shiialainen**	[ʃi:alajnen]
sunismo (m)	**Sunnalaisuus**	[sunnalajsu:s]
sunita (m)	**sunnalainen**	[sunnalajnen]

247. Religiões. Padres

padre (m)	**pappi**	[pappi]
Papa (m)	**Paavi**	[pa:ʋi]
monge (m)	**munkki**	[muŋkki]
freira (f)	**nunna**	[nunna]
pastor (m)	**pastori**	[pastori]
abade (m)	**apotti**	[apotti]
vigário (m)	**kirkkoherra**	[kirkko·ɦerra]
bispo (m)	**piispa**	[pi:spa]
cardeal (m)	**kardinaali**	[kardina:li]
pregador (m)	**saarnaaja**	[sa:rna:ja]
sermão (m)	**saarna; kirkoissa**	[sa:rna]; [kirkojssa]
paroquianos (pl)	**seurakuntalaiset**	[seurakunta·lajset]
crente (m)	**uskovainen**	[uskoʋajnen]
ateu (m)	**ateisti**	[ateisti]

248. Fé. Cristianismo. Islão

Adão	**Aadam**	[a:dam]
Eva	**Eeva**	[e:ʋa]
Deus (m)	**Jumala**	[jumala]
Senhor (m)	**Luoja**	[luoja]
Todo Poderoso (m)	**Kaikkivoipa**	[kajkki·ʋojpa]
pecado (m)	**synti**	[synti]
pecar (vi)	**tehdä syntiä**	[tehdæ syntiæ]
pecador (m)	**syntinen**	[syntinen]
pecadora (f)	**syntinen**	[syntinen]
inferno (m)	**helvetti**	[helʋetti]
paraíso (m)	**paratiisi**	[parati:si]
Jesus	**Jeesus**	[je:sus]
Jesus Cristo	**Jeesus Kristus**	[je:sus kristus]
Espírito (m) Santo	**Pyhä Henki**	[pyɦæ heŋki]
Salvador (m)	**Pelastaja**	[pelastaja]
Virgem Maria (f)	**Neitsyt Maria**	[nejtsyt maria]
Diabo (m)	**Perkele**	[perkele]
diabólico (adj)	**perkeleen**	[perkele:n]
Satanás (m)	**Saatana**	[sa:tana]
satânico (adj)	**saatanallinen**	[sa:tanallinen]
anjo (m)	**enkeli**	[eŋkeli]
anjo (m) da guarda	**suojelusenkeli**	[suojelus·eŋkeli]
angelical	**enkelin**	[eŋkelin]

apóstolo (m)	**apostoli**	[apostoli]
arcanjo (m)	**arkkienkeli**	[arkkieŋkeli]
anticristo (m)	**antikristus**	[antikristus]
Igreja (f)	**kirkko**	[kirkko]
Bíblia (f)	**Raamattu**	[ra:mattu]
bíblico (adj)	**raamatullinen**	[ra:matullinen]
Velho Testamento (m)	**Vanha testamentti**	[ʋanha testamentti]
Novo Testamento (m)	**Uusi testamentti**	[u:si testamentti]
Evangelho (m)	**Evankeliumi**	[eʋaŋkeliumi]
Sagradas Escrituras (f pl)	**Pyhä Raamattu**	[pyɦæ ra:mattu]
Céu (sete céus)	**Taivas**	[tajʋas]
mandamento (m)	**käsky**	[kæsky]
profeta (m)	**profeetta**	[profe:tta]
profecia (f)	**profetia**	[profetia]
Alá (m)	**Allah**	[allah]
Maomé (m)	**Muhammad**	[muɦammad]
Alcorão (m)	**Koraani**	[kora:ni]
mesquita (f)	**moskeija**	[moskeja]
mulá (m)	**mullah**	[mullah]
oração (f)	**rukous**	[rukous]
rezar, orar (vi)	**rukoilla**	[rukojlla]
peregrinação (f)	**pyhiinvaellus**	[pyɦi:nʋaellus]
peregrino (m)	**pyhiinvaeltaja**	[pyɦi:nʋaeltaja]
Meca (f)	**Mekka**	[mekka]
igreja (f)	**kirkko**	[kirkko]
templo (m)	**temppeli**	[temppeli]
catedral (f)	**tuomiokirkko**	[tuomio·kirkko]
gótico (adj)	**goottilainen**	[go:ttilajnen]
sinagoga (f)	**synagoga**	[synagoga]
mesquita (f)	**moskeija**	[moskeja]
capela (f)	**kappeli**	[kappeli]
abadia (f)	**katolinen luostari**	[katolinen luostari]
convento (m)	**nunnaluostari**	[nunna·luostari]
monastério (m)	**munkkiluostari**	[muŋkki·luostari]
sino (m)	**kello**	[kello]
campanário (m)	**kellotapuli**	[kello·tapuli]
repicar (vi)	**soittaa**	[sojtta:]
cruz (f)	**risti**	[risti]
cúpula (f)	**kupoli**	[kupoli]
ícone (m)	**ikoni, pyhäinkuva**	[ikoni], [pyɦæjŋ·kuʋa]
alma (f)	**sielu**	[sielu]
destino (m)	**kohtalo**	[kohtalo]
mal (m)	**paha, pahuus**	[paɦa], [paɦu:s]
bem (m)	**hyvyys**	[hyʋy:s]
vampiro (m)	**vampyyri**	[ʋampy:ri]

bruxa (f)	**noita**	[nojtɑ]
demônio (m)	**demoni**	[demoni]
espírito (m)	**henki**	[heŋki]
redenção (f)	**lunastus**	[lunɑstus]
redimir (vt)	**lunastaa**	[lunɑstɑ:]
missa (f)	**jumalanpalvelus**	[jumɑlɑn·pɑlʋelus]
celebrar a missa	**toimittaa jumalanpalvelus**	[tojmittɑ: jumɑlɑn·pɑlʋelus]
confissão (f)	**rippi**	[rippi]
confessar-se (vr)	**ripittäytyä**	[ripittæytyæ]
santo (m)	**pyhimys**	[pyɦimys]
sagrado (adj)	**pyhä**	[pyɦæ]
água (f) benta	**vihkivesi**	[ʋihki·ʋesi]
ritual (m)	**rituaali**	[rituɑ:li]
ritual (adj)	**rituaalinen**	[rituɑ:linen]
sacrifício (m)	**uhraus**	[uhrɑus]
superstição (f)	**taikausko**	[tɑjkɑ·usko]
supersticioso (adj)	**taikauskoinen**	[tɑjkɑuskojnen]
vida (f) após a morte	**kuolemanjälkeinen elämä**	[kuolemɑnjælkejnen elæmæ]
vida (f) eterna	**ikuinen elämä**	[ikujnen elæmɑ]

TEMAS DIVERSOS

249. Várias palavras úteis

ajuda (f)	**apu**	[apu]
barreira (f)	**este**	[este]
base (f)	**pohja**	[pohja]
categoria (f)	**kategoria**	[kategoria]
causa (f)	**syy**	[sy:]
coincidência (f)	**yhteensattuma**	[yhte:n·sattuma]
coisa (f)	**esine**	[esine]
começo, início (m)	**alku**	[alku]
cômodo (ex. poltrona ~a)	**mukava**	[mukaʋa]
comparação (f)	**vertailu**	[ʋertajlu]
compensação (f)	**kompensaatio**	[kompensa:tio]
crescimento (m)	**kasvu**	[kasʋu]
desenvolvimento (m)	**kehitys**	[kehitys]
diferença (f)	**erotus**	[erotus]
efeito (m)	**vaikutus**	[ʋajkutus]
elemento (m)	**elementti**	[elementti]
equilíbrio (m)	**tasapaino**	[tasa·pajno]
erro (m)	**erehdys**	[erehdys]
esforço (m)	**ponnistus**	[ponnistus]
estilo (m)	**tyyli**	[ty:li]
exemplo (m)	**esimerkki**	[esimerkki]
fato (m)	**tosiasia**	[tosiasia]
fim (m)	**loppu**	[loppu]
forma (f)	**muoto**	[muoto]
frequente (adj)	**usein toistuva**	[usejn tojstuʋa]
fundo (ex. ~ verde)	**tausta**	[tausta]
gênero (tipo)	**laji**	[lajı]
grau (m)	**aste**	[aste]
ideal (m)	**ihanne**	[ihanne]
labirinto (m)	**labyrintti**	[labyrintti]
modo (m)	**keino**	[kejno]
momento (m)	**hetki**	[hetki]
objeto (m)	**esine**	[esine]
obstáculo (m)	**este**	[este]
original (m)	**alkuperäiskappale**	[alkuperæjs·kappale]
padrão (adj)	**standardi-**	[standardi]
padrão (m)	**standardi**	[standardi]
paragem (pausa)	**seisaus**	[seisaus]
parte (f)	**osa**	[osa]

partícula (f)	**hiukkanen**	[hiukkɑnen]
pausa (f)	**tauko**	[tɑuko]
posição (f)	**asema**	[ɑsemɑ]
princípio (m)	**periaate**	[periɑ:te]
problema (m)	**ongelma**	[oŋelmɑ]
processo (m)	**prosessi**	[prosessi]
progresso (m)	**edistys**	[edistys]
propriedade (qualidade)	**ominaisuus**	[ominɑjsu:s]
reação (f)	**reaktio**	[reɑktio]
risco (m)	**riski**	[riski]
ritmo (m)	**tempo**	[tempo]
segredo (m)	**salaisuus**	[sɑlɑjsu:s]
série (f)	**sarja**	[sɑrjɑ]
sistema (m)	**systeemi**	[syste:mi]
situação (f)	**tilanne**	[tilɑnne]
solução (f)	**ratkaisu**	[rɑtkɑjsu]
tabela (f)	**taulukko**	[tɑulukko]
termo (ex. ~ técnico)	**termi**	[termi]
tipo (m)	**tyyppi**	[ty:ppi]
urgente (adj)	**kiireellinen**	[ki:re:llinen]
urgentemente	**kiireellisesti**	[ki:re:llisesti]
utilidade (f)	**hyödyllisyys**	[hyødyllisy:s]
variante (f)	**variantti**	[ʋɑriɑntti]
variedade (f)	**valikoima**	[ʋɑli·kojmɑ]
verdade (f)	**totuus**	[totu:s]
vez (f)	**vuoro**	[ʋuoro]
zona (f)	**vyöhyke**	[ʋyøhyke]

250. Modificadores. Adjetivos. Parte 1

aberto (adj)	**avoin**	[ɑʋojn]
afetuoso (adj)	**hellä**	[hellæ]
afiado (adj)	**terävä**	[teræʋæ]
agradável (adj)	**miellyttävä**	[miellyttæʋæ]
agradecido (adj)	**kiitollinen**	[ki:tollinen]
alegre (adj)	**iloinen**	[ilojnen]
alto (ex. voz ~a)	**äänekäs**	[æ:nekæs]
amargo (adj)	**karvas**	[kɑrʋɑs]
amplo (adj)	**avara**	[ɑʋɑrɑ]
antigo (adj)	**muinainen**	[mujnɑjnen]
apertado (sapatos ~s)	**tiukka**	[tiukkɑ]
apropriado (adj)	**sopiva**	[sopiʋɑ]
arriscado (adj)	**riskialtis**	[riskiɑltis]
artificial (adj)	**keinotekoinen**	[kejnotekojnen]
azedo (adj)	**hapan**	[hɑpɑn]
baixo (voz ~a)	**hiljainen**	[hiljɑinen]

barato (adj) **halpa** [halpa]
belo (adj) **ihana** [iɦana]

bom (adj) **hyvä** [hyʋæ]
bondoso (adj) **hyvä** [hyʋæ]
bonito (adj) **kaunis** [kaunis]
bronzeado (adj) **ruskettunut** [ruskettunut]
burro, estúpido (adj) **tyhmä** [tyhmæ]

calmo (adj) **rauhallinen** [rauɦallinen]
cansado (adj) **väsynyt** [ʋæsynyt]
cansativo (adj) **väsyttävä** [ʋæsyttæʋæ]
carinhoso (adj) **huolehtivainen** [huolehtiʋajnen]
caro (adj) **kallis** [kallis]

cego (adj) **sokea** [sokea]
central (adj) **keskeinen** [keskejnen]
cerrado (ex. nevoeiro ~) **taaja** [ta:ja]
cheio (xícara ~a) **täysi** [tæysi]

civil (adj) **kansalais-** [kansalajs]
clandestino (adj) **salainen** [salajnen]
claro (explicação ~a) **selvä** [selʋæ]
claro (pálido) **vaalea** [ʋa:lea]

compatível (adj) **yhteensopiva** [yhte:n·sopiʋa]
comum, normal (adj) **tavallinen** [taʋallinen]
congelado (adj) **jäädytetty** [jæ:dytetty]
conjunto (adj) **yhteinen** [yhtejnen]
considerável (adj) **merkittävä** [merkttæʋæ]

contente (adj) **tyytyväinen** [ty:tyʋæjnen]
contínuo (adj) **pitkäaikainen** [pitkæ·ajkajnen]
contrário (ex. o efeito ~) **vastakkainen** [ʋastakkajnen]
correto (resposta ~a) **oikea** [ojkea]
cru (não cozinhado) **raaka** [ra:ka]

curto (adj) **lyhyt** [lyɦyt]
de curta duração **lyhytaikainen** [lyɦytajkajnen]
de sol, ensolarado **aurinkoinen** [auriŋkojnen]
de trás **taka-** [taka]
denso (fumaça ~a) **sankka** [saŋkka]

desanuviado (adj) **pilvetön** [pilʋetøn]
descuidado (adj) **leväperäinen** [leʋæperæjnen]
diferente (adj) **eri** [eri]
difícil (decisão) **vaikea** [ʋajkea]
difícil, complexo (adj) **vaikea** [ʋajkea]

direito (lado ~) **oikea** [ojkea]
distante (adj) **kaukainen** [kaukajnen]
diverso (adj) **erilainen** [erilajnen]
doce (açucarado) **makea** [makea]
doce (água) **makea** [makea]
doente (adj) **sairas** [sajras]
duro (material ~) **kova** [koʋa]

educado (adj)	**kohtelias**	[kohtelias]
encantador (agradável)	**herttainen**	[herttajnen]
enigmático (adj)	**arvoituksellinen**	[aruojtuksellinen]
enorme (adj)	**valtava**	[ualtaua]
escuro (quarto ~)	**pimeä**	[pimeæ]
especial (adj)	**erikoinen**	[erikojnen]
esquerdo (lado ~)	**vasen**	[uasen]
estrangeiro (adj)	**ulkomainen**	[ulkomajnen]
estreito (adj)	**kapea**	[kapeæ]
exato (montante ~)	**tarkka**	[tarkka]
excelente (adj)	**mainio**	[majnio]
excessivo (adj)	**liiallinen**	[li:allinen]
externo (adj)	**ulkonainen**	[ulkonajnen]
fácil (adj)	**helppo**	[helppo]
faminto (adj)	**nälkäinen**	[nælkæjnen]
fechado (adj)	**suljettu**	[suljettu]
feliz (adj)	**onnellinen**	[onnellinen]
fértil (terreno ~)	**hedelmällinen**	[hedelmællinen]
forte (pessoa ~)	**voimakas**	[uojmakas]
fraco (luz ~a)	**himmeä**	[himmeæ]
frágil (adj)	**hauras**	[hauras]
fresco (pão ~)	**tuore**	[tuore]
fresco (tempo ~)	**viileä**	[ui:leæ]
frio (adj)	**kylmä**	[kylmæ]
gordo (alimentos ~s)	**rasvainen**	[rasuajnen]
gostoso, saboroso (adj)	**maukas**	[maukas]
grande (adj)	**iso**	[iso]
gratuito, grátis (adj)	**ilmainen**	[ilmajnen]
grosso (camada ~a)	**paksu**	[paksu]
hostil (adj)	**vihamielinen**	[uiɦa·mielinen]

251. Modificadores. Adjetivos. Parte 2

igual (adj)	**samanlainen**	[saman·lajnen]
imóvel (adj)	**liikkumaton**	[li:kkumaton]
importante (adj)	**tärkeä**	[tærkeæ]
impossível (adj)	**mahdoton**	[mahdoton]
incompreensível (adj)	**epäselvä**	[epæseluæ]
indigente (muito pobre)	**kurja**	[kurja]
indispensável (adj)	**välttämätön**	[uælttæmætøn]
inexperiente (adj)	**kokematon**	[kokematon]
infantil (adj)	**lasten-**	[lasten]
ininterrupto (adj)	**jatkuva**	[jatkuua]
insignificante (adj)	**merkityksetön**	[merkityksetøn]
inteiro (completo)	**kokonainen**	[kokonajnen]
inteligente (adj)	**älykäs**	[ælykæs]

interno (adj)	**sisä-, sisäinen**	[sisæ], [sisæjnen]
jovem (adj)	**nuori**	[nuori]
largo (caminho ~)	**leveä**	[leʋeæ]
legal (adj)	**laillinen**	[lajllinen]
leve (adj)	**kevyt**	[keʋyt]
limitado (adj)	**rajoitettu**	[rajoitettu]
limpo (adj)	**puhdas**	[puhdas]
líquido (adj)	**nestemäinen**	[nestemæjnen]
liso (adj)	**sileä**	[sileæ]
liso (superfície ~a)	**tasainen**	[tasajnen]
livre (adj)	**vapaa**	[ʋapa:]
longo (ex. cabelo ~)	**pitkä**	[pitkæ]
maduro (ex. fruto ~)	**kypsä**	[kypsæ]
magro (adj)	**laiha**	[lajha]
mais próximo (adj)	**lähin**	[læɦin]
mais recente (adj)	**mennyt**	[mennyt]
mate (adj)	**himmeä**	[himmeæ]
mau (adj)	**huono**	[huono]
meticuloso (adj)	**huolellinen**	[huolellinen]
míope (adj)	**likinäköinen**	[likinækøjnen]
mole (adj)	**pehmeä**	[pehmeæ]
molhado (adj)	**märkä**	[mærkæ]
moreno (adj)	**tummaihoinen**	[tummajhojnen]
morto (adj)	**kuollut**	[kuollut]
muito magro (adj)	**luiseva, laiha**	[lujseʋa], [lajha]
não difícil (adj)	**helppo**	[helppo]
não é clara (adj)	**epäselvä**	[epæselʋæ]
não muito grande (adj)	**pieni**	[pæni]
natal (país ~)	**koti-, kotoinen**	[koti], [kotojnen]
necessário (adj)	**tarpeellinen**	[tarpe:llinen]
negativo (resposta ~a)	**negatiivinen**	[negati:ʋinen]
nervoso (adj)	**hermostunut**	[hermostunut]
normal (adj)	**normaali**	[norma:li]
novo (adj)	**uusi**	[u:si]
o mais importante (adj)	**tärkein**	[tærkejn]
obrigatório (adj)	**pakollinen**	[pakollinen]
original (incomum)	**omaleimainen**	[omalejmajnen]
passado (adj)	**viime**	[ʋi:me]
pequeno (adj)	**pieni**	[pæni]
perigoso (adj)	**vaarallinen**	[ʋa:rallinen]
permanente (adj)	**vakinainen**	[ʋakinajnen]
perto (adj)	**lähin**	[læɦin]
pesado (adj)	**painava**	[pajnaʋa]
pessoal (adj)	**henkilökohtainen**	[heŋkilø·kohtajnen]
plano (ex. ecrã ~ a)	**litteä**	[litteæ]
pobre (adj)	**köyhä**	[køyɦæ]
pontual (adj)	**täsmällinen**	[tæsmællinen]

possível (adj)	**mahdollinen**	[mahdollinen]
pouco fundo (adj)	**matala**	[matala]
presente (ex. momento ~)	**nykyinen**	[nykyjnen]
primeiro (principal)	**perus-**	[perus]
principal (adj)	**pää-, pääasiallinen**	[pæ:], [pæ:asiallinen]
privado (adj)	**yksityinen**	[yksityjnen]
provável (adj)	**todennäköinen**	[toden·nækøjnen]
próximo (adj)	**läheinen**	[læɦejnen]
público (adj)	**yhteiskunnallinen**	[yhtejskunnallinen]
quente (cálido)	**kuuma**	[ku:ma]
quente (morno)	**lämmin**	[læmmin]
rápido (adj)	**nopea**	[nopea]
raro (adj)	**harvinainen**	[harʋinajnen]
remoto, longínquo (adj)	**etäinen**	[etæjnen]
reto (linha ~a)	**suora**	[suora]
salgado (adj)	**suolainen**	[suolajnen]
satisfeito (adj)	**tyytyväinen**	[ty:tyʋæjnen]
seco (roupa ~a)	**kuiva**	[kujʋa]
seguinte (adj)	**seuraava**	[seura:ʋa]
seguro (não perigoso)	**turvallinen**	[turʋallinen]
similar (adj)	**samankaltainen**	[samaŋkaltajnen]
simples (fácil)	**yksinkertainen**	[yksiŋkertajnen]
soberbo, perfeito (adj)	**mainio**	[majnio]
sólido (parede ~a)	**tukeva**	[tukeʋa]
sombrio (adj)	**synkkä**	[syŋkkæ]
sujo (adj)	**likainen**	[likajnen]
superior (adj)	**korkein**	[korkejn]
suplementar (adj)	**lisä-**	[lisæ]
tranquilo (adj)	**tyyni**	[ty:yni]
transparente (adj)	**läpikuultava**	[læpiku:ltaʋa]
triste (pessoa)	**surullinen**	[surullinen]
triste (um ar ~)	**surullinen**	[surullinen]
último (adj)	**viimeinen**	[ʋi:mejnen]
úmido (adj)	**kostea**	[kostea]
único (adj)	**ainutlaatuinen**	[ajnutla:tujnen]
usado (adj)	**käytetty**	[kæutetty]
vazio (meio ~)	**tyhjä**	[tyhjæ]
velho (adj)	**vanha**	[ʋanha]
vizinho (adj)	**naapuri-**	[na:puri]

500 VERBOS PRINCIPAIS

252. Verbos A-B

abraçar (vt)	**syleillä**	[sylejllæ]
abrir (vt)	**avata**	[aʋata]
acalmar (vt)	**rauhoittaa**	[rauɦojtta:]
acariciar (vt)	**silittää**	[silittæ:]
acenar (com a mão)	**hosua**	[hosua]
acender (~ uma fogueira)	**sytyttää**	[sytyttæ:]
achar (vt)	**luulla**	[lu:lla]
acompanhar (vt)	**saattaa**	[sa:tta:]
aconselhar (vt)	**neuvoa**	[neuʋoa]
acordar, despertar (vt)	**herättää**	[herættæ:]
acrescentar (vt)	**lisätä**	[lisætæ]
acusar (vt)	**syyttää**	[sy:ttæ:]
adestrar (vt)	**kouluttaa**	[koulutta:]
adivinhar (vt)	**arvata**	[arʋata]
admirar (vt)	**ihailla**	[iɦajlla]
adorar (~ fazer)	**pitää**	[pitæ:]
advertir (vt)	**varoittaa**	[ʋarojtta:]
afirmar (vt)	**väittää**	[ʋæjttæ:]
afogar-se (vr)	**hukkua**	[hukkua]
afugentar (vt)	**ajaa pois**	[aja: pojs]
agir (vi)	**menetellä**	[menetellæ]
agitar, sacudir (vt)	**ravistaa**	[raʋista:]
agradecer (vt)	**kiittää**	[ki:ttæ:]
ajudar (vt)	**auttaa**	[autta:]
alcançar (objetivos)	**saavuttaa**	[sa:ʋutta:]
alimentar (dar comida)	**syöttää**	[syøttæ:]
almoçar (vi)	**syödä lounasta**	[syødæ lounasta]
alugar (~ o barco, etc.)	**vuokrata**	[ʋuokrata]
alugar (~ um apartamento)	**vuokrata**	[ʋuokrata]
amar (pessoa)	**rakastaa**	[rakasta:]
amarrar (vt)	**sitoa**	[sitoa]
ameaçar (vt)	**uhata**	[uɦata]
amputar (vt)	**amputoida**	[amputojda]
anotar (escrever)	**merkitä**	[merkitæ]
anotar (escrever)	**kirjoittaa muistiin**	[kirjoitta: mujsti:n]
anular, cancelar (vt)	**peruuttaa**	[peru:tta:]
apagar (com apagador, etc.)	**pyyhkiä**	[py:hkiæ]
apagar (um incêndio)	**sammuttaa**	[sammutta:]

apaixonar-se ...	**rakastua**	[rakastua]
aparecer (vi)	**ilmestyä**	[ilmestyæ]
aplaudir (vi)	**taputtaa**	[taputta:]
apoiar (vt)	**kannattaa**	[kannatta:]
apontar para ...	**tähdätä**	[tæhdætæ]
apresentar (alguém a alguém)	**tutustuttaa**	[tutustutta:]
apresentar (Gostaria de ~)	**esitellä**	[esitellæ]
apressar (vt)	**kiirehtiä**	[ki:rehtiæ]
apressar-se (vr)	**pitää kiirettä**	[pitæ: ki:rettæ]
aproximar-se (vr)	**lähestyä**	[læhestyæ]
aquecer (vt)	**lämmittää**	[læmmittæ:]
arrancar (vt)	**repeytyä**	[repeytyæ]
arranhar (vt)	**raapia**	[ra:pia]
arrepender-se (vr)	**katua**	[katua]
arriscar (vt)	**riskeerata**	[riske:rata]
arrumar, limpar (vt)	**siivota**	[si:ʋota]
aspirar a ...	**pyrkiä**	[pyrkiæ]
assinar (vt)	**allekirjoittaa**	[allekirjoitta:]
assistir (vt)	**avustaa**	[aʋusta:]
atacar (vt)	**hyökätä**	[hyøkætæ]
atar (vt)	**sitoa**	[sitoa]
atracar (vi)	**kiinnittyä**	[ki:nnittyæ]
aumentar (vi)	**lisääntyä**	[lisæ:ntyæ]
aumentar (vt)	**lisätä**	[lisætæ]
avançar (vi)	**edetä**	[edetæ]
avistar (vt)	**vilkaista**	[ʋilkajsta]
baixar (guindaste, etc.)	**laskea**	[laskea]
barbear-se (vr)	**ajaa parta**	[aja: parta]
basear-se (vr)	**perustua**	[perustua]
bastar (vi)	**riittää**	[ri:ttæ:]
bater (à porta)	**koputtaa**	[koputta:]
bater (espancar)	**lyödä**	[lyødæ]
bater-se (vr)	**tapella**	[tapella]
beber, tomar (vt)	**juoda**	[juoda]
brilhar (vi)	**loistaa**	[lojsta:]
brincar, jogar (vi, vt)	**leikkiä**	[lejkkiæ]
buscar (vt)	**etsiä**	[etsiæ]

253. Verbos C-D

caçar (vi)	**metsästää**	[metsæstæ:]
calar-se (parar de falar)	**vaieta**	[ʋajeta]
calcular (vt)	**laskea**	[laskea]
carregar (o caminhão, etc.)	**kuormata**	[kuormata]
carregar (uma arma)	**ladata**	[ladata]

casar-se (vr)	**mennä naimisiin**	[mennæ najmisi:n]
causar (vt)	**aiheuttaa …**	[ajheutta:]
cavar (vt)	**kaivaa**	[kajʋa:]
ceder (não resistir)	**antaa periksi**	[anta: periksi]
cegar, ofuscar (vt)	**häikäistä**	[hæjkæjsta]
censurar (vt)	**moittia**	[mojttia]
chamar (~ por socorro)	**kutsua**	[kutsua]
chamar (alguém para …)	**kutsua**	[kutsua]
chegar (a algum lugar)	**saavuttaa**	[sa:ʋutta:]
chegar (vi)	**saapua**	[sa:pua]
cheirar (~ uma flor)	**haistella**	[hajstella]
cheirar (tem o cheiro)	**tuoksua**	[tuoksua]
chorar (vi)	**itkeä**	[itkeæ]
citar (vt)	**siteerata**	[site:rata]
colher (flores)	**repiä**	[repiæ]
colocar (vt)	**panna**	[panna]
combater (vi, vt)	**taistella**	[tajstella]
começar (vt)	**aloittaa**	[alojtta:]
comer (vt)	**syödä**	[syødæ]
comparar (vt)	**verrata**	[ʋerrata]
compensar (vt)	**korvata**	[korʋata]
competir (vi)	**kilpailla**	[kilpajlla]
complicar (vt)	**mutkistaa**	[mutkista:]
compor (~ música)	**säveltää**	[sæʋeltæ:]
comportar-se (vr)	**käyttäytyä**	[kæyttæytyæ]
comprar (vt)	**ostaa**	[osta:]
comprometer (vt)	**vaarantaa**	[ʋa:ranta:]
concentrar-se (vr)	**keskittyä**	[keskittyæ]
concordar (dizer "sim")	**suostua**	[suostua]
condecorar (dar medalha)	**palkita**	[palkita]
confessar-se (vr)	**tunnustaa**	[tunnusta:]
confiar (vt)	**luottaa**	[luotta:]
confundir (equivocar-se)	**sekoittaa**	[sekojtta:]
conhecer (vt)	**tuntea**	[tuntea]
conhecer-se (vr)	**tutustua**	[tutustua]
consertar (vt)	**panna järjestykseen**	[panna jærjestykse:n]
consultar …	**neuvotella**	[neuʋotella]
contagiar-se com …	**saada tartunta**	[sa:da tartunta]
contar (vt)	**kertoa**	[kertoa]
contar com …	**luottaa**	[luotta:]
continuar (vt)	**jatkaa**	[jatka:]
contratar (vt)	**palkata**	[palkata]
controlar (vt)	**tarkastaa**	[tarkasta:]
convencer (vt)	**vakuuttaa**	[ʋaku:tta:]
convidar (vt)	**kutsua**	[kutsua]
cooperar (vi)	**tehdä yhteistyötä**	[tehdæ yhteistyøtæ]

coordenar (vt)	**koordinoida**	[ko:rdinojda]
corar (vi)	**punastua**	[punastua]
correr (vi)	**juosta**	[juosta]
corrigir (~ um erro)	**korjata**	[korjata]
cortar (com um machado)	**katkaista**	[katkajsta]
cortar (com uma faca)	**leikata**	[lejkata]
cozinhar (vt)	**laittaa**	[lajtta:]
crer (pensar)	**uskoa**	[uskoa]
criar (vt)	**luoda**	[luoda]
cultivar (~ plantas)	**kasvattaa**	[kasʋatta:]
cuspir (vi)	**sylkeä**	[sylkeæ]
custar (vt)	**maksaa**	[maksa:]
dar (vt)	**antaa**	[anta:]
dar banho, lavar (vt)	**kylvettää**	[kylʋettæ:]
datar (vi)	**ajoittua**	[ajoittua]
decidir (vt)	**päättää**	[pæ:ttæ:]
decorar (enfeitar)	**koristaa**	[korista:]
dedicar (vt)	**omistaa**	[omista:]
defender (vt)	**puolustaa**	[puolusta:]
defender-se (vr)	**puolustautua**	[puolustautua]
deixar (~ a mulher)	**jättää**	[jættæ:]
deixar (esquecer)	**jättää**	[jættæ:]
deixar (permitir)	**sallia**	[sallia]
deixar cair (vt)	**pudottaa**	[pudotta:]
denominar (vt)	**nimetä**	[nimetæ]
denunciar (vt)	**antaa ilmi**	[anta: ilmi]
depender de ...	**riippua**	[ri:ppua]
derramar (~ líquido)	**läikyttää**	[læjkyttæ:]
desaparecer (vi)	**kadota**	[kadota]
desatar (vt)	**irrottaa**	[irotta:]
desatracar (vi)	**lähteä**	[læhteæ]
descansar (um pouco)	**levätä**	[leʋætæ]
descer (para baixo)	**laskeutua**	[laskeutua]
descobrir (novas terras)	**löytää**	[løytæ:]
descolar (avião)	**nousta ilmaan**	[nousta ilma:n]
desculpar (vt)	**antaa anteeksi**	[anta: ante:ksi]
desculpar-se (vr)	**pyytää anteeksi**	[py:tæ: ante:ksi]
desejar (vt)	**haluta**	[haluta]
desempenhar (papel)	**näytellä**	[næytellæ]
desligar (vt)	**sammuttaa**	[sammutta:]
desprezar (vt)	**halveksia**	[halʋeksia]
destruir (documentos, etc.)	**hävittää**	[hæʋittæ:]
dever (vi)	**täytyä**	[tæytyæ]
devolver (vt)	**lähettää takaisin**	[læɦettæ: takajsin]
direcionar (vt)	**suunnata**	[su:nnata]
dirigir (~ um carro)	**ajaa autoa**	[aja: autoa]

dirigir (~ uma empresa)	**johtaa**	[johta:]
dirigir-se (a um auditório, etc.)	**kääntyä puoleen**	[kæ:ntyæ puole:n]
discutir (notícias, etc.)	**käsitellä**	[kæsitellæ]
disparar, atirar (vi)	**ampua**	[ampua]
distribuir (folhetos, etc.)	**levittää**	[levittæ:]
distribuir (vt)	**jakaa**	[jaka:]
divertir (vt)	**huvittaa**	[huvitta:]
divertir-se (vr)	**huvitella**	[huvitella]
dividir (mat.)	**jakaa**	[jaka:]
dizer (vt)	**sanoa**	[sanoa]
dobrar (vt)	**kahdentaa**	[kahdenta:]
duvidar (vt)	**epäillä**	[epæjllæ]

254. Verbos E-J

elaborar (uma lista)	**laatia**	[la:tia]
elevar-se acima de ...	**kohota**	[kohota]
eliminar (um obstáculo)	**poistaa**	[pojsta:]
embrulhar (com papel)	**kääriä**	[kæ:riæ]
emergir (submarino)	**nousta pinnalle**	[nousta pinnalle]
emitir (~ cheiro)	**levittää**	[levittæ:]
empreender (vt)	**ryhtyä**	[ryhtyæ]
empurrar (vt)	**sysätä**	[sysætæ]
encabeçar (vt)	**johtaa**	[johta:]
encher (~ a garrafa, etc.)	**täyttää**	[tæyttæ:]
encontrar (achar)	**löytää**	[løytæ:]
enganar (vt)	**pettää**	[pettæ:]
ensinar (vt)	**opettaa**	[opetta:]
entediar-se (vr)	**pitkästyä**	[pitkæstyæ]
entender (vt)	**ymmärtää**	[ymmærtæ:]
entrar (na sala, etc.)	**astua sisään**	[astua sisæ:n]
enviar (uma carta)	**lähettää**	[læhettæ:]
equipar (vt)	**varustaa**	[varusta:]
errar (enganar-se)	**erehtyä**	[erehtyæ]
escolher (vt)	**valita**	[valita]
esconder (vt)	**piilotella**	[pi:lotella]
escrever (vt)	**kirjoittaa**	[kirjoitta:]
escutar (vt)	**kuunnella**	[ku:nnella]
escutar atrás da porta	**salakuunnella**	[salaku:nnella]
esmagar (um inseto, etc.)	**musertaa**	[muserta:]
esperar (aguardar)	**odottaa**	[odotta:]
esperar (contar com)	**odottaa**	[odotta:]
esperar (ter esperança)	**toivoa**	[tojvoa]
espreitar (vi)	**tirkistellä**	[tirkistellæ]
esquecer (vt)	**unohtaa**	[unohta:]

estar	**sijaita**	[sijaita]
estar convencido	**vakuuttua**	[ʋaku:ttua]
estar deitado	**maata**	[ma:ta]
estar perplexo	**olla ymmällään**	[olla ymmællæ:n]
estar preocupado	**huolestua**	[huolestua]
estar sentado	**istua**	[istua]
estremecer (vi)	**vavista**	[ʋaʋista]
estudar (vt)	**oppia**	[oppia]
evitar (~ o perigo)	**välttää**	[ʋælttæ:]
examinar (~ uma proposta)	**tarkastella**	[tarkastella]
exigir (vt)	**vaatia**	[ʋa:tia]
existir (vi)	**olla olemassa**	[olla olemassa]
explicar (vt)	**selittää**	[selittæ:]
expressar (vt)	**ilmaista**	[ilmajsta]
expulsar (~ da escola, etc.)	**poistaa**	[pojsta:]
facilitar (vt)	**helpottaa**	[helpotta:]
falar com ...	**puhua**	[puɦua]
faltar (a la escuela, etc.)	**olla poissa**	[olla pojssa]
fascinar (vt)	**hurmata**	[hurmata]
fatigar (vt)	**väsyttää**	[ʋæsyttæ:]
fazer (vt)	**tehdä**	[tehdæ]
fazer lembrar	**muistuttaa**	[mujstutta:]
fazer piadas	**vitsailla**	[ʋitsajlla]
fazer publicidade	**mainostaa**	[majnosta:]
fazer uma tentativa	**koettaa**	[koetta:]
fechar (vt)	**sulkea**	[sulkea]
felicitar (vt)	**onnitella**	[onnitella]
ficar cansado	**väsyä**	[ʋæsyæ]
ficar em silêncio	**olla vaiti**	[olla ʋajti]
ficar pensativo	**vaipua ajatuksiinsa**	[ʋajpua ajatuksi:nsa]
forçar (vt)	**pakottaa**	[pakotta:]
formar (vt)	**muodostaa**	[muodosta:]
gabar-se (vr)	**kerskua**	[kerskua]
garantir (vt)	**taata**	[ta:ta]
gostar (apreciar)	**pitää**	[pitæ:]
gritar (vi)	**huutaa**	[hu:ta:]
guardar (fotos, etc.)	**pitää, säilyttää**	[pitæ:], [sæjlyttæ:]
guardar (no armário, etc.)	**korjata pois**	[korjata pojs]
guerrear (vt)	**sotia**	[sotia]
herdar (vt)	**periä**	[periæ]
iluminar (vt)	**valaista**	[ʋalajsta]
imaginar (vt)	**kuvitella**	[kuʋitella]
imitar (vt)	**jäljitellä**	[jæljıtellæ]
implorar (vt)	**rukoilla**	[rukojlla]
importar (vt)	**tuoda maahan**	[tuoda ma:han]
indicar (~ o caminho)	**osoittaa**	[osojtta:]

indignar-se (vr)	**olla suutuksissa**	[olla su:tuksissa]
infetar, contagiar (vt)	**tartuttaa**	[tartutta:]
influenciar (vt)	**vaikuttaa**	[ʋajkutta:]
informar (~ a policia)	**ilmoittaa**	[ilmojtta:]
informar (vt)	**tiedottaa**	[tiedotta:]
informar-se (~ sobre)	**tiedustella**	[tiedustella]
inscrever (na lista)	**lisätä**	[lisætæ]
inserir (vt)	**panna**	[panna]
insinuar (vt)	**vihjata**	[ʋihjata]
insistir (vi)	**vaatia**	[ʋa:tia]
inspirar (vt)	**innostaa**	[innosta:]
instruir (ensinar)	**ohjata**	[ohjata]
insultar (vt)	**loukata**	[loukata]
interessar (vt)	**kiinnostaa**	[ki:nnosta:]
interessar-se (vr)	**kiinnostua**	[ki:nnostua]
intervir (vi)	**puuttua**	[pu:ttua]
invejar (vt)	**kadehtia**	[kadehtia]
inventar (vt)	**keksiä**	[keksiæ]
ir (a pé)	**mennä**	[mennæ]
ir (de carro, etc.)	**mennä**	[mennæ]
ir nadar	**uida**	[ujda]
ir para a cama	**mennä nukkumaan**	[mennæ nukkuma:n]
irritar (vt)	**ärsyttää**	[ærsyttæ:]
irritar-se (vr)	**ärtyä**	[ærtyæ]
isolar (vt)	**eristää**	[eristæ:]
jantar (vi)	**illastaa**	[illasta:]
jogar, atirar (vt)	**heittää**	[hejttæ:]
juntar, unir (vt)	**yhdistää**	[yhdistæ:]
juntar-se a ...	**liittyä**	[li:ttyæ]

255. Verbos L-P

lançar (novo projeto, etc.)	**käynnistää**	[kæynnistæ:]
lavar (vt)	**pestä**	[pestæ]
lavar a roupa	**pestä**	[pestæ]
lavar-se (vr)	**peseytyä**	[peseytyæ]
lembrar (vt)	**muistaa**	[mujsta:]
ler (vt)	**lukea**	[lukea]
levantar-se (vr)	**nousta**	[nousta]
levar (ex. leva isso daqui)	**viedä pois**	[ʋiedæ pojs]
libertar (cidade, etc.)	**vapauttaa**	[ʋapautta:]
ligar (~ o radio, etc.)	**avata**	[aʋata]
limitar (vt)	**rajoittaa**	[rajoitta:]
limpar (eliminar sujeira)	**puhdistaa**	[puhdista:]
limpar (tirar o calcário, etc.)	**puhdistaa**	[puhdista:]
lisonjear (vt)	**imarrella**	[imarrella]

livrar-se de ...	**päästä**	[pæ:stæ]
lutar (combater)	**taistella**	[tajstella]
lutar (esporte)	**painia**	[pajnia]
marcar (com lápis, etc.)	**merkitä**	[merkitæ]
matar (vt)	**murhata**	[murhata]
memorizar (vt)	**muistaa**	[mujsta:]
mencionar (vt)	**mainita**	[majnita]
mentir (vi)	**valehdella**	[valehdella]
merecer (vt)	**ansaita**	[ansajta]
mergulhar (vi)	**sukeltaa**	[sukelta:]
misturar (vt)	**sekoittaa**	[sekojtta:]
morar (vt)	**asua**	[asua]
mostrar (vt)	**näyttää**	[næyttæ:]
mover (vt)	**siirtää**	[si:rtæ:]
mudar (modificar)	**muuttaa**	[mu:tta:]
multiplicar (mat.)	**kertoa**	[kertoa]
nadar (vi)	**uida**	[ujda]
negar (vt)	**kieltää**	[kjeltæ:]
negociar (vi)	**käydä neuvotteluja**	[kæydæ neuvotteluja]
nomear (função)	**nimittää**	[nimittæ:]
obedecer (vt)	**alistua**	[alistua]
objetar (vt)	**vastustaa**	[vastusta:]
observar (vt)	**tarkkailla**	[tarkkajlla]
ofender (vt)	**loukata**	[loukata]
olhar (vt)	**katsoa**	[katsoa]
omitir (vt)	**jättää**	[jættæ:]
ordenar (mil.)	**käskeä**	[kæskeæ]
organizar (evento, etc.)	**järjestää**	[jærjestæ:]
ousar (vt)	**uskaltaa**	[uskalta:]
ouvir (vt)	**kuulla**	[ku:lla]
pagar (vt)	**maksaa**	[maksa:]
parar (para descansar)	**pysähtyä**	[pysæhtyæ]
parar, cessar (vt)	**lakata**	[lakata]
parecer-se (vr)	**näyttää**	[næyttæ:]
participar (vi)	**osallistua**	[osallistua]
partir (~ para o estrangeiro)	**lähteä**	[læhteæ]
passar (vt)	**ohittaa**	[ohitta:]
passar a ferro	**silittää**	[silittæ:]
pecar (vi)	**tehdä syntiä**	[tehdæ syntiæ]
pedir (comida)	**tilata**	[tilata]
pedir (um favor, etc.)	**pyytää**	[py:tæ:]
pegar (tomar com a mão)	**ottaa kiinni**	[otta: ki:nni]
pegar (tomar)	**ottaa**	[otta:]
pendurar (cortinas, etc.)	**ripustaa**	[ripusta:]
penetrar (vt)	**tunkeutua**	[tuŋkeutua]
pensar (vi, vt)	**ajatella**	[ajatella]

pentear-se (vr)	**kammata tukkansa**	[kammata tukkansa]
perceber (ver)	**huomata**	[huomata]
perder (o guarda-chuva, etc.)	**kadottaa**	[kadotta:]
perdoar (vt)	**antaa anteeksi**	[anta: ante:ksi]
permitir (vt)	**antaa lupa**	[anta: lupa]
pertencer a …	**kuulua**	[ku:lua]
perturbar (vt)	**häiritä**	[hæjritæ]
pesar (ter o peso)	**painaa**	[pajna:]
pescar (vt)	**kalastaa**	[kalasta:]
planejar (vt)	**suunnitella**	[su:nnitella]
poder (~ fazer algo)	**voida**	[uojda]
pôr (posicionar)	**sijoittaa**	[sijoitta:]
possuir (uma casa, etc.)	**omistaa**	[omista:]
predominar (vi, vt)	**vallita**	[uallita]
preferir (vt)	**pitää enemmän**	[pitæ: enemmæn]
preocupar (vt)	**huolestuttaa**	[huolestutta:]
preocupar-se (vr)	**olla huolissaan**	[olla huolissa:n]
preparar (vt)	**valmistaa**	[ualmista:]
preservar (ex. ~ a paz)	**säilyttää**	[sæjlyttæ:]
prever (vt)	**odottaa**	[odotta:]
privar (vt)	**riistää**	[ri:stæ:]
proibir (vt)	**kieltää**	[kjeltæ:]
projetar, criar (vt)	**suunnitella**	[su:nnitella]
prometer (vt)	**luvata**	[luuata]
pronunciar (vt)	**ääntää**	[æ:ntæ:]
propor (vt)	**ehdottaa**	[ehdotta:]
proteger (a natureza)	**suojata**	[suojata]
protestar (vi)	**protestoida**	[protestojda]
provar (~ a teoria, etc.)	**todistaa**	[todista:]
provocar (vt)	**provosoida**	[prouosojda]
punir, castigar (vt)	**rangaista**	[raŋajsta]
puxar (vt)	**vetää**	[uetæ:]

256. Verbos Q-Z

quebrar (vt)	**rikkoa**	[rikkoa]
queimar (vt)	**polttaa**	[poltta:]
queixar-se (vr)	**valittaa**	[ualitta:]
querer (desejar)	**haluta**	[haluta]
rachar-se (vr)	**halkeilla**	[halkejlla]
ralhar, repreender (vt)	**haukkua**	[haukkua]
realizar (vt)	**toteuttaa**	[toteutta:]
recomendar (vt)	**suositella**	[suositella]
reconhecer (identificar)	**tuntea**	[tuntea]
reconhecer (o erro)	**tunnustaa**	[tunnusta:]

recordar, lembrar (vt)	**muistaa, muistella**	[mujsta:], [mujstella]
recuperar-se (vr)	**parantua**	[parantua]
recusar (~ alguém)	**kieltää**	[kjeltæ:]
reduzir (vt)	**vähentää**	[ʋæɦentæ:]
refazer (vt)	**tehdä uudelleen**	[tehdæ u:delle:n]
reforçar (vt)	**vahvistaa**	[ʋahʋista:]
refrear (vt)	**estää**	[estæ:]
regar (plantas)	**kastella**	[kastella]
remover (~ uma mancha)	**poistaa**	[pojsta:]
reparar (vt)	**korjata**	[korjata]
repetir (dizer outra vez)	**toistaa**	[tojsta:]
reportar (vt)	**raportoida**	[raportojda]
reservar (~ um quarto)	**varata**	[ʋarata]
resolver (o conflito)	**ratkaista**	[ratkajsta]
resolver (um problema)	**ratkaista**	[ratkajsta]
respirar (vi)	**hengittää**	[heŋittæ:]
responder (vt)	**vastata**	[ʋastata]
rezar, orar (vi)	**rukoilla**	[rukojlla]
rir (vi)	**nauraa**	[naura:]
romper-se (corda, etc.)	**revetä**	[reʋetæ]
roubar (vt)	**varastaa**	[ʋarasta:]
saber (vt)	**tietää**	[tietæ:]
sair (~ de casa)	**lähteä**	[læhteæ]
sair (ser publicado)	**ilmestyä**	[ilmestyæ]
salvar (resgatar)	**pelastaa**	[pelasta:]
satisfazer (vt)	**tyydyttää**	[ty:dyttæ:]
saudar (vt)	**tervehtiä**	[terʋehtiæ]
secar (vt)	**kuivata**	[kujʋata]
seguir (~ alguém)	**seurata**	[seurata]
selecionar (vt)	**valita**	[ʋalita]
semear (vt)	**kylvää**	[kylʋæ:]
sentar-se (vr)	**istua, istuutua**	[istua], [istu:tua]
sentenciar (vt)	**tuomita**	[tuomita]
sentir (vt)	**tuntea**	[tuntea]
ser diferente	**erota**	[erota]
ser indispensável	**tarvita**	[tarʋita]
ser necessário	**tarvita**	[tarʋita]
ser preservado	**säilyä**	[sæjlyæ]
ser, estar	**olla**	[olla]
servir (restaurant, etc.)	**palvella**	[palʋella]
servir (roupa, caber)	**sopia**	[sopia]
significar (palavra, etc.)	**tarkoittaa, merkitä**	[tarkojtta:], [merkitæ]
significar (vt)	**tarkoittaa, merkitä**	[tarkojtta:], [merkitæ]
simplificar (vt)	**yksinkertaistaa**	[yksiŋkertajsta:]
sofrer (vt)	**kärsiä**	[kærsiæ]
sonhar (~ com)	**haaveilla**	[ha:ʋejlla]

sonhar (ver sonhos)	**nähdä unta**	[næhdæ unta]
soprar (vi)	**puhaltaa**	[puɦalta:]
sorrir (vi)	**hymyillä**	[hymyjllæ]
subestimar (vt)	**aliarvioida**	[aliaruiojda]
sublinhar (vt)	**alleviivata**	[alleui:uata]
sujar-se (vr)	**tahraantua**	[tahra:ntua]
superestimar (vt)	**yliarvioida**	[yliaruiojda]
supor (vt)	**olettaa**	[oletta:]
suportar (as dores)	**kärsiä, sietää**	[kærsiæ], [sietæ:]
surpreender (vt)	**ihmetyttää**	[ihmetyttæ:]
surpreender-se (vr)	**ihmetellä**	[ihmetellæ]
suspeitar (vt)	**epäillä**	[epæjllæ]
suspirar (vi)	**huokaista**	[huokajsta]
tentar (~ fazer)	**yrittää**	[yrittæ:]
ter (vt)	**omistaa**	[omista:]
ter medo	**pelätä**	[pelætæ]
terminar (vt)	**lopettaa**	[lopetta:]
tirar (vt)	**viedä pois**	[uiedæ pojs]
tirar cópias	**monistaa, kopioida**	[monista:], [kopiojda]
tirar fotos, fotografar	**valokuvata**	[ualokuuata]
tirar uma conclusão	**tehdä johtopäätös**	[tehdæ johtoipæ:tøs]
tocar (com as mãos)	**koskea**	[koskea]
tomar café da manhã	**syödä aamiaista**	[syødæ a:miajsta]
tomar emprestado	**lainata**	[lajnata]
tornar-se (ex. ~ conhecido)	**tulla**	[tulla]
trabalhar (vi)	**työskennellä**	[tyøskennellæ]
traduzir (vt)	**kääntää**	[kæ:ntæ:]
transformar (vt)	**muuntaa**	[mu:nta:]
tratar (a doença)	**hoitaa**	[hojta:]
trazer (vt)	**tuoda**	[tuoda]
treinar (vt)	**valmentaa**	[ualmenta:]
treinar-se (vr)	**valmentautua**	[ualmentautua]
tremer (de frio)	**vavista, vapista**	[uauista], [uapista]
trocar (vt)	**vaihtaa**	[uajhta:]
trocar, mudar (vt)	**vaihtaa**	[uajhta:]
usar (uma palavra, etc.)	**käyttää**	[kæyttæ:]
utilizar (vt)	**käyttää**	[kæyttæ:]
vacinar (vt)	**rokottaa**	[rokotta:]
vender (vt)	**myydä**	[my:dæ]
verter (encher)	**kaataa**	[ka:ta:]
vingar (vt)	**kostaa**	[kosta:]
virar (~ para a direita)	**kääntää**	[kæ:ntæ:]
virar (pedra, etc.)	**kääntää**	[kæ:ntæ:]
virar as costas	**kääntyä poispäin**	[kæ:ntyæ pojspæjn]
viver (vi)	**elää**	[elæ:]
voar (vi)	**lentää**	[lentæ:]

voltar (vi)	**palata**	[palata]
votar (vi)	**äänestää**	[æ:nestæ:]
zangar (vt)	**vihastuttaa**	[ʋihastutta:]
zangar-se com ...	**vihastua**	[ʋihastua]
zombar (vt)	**pilkata**	[pilkata]

www.ingramcontent.com/pod-product-compliance
Lightning Source LLC
Chambersburg PA
CBHW062054080426
42734CB00012B/2649

* 9 7 8 1 7 8 7 6 7 3 0 2 1 *